Die Neuabgrenzung von Urheber- und Designrecht

Schriften zum Medien-, Urheber- und Wirtschaftsrecht

Herausgegeben von Prof. Dr. Georgios Gounalakis

Band 27

PETER LANG

Cornelia Bettina Gersch

Die Neuabgrenzung von Urheber- und Designrecht

Kritische Würdigung der Aufgabe der Stufentheorie durch den Bundesgerichtshof

PETER LANG

Bibliografische Information der Deutschen Nationalbibliothek
Die Deutsche Nationalbibliothek verzeichnet diese Publikation in der Deutschen Nationalbibliografie; detaillierte bibliografische Daten sind im Internet über http://dnb.d-nb.de abrufbar.

Zugl.: Marburg, Univ., Diss., 2019

D 4
ISSN 1867-1012
ISBN 978-3-631-79781-5 (Print)
E-ISBN 978-3-631-79910-9 (E-PDF)
E-ISBN 978-3-631-79911-6 (EPUB)
E-ISBN 978-3-631-79912-3 (MOBI)
DOI 10.3726/b16025

Peter Lang – Berlin · Bern · Bruxelles · New York · Oxford · Warszawa · Wien

Diese Publikation wurde begutachtet.

www.peterlang.com

Inhaltsverzeichnis

Vorwort und Danksagung

Diese Arbeit wurde im Wintersemester 2018/2019 von der Philipps-Universität zu Marburg als Dissertation angenommen. Im Februar 2019 fand die Disputation statt.

An erster Stelle möchte ich mich herzlich bei meinem Doktorvater, Professor Dr. Georgios Gounalakis, für seine stetige Unterstützung und Ansprechbarkeit bedanken, die maßgeblich zum Gelingen dieser Arbeit beigetragen haben. Mein großer Dank gebührt auch Professor Dr. Michael Kling für die zügige und sorgfältige Erstellung des Zweitgutachtens.

Zum rechtsvergleichenden Teil dieser Arbeit hat Professorin Uma Suthersanen, LL.B. (Singapore), LL.M. (London), Ph.D. (London), Advocate and Solicitor to the Supreme Court of Singapore von der Queen Mary University of London, maßgeblich beigetragen, indem sie mir Forschungen zum britischen Designrecht am Institut of Advanced Legal Studies in London ermöglichte. Ohne meinen LL.M. an der Queen Mary University in London, im Institut in Paris, hätte ich auch nicht auf die hervorragende Bibliothek der Universität Sciences Po zugreifen können. Ich danke auch Professor Dr. Dr. h.c. Kurt Siehr, M.C.L. und Professorin Dr. Kerstin von der Decken sehr herzlich für die Aufnahme in ihr Doktoranden- und Habilitanden-Seminar, das mir eine stetige Quelle der Inspiration und Motivation war.

Ganz besonders danke ich meinen Eltern und meinem Bruder für ihre immerwährende Unterstützung, auch während meiner Promotionszeit, und für das Korrekturlesen der Arbeit. Für viele hilfreiche und gute Gespräche rund um diese Promotion bedanke ich mich an dieser Stelle auch herzlich bei Eva Juliane Stark, Dr. Rieke Arendt, Dr. Linda und Dr. Matthias Köhler, Dr. Katharina Reinhardt, Dr. Anne-Katrin Wolf, Dr. Norman Reich, Niko Stutz, Dr. Lea Faissner, Dr. Alexandra Kahmen und Dr. Jan Krusche.

Für diese Arbeit konnten Rechtsprechung und Literatur bis Mai 2018 berücksichtigt werden.

Berlin, den 5. Mai 2019 Cornelia Bettina Gersch

Einleitung

A. Das Geburtstagszug-Urteil als Forschungsanlass

Besteht ein juristisch definierbarer Unterschied zwischen Kunst und Design? 1
Die Antwort auf diese Frage entscheidet zum Beispiel darüber, ob Designer von Bestseller-Produkten eine Gewinnbeteiligung am Verkaufspreis verlangen können oder inwieweit sich ein Designer gegen Nachahmungen zur Wehr setzen kann, der nicht in die kostenpflichtige Registrierung eines Designs investiert hat.[1]

Über hundert Jahre – von 1911 bis 2013 – galt im deutschen Recht für diese 2
Abgrenzungsfrage die sogenannte „Stufentheorie". Nach dieser Theorie besteht zwischen „Design", im Sinne des gewerblichen Designschutzes,[2] und „angewandter Kunst", im Sinne des Urheberrechts,[3] ein *„gradueller Unterschied"*.[4] Diese Abstufung wurde später präzisiert: Gewerblicher Designschutz wurde Gestaltungen gewährt, die sich von handwerklichen Leistungen durch überdurchschnittliche „Gestaltungshöhe" abhoben. Urheberrechtsschutz wurde Gestaltungen demnach nur zugebilligt, wenn sie die Stufe zu einem *„deutlichen Überragen der Durchschnittsgestaltung"* überschritten.[5]

Mit Grundsatzurteil vom 13. November 2013[6] („Geburtstagszug-Urteil") gab 3
der BGH diese erhöhte Schutzschwelle für angewandte Kunst auf. Dies begründete der Erste Senat mit der Geschmacksmusterrechts-Reform[7] im Jahr 2004, die das Stufenverhältnis zwischen Design- und Urheberrecht aufgehoben habe.[8]

---

1 Vgl. insofern die Sachverhalte von BGH, Urteil vom 13.11.2013 – I ZR 143/12, *Geburtstagszug*, BGHZ 199, 52; nur ähnlich zum 2. Fall: BGH, Urteil vom 17.11.2014 – I ZR 177/13, *Möbelkatalog*, GRUR 2015, 667 ff.; BVerfG, Nichtannahmebeschluss vom 26.01.2005 – 1 BvR 1571/02, *Laufendes Auge*, GRUR 2005, 410 ff.

2 Vgl. § 1 Nr. 1 DesignG.

3 Vgl. § 2 Abs. 1 Nr. 4 Var. 3 UrhG.

4 Erstmals: RG, Urteil vom 10.06.1911 – I 133/10, *Schulfraktur*, RGZ 76, 339 (344); im Anschluss ständige Rechtsprechung.

5 Vgl. für viele: BGH, Urteil vom 22.06.1995 – I ZR 119/93, *Silberdistel*, Rn. 14, GRUR 1995, 581 (582) m.w.N.

6 BGH, Urteil vom 13.11.2013 – I ZR 143/12, *Geburtstagszug*, BGHZ 199, 52.

7 Gesetz zur Reform des Geschmacksmusterrechts (Geschmacksmusterreformgesetz) vom 12.03.2004, BGBl. I 2004, 390.

8 Vgl. BGH, Urteil vom 13.11.2013 – I ZR 143/12, *Geburtstagszug*, Rn. 33. ff., BGHZ 199, 52 (65 ff.).

Einen nicht mit der Stufentheorie vereinbaren, verbindlichen „europäischen Werkbegriff" lehnten die Richter hingegen ab.[9] Trotzdem verwiesen sie zur Bestimmung des neuen Verhältnisses zwischen Urheberrecht und gewerblichem Designschutz auf Fallrecht des EuGH, wonach ein urheberrechtlich geschütztes Werk nur entstehen kann, wenn der Urheber einen „*Gestaltungsspielraum*" hat, um „*seinen schöpferischen Geist in origineller Weise zum Ausdruck zu bringen*".[10]

4 Ein Großteil des Schrifttums wertet die Neubewertung des Verhältnisses zwischen Design- und Urheberrecht als dogmatisch richtig.[11] Teile der Autoren kritisieren jedoch die Ablehnung eines europäischen Werkbegriffs und hätten sich die Aufgabe der Stufentheorie unter dessen Übernahme gewünscht.[12] Die Gleichstellung der angewandten Kunst mit anderen Werkarten sei auch eine überfällige Schutzverbesserung für Designer. Diesen komme zugute, dass der Urheberrechtsschutz ohne kostspielige Registrierung greife und das Urhebervertragsrecht eine faire Entlohnung fördere.[13] Ein Unterwandern des Designschutzes drohe nicht, da eine Registrierung als Design mehr Rechtssicherheit biete, als der *ipso iure* eingreifende, aber erst vor Gericht feststellbare Urheberrechtsschutz.[14]

5 Im Gegensatz dazu wird in der Literatur aber auch vor der „*Gefahr eines Kollapses des Urheberrechts*" durch das Urteil gewarnt.[15] Befürchtet wird, dass das Urheberrecht als Schöpferschutzrecht mit persönlichkeitsrechtlichem Einschlag seine Legitimation verliert, wenn es nicht weit überdurchschnittlichen Gestaltungen vorbehalten bleibt. Zudem blockiere der sehr weitreichende urheberrechtliche Schutz den Markt, sodass andere Designer nur noch aus einem

---

9 Vgl. BGH, Urteil vom 13.11.2013 – I ZR 143/12, *Geburtstagszug*, Rn. 27 ff., BGHZ 199, 52 (62 ff.).

10 Vgl. BGH, Urteil vom 13.11.2013 – I ZR 143/12, *Geburtstagszug*, Rn. 41, BGHZ 199, 52 (68).

11 Vgl. *Nordemann*, in: Fromm/Nordemann, Urheberrecht, § 2 UrhG Rn. 149; *Barudi*, KUR 2014, 11 (15); *Kriesel*, Einheitlicher europäischer Werkbegriff, 203; *Rauer/Ettig*, WRP 2014, 135 (138 Rn. 33); *Obergfell*, GRUR 2014, 621 (624).

12 Vgl. *Kriesel*, Einheitlicher europäischer Werkbegriff, 203; *Rauer/Ettig*, WRP 2014, 135 (140 Rn. 46).

13 *Nordemann*, in: Fromm/Nordemann, Urheberrecht, § 2 UrhG Rn. 147, 149.

14 *Obergfell*, GRUR 2014, 621; *Rauer/Ettig*, WRP 2014, 135 (140 Rn. 46); a.A. *Hoeren*, MMR 2014, 333 (338).

15 So *Hoeren*, MMR 2014, 333 (338), der generell dafür eintritt, dass jede Monopolisierung von Ideen durch das Urheberrecht im Interesse der Allgemeinheit verhindert werden müsse, vgl. *Hoeren*, MMR 2000, 3; ebenso kritisch: *Klawitter*, GRUR-Prax 2014, 30 (31 f.).

geringen freien Formenschatz schöpfen könnten.[16] Vertreter dieser Ansicht argumentieren, die erhöhte urheberrechtliche Schutzschwelle für Design hätte mit einer anderen Begründung aufrechterhalten werden können. Das Europarecht fordere sie gerade nicht, sondern habe das Designrecht als spezielles gewerbliches Schutzrecht stärken wollen.[17]

Die Richter, die das Urteil „Geburtstagszug" fällten, relativieren die Neuerung in den Urteilsgründen. Sie weisen darauf hin, dass bei Gestaltungen von geringer Gestaltungshöhe ein sehr begrenzter urheberrechtlicher Schutzumfang zu erwarten sei – also etwa nur ein Schutz gegen nahezu identische Nachahmungen.[18] Ein Autor erwartet deshalb *„alten Wein in neuen Schläuchen"*,[19] andere kritisieren die neuen Abgrenzungskriterien als unkonkret.[20] 6

Damit hat das Geburtstagszug-Urteil viele dogmatische und praktische Fragen in einem wirtschaftlich relevanten Bereich offengelassen. Die vorliegende Arbeit soll dazu beitragen, das Urteil „Geburtstagszug" und seine Folgen besser einordnen zu können. 7

B. Forschungsfragen

I. War die Aufgabe der Stufentheorie dogmatisch gerechtfertigt?

Nach einer kurzen Einführung in Begrifflichkeiten, historische Entwicklung und Dogmatik soll zunächst untersucht werden, ob der Verzicht auf das Kriterium der „besonderen Gestaltungshöhe" für angewandte Kunst dogmatisch zwingend war. 8

II. Welches Schutzniveau besteht derzeit für angewandte Kunst?

In einer vertieften Analyse soll das derzeitige urheberrechtliche Schutzniveau für angewandte Kunst bestimmt werden. Dabei wird untersucht, ob die bisherigen Tendenzen der Rechtsprechung für den urheberrechtlichen Schutz verschiedener Designkategorien trotz neuer Abgrenzungskriterien Bestand haben. 9

---

16 Vgl. *Barudi*, KUR 2014, 11 (14); *Hoeren*, MMR 2014, 333 (338); *Klawitter*, GRUR-Prax 2014, 30 (31); *Lerach*, jurisPR-WettbR 3/2014, Anm.1, 4.

17 *Klawitter*, GRUR-Prax 2014, 30 (31).

18 BGH, Urteil vom 13.11.2013 – I ZR 143/12, *Geburtstagszug*, Rn. 41, BGHZ 199, 52 (68).

19 Nicht wörtlich: *Lerach*, jurisPR-WettbR 3/2014, Anm. 1, 5.

20 *Ahlberg*, in: Ahlberg/Götting, BeckOK, UrhG, § 2 Rn. 110 f., da letztlich die undefinierbaren Begriffe „Kunst" und „Ästhetik" zur Abgrenzung herangezogen würden; *Lerach*, jurisPR-WettbR 3/2014, 4 (5).

III. Welche Folgen hat die Aufgabe der Stufentheorie?

10 Zudem sollen die wichtigsten praktischen Folgen der neuen Abgrenzungsformel für gewerblichen Designschutz und urheberrechtlichen Schutz angewandter Kunst beleuchtet werden.

IV. Besteht weiterer Handlungsbedarf für den Designschutz?

11 Daran anknüpfend soll die Frage beantwortet werden, ob eine andere Abgrenzung des Urheberrechts vom Designrecht geboten ist und – falls dies zu bejahen sein sollte – wie diese ausgestaltet werden sollte. Dazu werden auch rechtsvergleichende Aspekte fruchtbar gemacht.

V. Eingrenzung des Themas

12 Nicht vertieft untersucht werden soll der Designschutz außerhalb des Urheber- und Designrechts, etwa durch Marken- und Wettbewerbsrecht. Zudem finden nur die urheberrechtlichen Werkkategorien „(rein) bildende Kunst" und „angewandte Kunst" vertiefte Betrachtung im Hinblick auf den Designschutz.

C. Gang der Darstellung

13 Im ersten Kapitel wird erläutert, wie Design nach der „Stufentheorie" geschützt wurde. Im zweiten Kapitel wird untersucht, ob es zwingend war, diese Theorie aufzugeben. Das dritte und vierte Kapitel behandeln den *status quo*. Zunächst werden im dritten Kapitel die vom BGH entwickelten neuen Abgrenzungskriterien analysiert. Das vierte Kapitel untersucht deren praktischen Auswirkungen. Im fünften Kapitel werden, unter Berücksichtigung rechtsvergleichender Aspekte, alternative Abgrenzungen zwischen gewerblichem und urheberrechtlichem Designschutz vorgestellt. Daran anknüpfend wird erörtert, inwieweit in Deutschland sowie auf europäischer Ebene weiterer Reformbedarf für diese Abgrenzung besteht. Zuletzt werden die Ergebnisse der Arbeit in einem Schlussteil thesenartig zusammengefasst.

D. Begriffsbestimmungen

14 Um eine einheitliche Diskussionsbasis zu schaffen, werden im Folgenden zunächst die wichtigsten der für den Schutzgegenstand des gewerblichen Designrechts und des Urheberrechts verwendeten Begriffe eingeordnet.

15 Das Schutzgut des gewerblichen Designschutzes wird in Deutschland seit 2014 als „Design" bezeichnet. In der deutschen Übersetzung des einschlägigen

EU-Rechts finden stattdessen noch die vorher gebräuchlichen Begriffe „Geschmacksmuster“ sowie „Muster und Modell“ Verwendung.

Relevante Kategorien des Urheberrechtsschutzes sind vor allem[21] die „angewandte Kunst“ und – als Überbegriff – die „bildende Kunst“. Umgangssprachlich und in älteren Gesetzestexten werden andere Begriffe wie „Kunsthandwerk“ und „Kunstgewerbe“ verwendet. **16**

I. Design

Der Begriff „Design“ geht auf das lateinische Wort „*designare*“ zurück. Dies bedeutet unter anderem „entwerfen“ und „im Umriss darstellen“.[22] Im Englischen hat sich dieser Wortstamm im Begriff „*Design*“ erhalten.[23] Als englisches Lehnwort fand dieser in den 1970er Jahren auch Eingang in die deutsche Sprache.[24] Begriffe wie „Gestaltung“ und „Formgebung“ wurden und werden im deutschsprachigen Raum synonym verwendet.[25] **17**

Aufgrund der langen sprachgeschichtlichen Entwicklung des Begriffs und des sich dynamisch entwickelnden Anwendungsbereichs von Design (Grafik, Industrieprodukte, Computerprogramme etc.) ist eine allgemeingültige Definition des Begriffs „Design“ unmöglich.[26] Auch in der Kunstwissenschaft und im allgemeinen Sprachgebrauch wird der Begriff „Design“ mit verschiedenen Bedeutungsgehalten benutzt. Ein Designtheoretiker umreißt diese beispielsweise wie folgt: **18**

> *„‚Design‘ […] kann auf einen Vorgang verweisen (den Akt oder die Tätigkeit des Entwerfens) oder auf das Ergebnis eines Vorgangs (ein Design, eine Skizze, ein Plan oder ein Modell) oder auf Produkte, die mit Hilfe eines Designs hergestellt werden (Designobjekte) oder auf das Aussehen oder den Gesamtentwurf eines Produkts (‚Mir gefällt der Schnitt, also das Design von diesem Kleid‘).“*[27]

---

21 Zu möglichen anderen Einordnungen unter die Kategorien Sprachwerke, Werke der bildenden Kunst, wissenschaftliche oder technische Darstellungen, Datenbankwerke, Lichtbildwerke und Filmwerke vgl. *Sauer*, Neue Wege im Designschutz, 79 f. m.w.N.

22 Vgl. *Kühne*, in: Eichmann/von Falckenstein/Kühne, DesignG, § 1 Rn. 5; lateinisches Online-Wörterbuch, abrufbar unter: http://de.pons.com/%C3%BCbersetzung/latein-deutsch/designare.

23 Vgl. *Kühne*, in: Eichmann/von Falckenstein/Kühne, DesignG, § 1 Rn. 5.

24 Vor allem durch einflussreiche Designergruppen wie „*Alchimia*“ oder „*Memphis*“, die den Begriff „Design“ für ihre Produkte verwendeten, vgl. *Schneider/Schmid*, Design – eine Einführung, 196.

25 Vgl. *Hauffe*, Die Geschichte des Designs im Überblick, 9.

26 Vgl. *Schneider/Schmid*, Design – eine Einführung, 196 f.

27 Vgl. *Walker*, Designgeschichte, 35.

Auch diese Aufzählung kann nicht als abschließend gelten. In späterer Literatur wird ihr etwa die Verwendung des Begriffs für Abläufe hinzugefügt[28] und festgestellt, das Wort Design sei *„zu einem Passepartout mit einem scheinbar beliebig erweiterbaren Bedeutungsvokabular“* geworden.[29]

19 Folgende Legaldefinition gilt gem. § 1 Nr. 1 DesignG für gewerbliches Design:

> *„die zweidimensionale oder dreidimensionale Erscheinungsform eines ganzen Erzeugnisses oder eines Teils davon, die sich insbesondere aus den Merkmalen der Linien, Konturen, Farben, der Gestalt, Oberflächenstruktur oder der Werkstoffe des Erzeugnisses selbst oder seiner Verzierung ergibt.“*[30]

Der deutsche Rechtsbegriff „Design“ umfasst aus dem oben genannten Begriffsspektrum also nur das Ergebnis eines Entwurfsvorgangs bzw. den Gesamtentwurf als „Erscheinungsform“. Ein Erzeugnis ist gem. § 1 Nr. 2 DesignG:

> *„jeder industrielle oder handwerkliche Gegenstand, einschließlich Verpackung, Ausstattung, grafischer Symbole und typografischer Schriftzeichen.“*[31]

Durch die Definition des Begriffs „Erzeugnis“ wird insbesondere klargestellt, dass der Rechtsbegriff „Design“ auch zweidimensionales Design erfasst, das im 20. Jahrhundert an Bedeutung gewonnen hat.[32] Die Verwendung des Begriffes „handwerklich“ hat nicht etwa zur Folge, dass alle Handwerksprodukte gewerblichen Designschutz genießen können. Der Begriff soll vielmehr klarstellen, dass sowohl Erzeugnisse der Massenproduktion als auch Unikate oder in Kleinserie hergestellte Erzeugnisse designschutzfähig sind.[33]

20 Die Legaldefinition des juristischen Designbegriffs enthält jedoch keine Unterscheidungskriterien von – im Grenzbereich verwandten – Gestaltungsformen wie Handwerk, Maschinenbau und Kunst. Daraus erklärt sich, dass es die Rechtsprechung – etwa durch die „Stufentheorie“ – übernommen hat, diese

---

28 Vgl. *Schneider/Schmid*, Design – eine Einführung, 196 f.

29 Vgl. *Schneider/Schmid*, Design – eine Einführung, 195.

30 Die Definition des europäischen „Geschmacksmusters“ gem. Art. 3 lit. a GGV weicht nur sehr leicht ab: „Die Erscheinungsform eines Erzeugnisses oder eines Teils davon, die sich insbesondere aus den Merkmalen der Linien, Konturen, Farben, der Gestalt, Oberflächenstruktur und/oder der Werkstoffe des Erzeugnisses selbst und/oder seiner Verzierung ergibt“.

31 Diese Definition entspricht der europäischen in Art. 3 lit. b Geschmacksmusterverordnung.

32 *Schneider/Schmid*, Design – eine Einführung, 196, mit Hinweis auf Werbe- und Computergrafik.

33 Vgl. *Kühne*, in: Eichmann/von Falckenstein/Kühne, DesignG, § 1 Rn. 17.

Abgrenzungen vorzunehmen. Zur ersten Einordnung von Abgrenzungsversuchen sei folgender Vorschlag aus der Designtheorie zitiert:

> *„Der Designbegriff ist an der Schnittstelle der folgenden drei Aspekte festzumachen: [...] Erstens ist der prozessuale Gesichtspunkt anzuführen, die Trennung von Entwurf und Fertigung, die das Design charakterisiert und vom universalistisch ausgelegten Handwerk abgrenzt [...]. Zweitens gilt im Design eine ästhetische Zielsetzung, die verlangt, den Produkten eine ihnen wesenhafte, eigene Form zu verleihen und diese kontinuierlich weiterzuentwickeln. Hierin liegt die Grenzziehung zwischen dem Design und der Konstruktion im Maschinenbau [...]. Der dritte Punkt liegt in der Pragmatik und legt den Fokus auf den vernünftigen Gebrauch von Produkten. Anders als Kunstwerke oder Zierobjekte und Nippsachen [...] zielt Design auf die Unterstützung der sinnvollen, aufgabenadäquaten, zum Teil (über-) lebensnotwendigen Verwendungsweisen von Produkten.“*[34]

Auch diese Definition von Design wird nicht allen Aspekten des Designbegriffs gerecht. Hinzu tritt beispielsweise die symbolische Funktion von Design: Man kann von Design auch als „Produktsprache“ reden, die über verschiedene Lebensstile und Lebensauffassungen Auskunft gibt.[35] Zudem sind die Auslegung des in dieser Definition verwendeten Begriffs „ästhetisch“ sowie die Einordnung von Zierobjekten und Nippsachen streitig. Diese Punkte werden im Folgenden näher erörtert.

In dieser Arbeit wird der Begriff „Gestaltung“ als Überbegriff für Schutzobjekte des gewerblichen Designschutzes und des Urheberrechtsschutzes für angewandte Kunst gebraucht. Als Oberbegriff für die Schutzregime Urheber- und Designrecht wird im Folgenden das Wort „Designschutz“ verwendet, die Terminologie „Designrecht“ als Überbegriff für den gewerblichen Designschutz. 21

II. Geschmacksmuster, Muster und Modell

Vor 2014 wurde der Schutzgegenstand des gewerblichen Designschutzes im Deutschen als „Geschmacksmuster“ bezeichnet. Dies definierte die Rechtsprechung als 22

> *„Gestaltung, die bestimmt und geeignet ist, das geschmackliche Empfinden des Betrachters anzusprechen“.*[36]

Man unterschied zweidimensionale Gestaltungen wie Teppichmuster als „Muster“ und dreidimensionale Gestaltungen wie Möbel als „Modelle“. Der Begriff

---

34 Vgl. *Kurz*, Handwerk oder Design, 157 f.

35 Vgl. *Schneider/Schmid*, Design – eine Einführung, 198 f.

36 Vgl. für viele BGH, Urteil vom 19.12.1979 – I ZR 130/77, *Play family*, GRUR 1980, 235.

„Muster“ wurde aber auch als Oberbegriff für alle Gestaltungen benutzt und der Begriff „Geschmacksmuster“ als Oberbegriff für in ein Register eingetragene Muster.[37] In der deutschen Fassung der EU-Richtlinie über den rechtlichen Schutz von Mustern und Modellen (im Folgenden: Geschmacksmusterrichtlinie)[38] werden als Oberbegriffe nach wie vor die Begriffe „Muster“ und „Geschmacksmuster“ verwendet, allerdings ohne trennscharf zwischen eingetragenen und nicht eingetragenen Designs zu unterscheiden.[39] Der Begriff „Design“ wird inhaltlich mit dem des „Geschmacksmusters“ gleichgesetzt.[40]

III. Bildende, Freie, Schöne Kunst

23 Der Kunstbegriff ist ähnlich dynamisch und wertungsoffen wie der Designbegriff. Das Bundesverfassungsgericht (im Folgenden: BVerfG) stellte bereits im Jahr 1984 fest, dass es unmöglich sei, Kunst generell zu definieren, und sich weder in der Kunst-, noch in der Rechtswissenschaft eine allgemeingültige Definition durchgesetzt habe. Dies entbinde aber nicht davon, bei der konkreten Rechtsanwendung eine einzelfallbezogene Definition vorzunehmen.[41] Erlaubt und notwendig sei allerdings nur die Unterscheidung zwischen Kunst und Nichtkunst; eine staatliche Stil-, Niveau- oder Inhaltskontrolle, in Form einer Differenzierung zwischen “höherer” und “niederer”, “guter” und “schlechter” (und deshalb nicht oder weniger schutzwürdiger) Kunst sei verfassungswidrig. Es verletze die Kunstfreiheit, wenn der Staat durch ein „Kunstrichtertum“ festlegen könne, was als Kunst gelte.[42]

24 Für einen juristischen Kunstbegriff, der diesen Anforderungen genügen soll, bestehen verschiedene Definitionsansätze. Im Urheberrecht gilt eine andere Definition als im Verfassungsrecht.[43] Diese urheberrechtliche Definition lautet:

---

37 Vgl. *Kühne*, in: Eichmann/von Falckenstein/Kühne, DesignG, § 1 Rn. 6.

38 Richtlinie 98/71/EG des Europäischen Parlaments und des Rates vom 13.10.1998 über den rechtlichen Schutz von Mustern und Modellen, ABl. L 289 vom 28.10.1998, 0028.

39 Vgl. *Kühne*, in: Eichmann/von Falckenstein/Kühne, DesignG, § 1 Rn. 5 f.

40 Vgl. RegE Geschmacksmusterreformgesetz, BT-Drucks. 15/1075, 29.

41 Vgl. BVerfG, Beschluss vom 17.07.1984 – 1 BvR 816/82, *anachronistischer Zug*, Rn. 29 ff, BVerfGE 67, 213 (225).

42 Vgl. BVerfG, Beschluss vom 24.02.1971 – 1 BvR 435/68, *Mephisto*, Rn. 52, BVerfGE 30, 173 (189); BVerfG, Beschluss vom 03.06.1987 – 1 BvR 313/85, *Strauß-Karikatur*, Rn. 18, BVerfGE 75, 369 (377); BVerfG, Beschluss vom 07.03.1990 –1 BvR 266/86, *Bundesflagge*, Rn. 45, BVerfGE 81, 278 (291).

43 In diesem wird mit drei Kunstbegriffen nebeneinander gearbeitet (vgl.: BVerfG, Beschluss vom 17.07.1984 – 1 BvR 816/82, *anachronistischer Zug*, Rn. 33 ff, BVerfGE 67, 213 (226), nämlich mit (i.) dem materiellen („*Freie schöpferische Gestaltung, in der*

> *„Eigenpersönliche Schöpfungen eines Menschen, die mit den Darstellungsmitteln der Kunst durch formgebende Tätigkeit hervorgebracht und vorzugsweise für die ästhetische Anregung des Gefühls durch Anschauung bestimmt sind."*[44]

Dieser Definitionsansatz für Kunst enthält selbst wieder den Begriff Kunst und wiederholt zudem den materiellen Werkbegriff gem. § 2 Abs. 2 UrhG „persönliche geistige Schöpfung" in einer etwas anderen Formulierung. Deshalb wird er zu Recht als tautologisch kritisiert.[45] Hinzu tritt der neue, unbestimmte Rechtsbegriff „ästhetisch". Der materielle Werkbegriff „persönliche geistige Schöpfung" und der Begriff „Ästhetik" werden im Folgenden näher erläutert. Als Darstellungsmittel der Kunst sind etwa Architektur, Bildhauerei, Malerei, Grafik und angewandten Kunst zu verstehen,[46] aber auch neuere Kunstformen wie *Happenings* dürfen nicht durch ein pauschales Zurückgreifen auf vorbekannte Kunstformen schutzlos gestellt werden.[47] Auch diese Definition der Kunstformen ist für die angewandte Kunst tautologisch.

Die Bezeichnungen „freie Kunst" und „bildende Künste", die in § 2 Abs. 1 25
Nr. 4 UrhG verwendet werden, lassen sich auf folgende historische Entwicklungen zurückführen: In der Antike wurden sieben wissenschaftlich vermittelte Disziplinen[48] als „freie Künste" (lat. *artes liberales*) bezeichnet, weil diese wissenschaftliche Bildung nur freien Männern offen stand. Zu diesen „freien Künsten" zählten aber gerade noch nicht heutige Kunstformen wie Architektur, Plastik oder Malerei. Eine Verwissenschaftlichung dieser Kunstrichtungen nahm ihren Anfang

---

Eindrücke, Erfahrungen und Erlebnisse des Künstlers durch das Medium einer bestimmten Formensprache zu unmittelbarer Anschauung gebracht werden"), vgl. auch BVerfG, Beschluss vom 24.02.1971 – 1 BvR 435/68, *Mephisto*, Rn. 48, BVerfGE 30, 173 (188 f.); (ii.) dem formellen (das Werk weist die Gestaltungsmerkmale eines bestimmten Werktyps auf) und (iii.) dem offenen (*„Wegen der Mannigfaltigkeit ihres Aussagegehalts ist es möglich, der Darstellung im Wege einer fortgesetzten Interpretation immer weiterreichende Bedeutungen zu entnehmen, so daß sich eine praktisch unerschöpfliche, vielstufige Informationsvermittlung ergibt."*); zur Kritik an allen drei Definitionsversuchen und der Notwendigkeit, im Einzelfall ggf. zusätzliche Kriterien anzuwenden: *Kempen*, in: Epping/Hillgruber, BeckOK, GG, Art. 5 Rn. 161 ff.

44 Vgl. RG, Urteil vom 24.11.1886 – I 322/86, *Lithophanien*, RGZ 18, 102 (107); BGH, Urteil vom 27.11.1956 – I ZR 57/55, *Europapost*, Rn. 21, BGHZ 22, 209 (214).

45 Hinweisend auf eine tautologische Definition bezüglich des Begriffs „Kunst": *Mezger*, Die Schutzschwelle für Werke der angewandten Kunst, 43, 46; *Ahlberg*, in: Ahlberg/Götting, BeckOK, UrhG, § 2 Rn. 110 m.w.N.

46 Vgl. *Ahlberg*, in: Ahlberg/Götting, BeckOK, UrhG, § 2 Rn. 20.

47 *Kaiser*, in: Erbs/Kohlhaas, Strafrechtliche Nebengesetze, § 2 UrhG Rn. 26.

48 Grammatik, Dialektik, Rhetorik, Arithmetik, Geometrie, Musik und Astronomie.

erst in der italienischen Renaissance.[49] Giorgio Vasari gründete in Florenz im Jahr 1563 die *Accademia del Disegno*, an der Malerei und Bildhauerei unter Einbeziehung wissenschaftlicher Disziplinen wie Geometrie und Anatomie gelehrt wurden.[50] Durch die Kunsttheorie der Renaissance und des Manierismus wurden Architektur, Plastik oder Malerei deshalb in den Kanon der „freien Künste" aufgenommen. Bis zum 18. Jahrhundert verlagerte sich die Künstlerausbildung von den berufsständischen Organisationen (wie den Handwerksgilden) insgesamt an Akademien. Aufgrund dieser Akademisierung spricht man seitdem auch von den „bildenden Künsten" und – in Anlehnung an die 1795 für Malerei, Bildhauerei und Architektur gegründete Akademie « *des Beaux-Arts* » in Paris – auch von den „schönen Künsten".[51]

26 Die Abgrenzung von bildender Kunst von anderen Kunstformen und Nichtkunst nach der „vorzugsweisen Bestimmung" stößt bei Gestaltungen der sogenannten „Funktionsästhetik" an ihre Grenzen. Diese ist darauf angelegt, ästhetische und technische Wirkungen harmonisch zu verbinden, so dass idealerweise keine die andere überwiegt.[52]

IV. Ästhetik

27 Der Begriff „ästhetisch" geht auf das griechische Wort „*aisthesis*" zurück. Dies bedeutet so viel wie „sinnliche Wahrnehmung". Die Bezeichnung „Ästhetik" steht heute für eine Wissenschaftsrichtung, die sich mit der Erscheinungsweise und Bedeutung von sinnlich wahrnehmbaren Gegenständen auseinandersetzt.[53] Die Definition von „Ästhetik" ist hochstreitig und hat schon Philosophen, Psychologen und Künstler wie Aristoteles, Kant, Goethe, Dessoir und Heidegger[54] beschäftigt.

---

49 *Olbrich/Strauss*, Lexikon der Kunst, „Freie Künste", Digitale Bibliothek 43, 9516 ff., Bd. 2, 588 (591) und „7 freie Künste", Digitale Bibliothek 43, 17208, Bd. 4, 123 ff.; *Zinsmeister*, Kunst und/oder Design, Rn. 12.

50 *Zinsmeister*, Kunst und/oder Design, Rn. 14.

51 Vgl. *Olbrich/Strauss*, Lexikon der Kunst, „*Freie Künste*", Digitale Bibliothek 43, Bd. 2, 9516 ff., 588 ff. (591) und „7 freie Künste", Digitale Bibliothek 43, 17208, Bd. 4, 123 ff.; *Zinsmeister*, Kunst und/oder Design, Rn. 17.

52 *Loewenheim*, Handbuch des Urheberrechts, § 9 Die Werkarten Rn. 107.

53 *Kleimann*, in: Jordan, Lexikon Kunstwissenschaft, Ästhetik, 25.

54 Siehe näher *Schramm*, Die schöpferische Leistung, 79 ff.

Im allgemeinen Sprachgebrauch wird der Begriff oft mit einem Werturteil in Bezug auf „Schönheit" verbunden.[55] So verstanden, wäre die Verwendung des Wortes „ästhetisch" in der juristischen Definition von „Kunst" jedoch ein Verstoß gegen die, vom BVerfG als verfassungswidrig untersagte, staatliche Stil- und Niveaukontrolle – gibt es doch Werke, die bewusst schockieren, abstoßen oder von einem Teil der Betrachter schlicht als „hässlich" empfunden werden.[56] 28

Dies wird vermieden, wenn der Begriff „Ästhetik", entsprechend seiner ursprünglichen Bedeutung als neutrale Ansprache der Sinne verstanden wird. So definiert der BGH Ästhetik als *„eine aus geistiger Arbeit erwachsene, sinnlich wahrnehmbare eigenschöpferische Formgestaltung"*[57] bzw. ersetzt den Begriff „ästhetisch" durch *„den Formensinn ansprechend"*.[58] Unter „Formensinn" ist nach dem allgemeinen Sprachgebrauch jede Empfindung für künstlerische Darstellungen zu verstehen.[59] In Bezug auf Kunst grenzt der BGH dies jedoch durch den Begriff „Anschauung" auf den Sehsinn ein. 29

Streitig bleibt jedoch, ob Ästhetik überhaupt als ein fester Maßstab gelten kann. Vertreter der sogenannten objektiven Ästhetik sind der Ansicht, es gebe abstrakt bestimmbare ästhetische und unästhetische Eigenschaften, die einem Gegenstand anhaften. Vertreter der subjektiven Ästhetik nehmen hingegen an, Ästhetik beruhe auf persönlichem Empfinden und es hänge von Betrachter und Stimmung ab, ob die Reize eines Gegenstandes „ästhetisch" verarbeitet würden. Sie lehnen folglich jede Anwendung des Begriffs „Ästhetik" als objektives Maß ab.[60] 30

Die Einwände der subjektiven Ästhetik erscheinen unter dem Erfahrungssatz „über Geschmack lässt sich nicht streiten" berechtigt. Sicherlich ist die tatsächliche Wirkung einer Gestaltung auf den Betrachter unterschiedlich, abhängig von einer Vielzahl von Faktoren wie Interesse, Vorbildung und Stimmung des Betrachters sowie dem Kontext der Präsentation. Jedoch wird dem Begriff 31

---

55 Vgl. Definition von „Ästhetik" im Duden als: *„1. Wissenschaft, Lehre vom Schönen; 2. das stilvoll Schöne; Schönheit; 3. Schönheitssinn"*, online abrufbar unter: http://www.duden.de/rechtschreibung/Aesthetik.

56 Vgl. *Schramm*, Die schöpferische Leistung, 81, 91 f.

57 BGH, Urteil vom 09.05.1985 – I ZR 52/83, *Inkasso-Programm* BGHZ 94, 276 (286).

58 BGH, Urteil vom 27.02.1961 – I ZR 127/59, *Stahlrohrstuhl I*, GRUR 1961, 635 (638); BGH, Urteil vom 10.12.1986 – I ZR 15/85, *Le Corbusier-Möbel I*, GRUR 1987, 903 (904).

59 Vgl. Definition des „Duden" für „Formensinn" mit Link zur Definition 1b für „Form", onlineabrufbar unter: https://www.duden.de/rechtschreibung/Formensinn.

60 Siehe *Schramm*, Die schöpferische Leistung, 80 ff. m.w.N., als Vertreter für objektive Ästhetik Schiller anführend, für subjektive Ästhetik Kant.

Ästhetik bei Abstellen auf die Wirkung auf den Betrachter eine andere Bedeutung beigemessen als die vom BGH verwendete, auf die reine Wahrnehmbarkeit abstellende. Dies ergibt sich daraus, dass der Begriff „Ästhetik" von Vertretern der subjektiven Ästhetik beispielsweise definiert wird als *„das, was durch seine Formgebung begehrenlos gefällt."*[61] „Gefallen" ist aber im Unterschied zu „wahrnehmen" bereits ein subjektiv besetzter Begriff. Im Folgenden wird deshalb vertreten, dass es eine objektive Ästhetik in dem Sinne gibt, dass festgestellt werden kann, ob eine Gestaltung für die sinnliche Wahrnehmung geeignet und bestimmt ist. Aufgrund der Missverständlichkeit des Begriffs „Ästhetik" und dem verfassungsrechtlichen Wertungsverbot muss aber im Einzelnen kritisch geprüft werden, ob der Begriff „Ästhetik" in diesem objektiven Sinne verstanden und angewendet wird.

V. Angewandte Kunst

32 Die Wertschätzung von Gestaltungen als „angewandte Kunst" und die zugehörige Begrifflichkeit kam erst Ende des 18. Jahrhunderts und vor allem seit Mitte des 19. Jahrhunderts auf, bestimmt von dem Gedanken, Kunst solle auch Alltagsgegenstände verschönern.[62]

33 Als „angewandt" wird Kunst bezeichnet, die nicht nur zur Betrachtung bestimmt ist, sondern zugleich einem „praktischen Gebrauchszweck" dient.[63] Der Gebrauchszweck wird objektiv nach der üblichen Verwendung bestimmt, nicht nach dem Verwendungsziel des Schöpfers oder nach der tatsächlichen Verwendung durch den Besitzer.[64]

34 Eine klare juristische Definition, was unter „praktischem Gebrauch" zu verstehen ist, fehlt jedoch. Aus den oben dargelegten Definitionen der rein bildenden Kunst und der Ästhetik ist *e contrario* negativ danach abzugrenzen, dass die Gestaltung objektiv nicht ausschließlich zur Anregung des Gefühls durch Anschauung bestimmt ist. Diese Abgrenzungsformel ist aber nicht eindeutig. Besonders umstritten ist die Einordnung von Schmuck- und Ziergegenständen.

---

61 *Schramm*, Die schöpferische Leistung, 94.

62 So: *Olbrich/Strauss*, Lexikon der Kunst, „Angewandte Kunst", Digitale Bibliothek, 1202 ff. (vgl. LdK Bd. 1, 168 ff.).

63 Vgl. BVerfG, Nichtannahmebeschluss vom 26.01.2005 – 1 BvR 1571/02, *Laufendes Auge* Rn. 8, GRUR 2005, 410 m.w.N.; *Schulze*, in: Dreier/Schulze, UrhG, § 2 Rn. 158.

64 Vgl. *Mezger*, Die Schutzschwelle für Werke der angewandten Kunst, 57 f., 61 mit Hinweis auf Werke der rein bildenden Kunst, die zwar in Form eines Gebrauchsgegenstandes auftreten, aber üblicherweise nie als solche verwendet werden wie Bildteppiche.

Sie werden wegen ihrer gewollten ästhetischen Wirkung teils als Werke der rein bildenden Kunst eingeordnet, teils als Gebrauchsgegenstände, etwa unter Anführung der als praktisch eingeordneten „Befestigung am Körper“[65] oder des „Schmuckzwecks“ als solchem.[66] Eng verstanden, könnte man auch annehmen, alle Zwecksetzungen, die über bloße Präsentation zur Anschauung (etwa in einem Museum) hinausgehen, seien „praktische Zwecke“, beispielsweise der Einsatz eines Werkes zu Repräsentationszwecken (z.B. zur Ausstattung eines Geschäftsraums)[67] oder zur religiösen Verehrung (z.B. im Falle einer Heiligenfigur).[68]

In der Praxis wird die Abgrenzung zwischen rein ästhetischer und praktischer 35 Zwecksetzung ohne feste Definitionsvorgaben der Rechtsprechung überlassen mit der Feststellung, dass sich vielfach kaum bestimmen lasse, ob ein Werk zugleich zu einem praktischen Zweck bestimmt sei.[69] Bei der Frage, ob das nur für bildende Kunst geltende Folgerecht gem. 26 UrhG greift, ist anerkannt, nach Indizien zwischen bildender und angewandter Kunst abzugrenzen, etwa danach, ob die Gestaltung wie ein Werk der bildenden Kunst gehandelt oder präsentiert wird. Dies kann auch dazu führen, dass Gegenstände, die sonst typischerweise einem praktischen Gebrauchszweck zugeordnet werde wie Vasen oder Lampen nach ihrer objektiven Verwendungsbestimmung (zur Ansicht) als Werke der bildenden Kunst eingeordnet werden.[70]

In der Literatur wird eine konsequentere Abgrenzung zwischen rein bil- 36 dender und angewandter Kunst gefordert, etwa die Einordnung von Ziergegenständen und Schmuck als Werke der rein bildenden Kunst wegen der den Schwerpunkt der Bestimmung bildenden ästhetischen Wirkung – auch an der unteren Schwelle, dem sogenannten „Kitsch“.[71]

---

65 Vgl. *Mezger*, Die Schutzschwelle für Werke der angewandten Kunst, 70.

66 *Mezger*, Die Schutzschwelle für Werke der angewandten Kunst, 63 m.w.N. ordnet diese nicht dem praktischen Gebrauchszweck zu.

67 Vgl. *Mezger*, Die Schutzschwelle für Werke der angewandten Kunst, 60 m.w.N. zur Problematik von nicht-ästhetischen Zwecken „klassischer Werke“ der rein bildenden Kunst; *Maaßen*, Kunst oder Gewerbe? Rn. 534, der in der Verwendung von rein bildender Kunst als repräsentatives „Statussymbol“ einen praktischen Gebrauchszweck sieht.

68 *Mezger*, Die Schutzschwelle für Werke der angewandten Kunst, 60 m.w.N.

69 So *Bullinger*, in: Wandtke/Bullinger, UrhG, § 2 Rn. 29.

70 Vgl. *Schulze*, in: Dreier/Schulze, UrhG, § 26 Rn. 34 mit Hinweis auf u.a. auf Art. 2 Abs. 1 der EU-Folgerechtsrichtlinie; BT-Drucks. 16/1107, 6.

71 Vgl. *Mezger*, Die Schutzschwelle für Werke der angewandten Kunst, 64 f.; *Loewenheim*, Handbuch des Urheberrechts, § 9 Die Werkarten Rn. 107.

37 Vorliegend wird vertreten, dass die Definition „angewandter Kunst“ zwar klarer eingegrenzt werden kann, in Grenzfällen aber eine Einzelfallentscheidung getroffen werden muss. Eine Orientierungshilfe für die klarere Abgrenzung bietet die Herkunft des Wortes „praktisch“ von dem griechischen Wort *praktikós*, das u.a. mit *„auf das Handeln gerichtet“* zu übersetzen ist.[72] Praktischer Gebrauch liegt also vor, wenn die Gestaltung zur Durchführung von Handlungen benutzt wird, die über das reine Betrachten hinausgehen. Soziale Folgewirkungen des Betrachtens, wie z.B. die repräsentative Wirkung oder das Wachrufen religiöser Gefühle sind demnach nicht als „praktische Gebrauchszwecke“ zu werten. Auch bei der bloßen Dekoration ist eine Verwendung zur Durchführung einer Handlung nicht erkennbar. Schmuck ist ein Grenzfall. Während etwa eine Krawattennadel zur Handlung der Befestigung der Krawatte genutzt werden kann, dient anderer Schmuck nur zur Dekoration – auch nicht notwendigerweise durch Befestigung am Körper – wie Tischschmuck. Wegen der möglichen Doppelwirkung einer Gestaltung – z.B. als Blumenvase oder Skulptur – verbietet sich eine schematische Einordnung.[73] Durch Übertragung der Schutzschwelle der bildenden Kunst auf die der angewandten durch das Geburtstagszug-Urteil hat deren Abgrenzung nicht ganz an Relevanz verloren, da die Rechtsfolgen für diese noch variieren. Beispielsweise gilt das Folgerecht gemäß § 26 UrhG nicht für Werke der angewandten Kunst und der Gebrauchszweck spielt eine Rolle für den Umfang des Urheberrechtsschutzes.[74]

VI. Kunstgewerbe und Kunsthandwerk

38 Während unter „Kunsthandwerk“ die Fertigungen von Unikaten und Kleinserien in weitgehender Handarbeit gefasst wird, bezeichnet „Kunstgewerbe“ die künstlerische Tätigkeit im Rahmen der Massenproduktion.[75] Beide Begriffe beziehen sich auf die Herstellung von Gebrauchsgegenständen mit künstlerischer Formgebung, überschneiden sich also mit dem heute verwendeten Begriff der „angewandten Kunst“.[76]

---

72 Vgl. im Duden angegebene Herkunft des Begriffs „praktisch“, online abrufbar unter: https://www.duden.de/rechtschreibung/praktisch_faktisch_nutzbar_geschickt.

73 Zur Kategorisierung durch die Rechtsprechung vgl. unten Rn. 87 ff.; für eine Sammlung an als angewandte Kunst eingeordneten Gestaltungen *Mezger*, Die Schutzschwelle für Werke der angewandten Kunst, 57 ff.

74 Vgl. oben Rn. 35; *Bullinger*, in: Wandtke/Bullinger, UrhG, 4. Aufl., § 2 Rn. 30.

75 *Zinsmeister*, Kunst und/oder Design, Rn. 18.

76 Vgl. *Schneider/Schmid*, Design – eine Einführung, 206; Duden, „Kunstgewerbe“ bzw. „Kunsthandwerk“, abrufbar unter: http://www.duden.de/rechtschreibung/Kunstgewerbe; http://www.duden.de/rechtschreibung/Kunsthandwerk.

VII. Handwerk

39 In Abgrenzung zum Design, bei dessen Herstellung Entwurf und Fertigung grundsätzlich auseinanderfallen und eine Arbeitsteilung zwischen Designer und Hersteller erfolgt, zeichnet ein Handwerker üblicherweise für den gesamten Herstellungsprozess verantwortlich. Zudem ist Handwerk nicht auf Massenproduktion angelegt, sondern auf die Fertigung von Einzelstücken oder kleinen Mengen.[77] Da jedoch auch handwerkliche Erzeugnisse vom gewerblichen Designschutz gem. § 1 Nr. 2 DesignG sowie vom urheberrechtlichen Designschutz erfasst sein können, kann anhand dieser Definition von Handwerk allein nicht zwischen Handwerk, Design und Kunst abgegrenzt werden. „Handwerklich" bleibt dann, was formal einem Handwerk zuzuordnen ist und materiell gerade nicht als urheberrechtlich geschütztes Werk eingeordnet wird. Davon betroffen sind insbesondere sog. „sklavische Kopien", deren Herstellung nicht mit kreativen Leistungen, sondern mit bloßer Sorgfalt und Geschick verbunden wird.[78]

77 *Walker*, Designgeschichte, 52.
78 Vgl. *Bullinger*, in: Wandtke/Bullinger, UrhG, § 2 Rn. 22 m.w.N.

1. Kapitel: Abgrenzung nach der Stufentheorie

A. Entwicklung der Stufentheorie

Zum Verständnis der Stufentheorie wird zunächst dargestellt, wie es in Deutschland zu einem Designschutz sowohl durch Urheber- als auch durch Designrecht kam und wie sich das Verhältnis dieser Schutzsysteme entwickelte. 40

Die Anregung zu deutschem Designschutz kam aus England und Frankreich sowie durch das Bedürfnis, Werke vor dem Hintergrund der mit der Industrialisierung aufgekommenen Massenproduktion vor vielfacher Nachahmung zu schützen.[79] Durch den Fall der absoluten Monarchien in England und Frankreich entfielen die durch den Adel gewährten Produktions-Privilegien. Insbesondere in der französischen Revolution wurden als Ersatz individuelle Urheberrechte proklamiert. In Deutschland – das damals noch in viele Monarchien zerfiel, die sich aber 1815 zum „Deutschen Bund“ zusammengeschlossen hatten – wurden unter diesem Einfluss erste Forderungen nach einem individuellen Urheberrechtsschutz laut.[80] Preußen erließ 1837 ein erstes Urheberschutzgesetz.[81] In diesem waren Werke der angewandten Kunst jedoch noch nicht als Werkkategorie geschützt.[82] 41

Erste Forderungen nach einem gewerblichen Designschutz in Deutschland kamen aus der Branche der Textilverarbeitung. Auch diese Entwicklung war maßgeblich von der damals bereits weiter entwickelten englischen[83] und 42

79 Vgl. *Kühne*, in: Eichmann/von Falckenstein/Kühne, DesignG, Systematik des Designrechts A. Allgemeines zum Designrecht Rn. 2.

80 *Zech*, Der Schutz von Werken der angewandten Kunst, 143, weist auf die Forderungen nach der „Sicherstellung der Rechte der Schriftsteller und Verleger“ in den deutschen Bundesakten (den Staatsverträgen des Deutschen Bundes) von 1815 und 1835 hin.

81 „Königlich Preußische Gesetz vom 11.06.1837 zum Schutze des Eigentums an Werken der Wissenschaft und Kunst gegen Nachdruck und Nachbildung“, das dem Urheber erstmals ausschließliche Rechte an seinem Werk gewährte, siehe *Zech*, Der Schutz von Werken der angewandten Kunst, 143 m.w.N.

82 Vgl. § 25 des Gesetzes: „Die Benutzung von Kunstwerken als Muster zu den Erzeugnissen der Manufakturen, Fabriken und Handwerk ist erlaubt“.

83 Vgl. *Kühne*, in: Eichmann/von Falckenstein/Kühne, DesignG, Systematik des Designrechts A. Allgemeines zum Designrecht Rn. 2 mit Hinweis auf ein erstes englisches Textilmusterschutzgesetz von 1787 und erste allgemeine englische Musterschutzgesetze aus den Jahren 1839 und 1842.

französischen[84] Gesetzgebung in diesem Bereich beeinflusst. Besonders die elsässische Textilindustrie, die von 1811 bis 1844 unter dem Schutz der französischen Musterschutzgesetze gestanden hatte, verlangte einen vergleichbaren Schutz nach deutschem Recht.[85] Im Jahr 1876 wurden schließlich sowohl ein neues deutsches Urheberschutzgesetz[86] als auch ein deutsches gewerbliches Designschutzgesetz[87] erlassen, das sich an den bereits bestehenden urheberrechtlichen Schutzvoraussetzungen orientierte.[88] Auch dieses Urheberrechtsgesetz schützte jedoch nur die „reine" Kunst, „Werke der Industrie" – worunter alle gewerblichen Erzeugnisse gefasst wurden – waren explizit vom Schutz ausgenommen. Abgegrenzt wurde danach, ob der gewerbliche oder der künstlerische Zweck eines Werkes überwog (sogenannte „Prävalenztheorie").[89]

43 Erst an der Wende vom 19. zum 20. Jahrhundert kam in Deutschland mit dem Deutschen Werkbund und der Bauhaus-Bewegung die Überzeugung auf, dass auch Design als Kunstform zu betrachten ist.[90] In § 2 Abs. 1 Satz 1 KUG,[91] vom 1. Juli 1907, wurden infolgedessen „Erzeugnisse des Kunstgewerbes" für

---

84 Vgl. *Kühne*, in: Eichmann/von Falckenstein/Kühne, DesignG, Systematik des Designrechts A. Allgemeines zum Designrecht Rn. 2. mit Hinweis auf erste Gesetze zum Schutz der Lyoner Seidenindustrie aus dem 16. Jahrhundert und ein erstes allgemeines französisches Musterschutzgesetz von 1806; *Zech*, Der Schutz von Werken der angewandten Kunst, 145 mit Hinweis auf das französische Urheberrechtsgesetz von 1793.

85 Vgl. *Kühne*, in: Eichmann/von Falckenstein/Kühne, DesignG, Systematik des Designrechts A. Allgemeines zum Designrecht Rn. 2.

86 „Gesetz vom 09. Januar 1876 betreffend den Urheberrechtsschutz an Werken der Photographie" [KUG].

87 Gesetz betreffend das Urheberrecht an Mustern und Modellen (Geschmacksmustergesetz) vom 11.01.1876, RGBl. I 1876, 11, nicht wesentlich modifiziert bis 2004, vgl. RegE Geschmacksmusterreformgesetz, BT-Drucks. 15/1075, 26.

88 Vgl. RegE Geschmacksmusterreformgesetz, BT-Drucks. 15/1075, 29.

89 Ausführlich zu dieser Theorie: *Zentek*, ZUM 2012, 42 (43 f) m.w.N.; Die Prävalenztheorie wurde ausdrücklich aufgegeben durch: RG, Urteil vom 17.04.1929 – I 2/29, *Besteckmuster*, RGZ 124, 68 (72); BGH, Urteil vom 27.11.1956 – I ZR 57/55, *Europapost*, BGHZ 22, 209 (215).

90 Vgl. *Sauer*, Neue Wege im Designschutz, 8 m.w.N.; *Zech*, Der Schutz von Werken der angewandten Kunst, 148 mit Hinweis auf eine Unterstützung des Reformprozesses durch internationale Kongresse, etwa der *Association littéraire et artistique internationale* und der Internationalen Vereinigung für Gewerblichen Rechtsschutz sowie durch Abschluss der Berner Konvention 1886 m.w.N.

91 Gesetz betreffend das Urheberrecht an Werken der bildenden Künste und der Photographie (KUG) vom 09.01.1907, RGBl. 1907, 7.

urheberrechtlich schutzfähig erklärt. Bezweckt war damit grundsätzlich eine Gleichstellung. In der Gesetzesbegründung heißt es hierzu:

> *„Seitdem die Kunst in steigendem Maße sich der Aufgabe zugewendet hat, auch die Gegenstände des täglichen Lebens zu veredeln und in ästhetisch wirksamen Formen sinnvoll auszubilden, läßt sich eine verschiedenartige Behandlung der Kunst, je nachdem sie sich dem Dienste der Gewerbe zugewendet hat oder nicht, nach Auffassung des Entwurfs nicht länger aufrecht erhalten."*[92]

Diese Öffnung des Urheberrechts stand unter folgendem Vorbehalt:

> *„Es versteht sich hierbei von selbst, daß nicht jede beliebige bildnerische Ausgestaltung oder Verzierung den Gegenstand in die Sphäre eines Werkes der bildenden Künste erhebt. Vielmehr wird hier, wie allgemein, der Gesichtspunkt maßgebend sein, ob - unabhängig von dem Gebrauchszweck der Sache - eine individuelle künstlerische Leistung vorliegt."*[93]

Die Rechtsprechung entwickelte aus diesem Grundgedanken die Lehre vom 44 „ästhetischen Überschuss". Das Reichsgericht führte aus, dass

> *„eine feste, durch begriffliche Merkmale ein für allemal gesicherte Grenze zwischen Kunst- und Musterschutz überhaupt nicht gezogen werden kann. Der Unterscheid ist ein gradueller: es entscheidet der größere oder geringere ästhetische Gehalt [...] [E]in Werk der angewandten Kunst [...] liegt nur vor, wenn der zur Zweckmäßigkeit der Form hinzukommende ästhetische Überschuss, gleichgültig welches sein künstlerischer Wert ist, einen Grad erreicht, dass nach den im Leben herrschenden Anschauungen von Kunst gesprochen werden kann."*[94]

Praktisch oblag den Richtern ein weiter Entscheidungsspielraum. Sie trafen 45 jeweils eine Einzelfallentscheidung, ob eine Gestaltung dem Urheberrechtsschutz für angewandte Kunst unterfiel.[95] Um ein „Kunstrichtertum" zu vermeiden, orientierte sich die deutsche Rechtsprechung jedoch an folgender negativer Abgrenzung: Über die Werkqualität sollte

> *„ohne Rücksicht auf den höheren oder geringeren künstlerischen Wert und ohne Rücksicht darauf, ob das Werk neben dem ästhetischen Zwecke noch einem praktischen Gebrauchszwecke dient"*[96]

---

92 Zitiert nach *Zech*, Der Schutz von Werken der angewandten Kunst, 149; abgedruckt in GRUR 1906, 11 (16 f.).

93 Auszüge aus der Gesetzesbegründung zitiert nach: *Henssler*, GRUR Int. 1959, 13 (15).

94 So bereits RG, Urteil vom 10.06.1911 – I 133/10, *Schulfraktur*, RGZ 76, 339 (344); BGH, Urteil vom 27.11.1956 – I ZR 57/55, *Europapost*, BGHZ 22, 209 (214 f.) m.w.N.

95 So bereits RG, Urteil vom 10.06.1911 – I 133/10, *Schulfraktur*, RGZ 76, 339 (344).

96 Ständige Rechtsprechung, vgl. für viele RG, Urteil vom 17.04.1929 – I 2/29, *Besteckmuster*, RGZ 124, 68 (71 f.).

geurteilt werden. Die Rechtsprechung stellte auch klar, dass das Vorliegen eines sog. ästhetischen Überschusses nicht,

> *„dahin mißverstanden werden [dürfe], daß das künstlerische Element in schmückendem Beiwerk – im Zierrat oder Ornament – liegen müsse“*, sondern vielmehr *„auch dann gegeben sein [könne], wenn der ästhetische Gehalt in die ihrem Zwecke gemäß – in klarer Linienführung ohne schmückendes Beiwerk – gestaltete Gebrauchsform eingegangen ist.“*[97]

46 Später wurde für diese Abgrenzung in Anlehnung an die „Erfindungshöhe“ im Patentrecht[98] der Begriff der „Gestaltungshöhe“ geprägt.[99] Dieses Verständnis gilt bis heute. Im Jahr 1965 trat das bis heute geltende Urheberrechtsgesetz in Kraft.[100] In Anlehnung an den Wortlaut von Art. 2 Abs. 1 RBÜ[101] wurde die Formulierung „Erzeugnisse des Kunstgewerbes“ im urheberrechtlichen Werkkatalog durch den Begriff „Werke der angewandten Kunst“ ersetzt. Die Abgrenzung nach dem Grad der Gestaltungshöhe wurde beibehalten.[102]

47 Die „Stufentheorie“ der Rechtsprechung unterschied bzgl. angewandter Kunst drei graduelle Abstufungen nämlich (i.) nicht schutzfähige, handwerkliche Gestaltungen (ii.), überdurchschnittliche, als Design schutzfähige Gestaltungen und (iii.) deutlich überdurchschnittliche, als angewandte Kunst schutzfähige Gestaltungen.[103]

---

97 BGH, Urteil vom 27.11.1956 – I ZR 57/55, *Europapost*, BGHZ 22, 209 (215) m.w.N.

98 Maßgebend für die „Erfindungshöhe“ war, dass ein Patent für einen auf dem Gebiet der Erfindung tätigen Durchschnittsfachmann nach dem Stand der Technik nahelag, vgl. *von Gamm*, Die Problematik der Gestaltungshöhe im deutschen Urheberrecht, 228 m.w.N.

99 Durch Frau Dr. Maißner auf einer Tagung der Gesellschaft für Rechtsvergleichung in der Fachgruppe Gewerblicher Rechtsschutz und Urheberrecht, die 1958 in Freiburg stattfand, vgl. *Ulmer*, GRUR Int. 1959, 1.

100 Gesetz über Urheberrecht und verwandte Schutzrechte (Urheberrechtsgesetz) vom 9.9.1965, BGBl. I, 1273.

101 Vgl. zur RBÜ unten Rn. 116 ff.

102 Vgl. BGH, Urteil vom 04.11.1966 – Ib ZR 77/65, *skaicubana*, GRUR 1967, 315 (316).

103 Vgl. BGH, Urteil vom 27.11.1956 – I ZR 57/55, *Europapost*, BGHZ 22, 209 (215), wonach die graduelle Abstufung zwischen Geschmacksmuster und Kunst *„nicht zu niedrig“* angesetzt werden dürfe und Abstufungsbeschreibung bei OLG Schleswig, Urteil vom 12.02.1985 – 6 U 64/84, *Tonfiguren*, GRUR 1985, 289 (290).

B. Praktische Anknüpfung der Stufentheorie

Im Folgenden soll dargelegt werden, wie die Stufentheorie an die gesetzlichen Grundlagen des urheberrechtlichen und gewerblichen Designschutzes anknüpfte, um ihre dogmatischen Grundlagen zu verdeutlichen. 48

I. Urheberrechtlicher Designschutz

Urheberrechtsschutz greift, wenn gem. §§ 1, 2 Abs. 1 UrhG formell ein „Werk der Kunst, Literatur oder Musik" vorliegt und wenn dieses gem. § 2 Abs. 2 UrhG materiell als eine „persönliche geistige Schöpfung" einzuordnen ist. 49

1. Formeller Werkbegriff

Bei der formellen Einordnung als „Werk der Kunst, Literatur und Musik" hilft ein Katalog mit Unterkategorien. Ein urheberrechtlicher Schutz gestalterischer Leistungen kommt vor allem als Werk der „angewandten Kunst" gem. § 2 Abs. 1 Nr. 4, 3. Var. UrhG in Betracht.[104] Dabei handelt es sich, wie die Formulierung des § 2 Abs. 1 Nr. 4 UrhG „*Werke der bildenden Künste einschließlich der Werke* […] *der angewandten Kunst*" verdeutlicht, um einen Unterfall der Werke der „bildenden Kunst". 50

Man könnte aufgrund dieser Begrifflichkeiten meinen, die im Rahmen der Theorie der Gestaltungshöhe vertretene Definition, ein 51

> „*Werk der angewandten Kunst*" *liege vor, wenn „der zur Zweckmäßigkeit der Form hinzukommende ästhetische Überschuss, gleichgültig welches sein künstlerischer Wert ist, einen Grad erreicht, dass nach den im Leben herrschenden Anschauungen von Kunst gesprochen werden kann*" [Hervorhebungen hinzugefügt],

werde in der Praxis an § 2 Abs. 1 Nr. 4 UrhG festgemacht. Dies ist in der derzeitigen Rechtspraxis jedoch nicht üblich. Weder dem Begriff „Kunst" noch den aufgezählten Unterkategorien wie der „angewandten Kunst" wird eine „selbstständige Abgrenzungsfunktion" beigemessen.[105] Hintergrund dieser Praxis ist, dass der Werkkatalog – im Unterschied zu der Tradition sogenannter „geschlossener Werkkataloge" wie in Großbritannien[106] – ausreichend „offen" ausgestaltet bleiben soll, um automatisch neu entwickelte Werkformen zu erfassen. Dies ergibt sich aus dem Wortlaut des § 2 Abs. 1 UrhG durch Verwendung des Begriffs

---

104 Vgl. oben Rn. 16 Fn. 21.

105 Vgl. statt aller: *Schack*, Urheber und Urhebervertragsrecht, Rn. 180.

106 Vgl. unten Rn. 371 f.

„insbesondere" in der Formulierung *„zu den geschützten Werken der Literatur, Wissenschaft und Kunst gehören insbesondere"*, aus der Gesetzesbegründung[107] sowie aus der Art der genannten Unterkategorien wie „Computerprogramme" oder „Tabellen", die nicht zum klassischen Kanon der „Literatur, Wissenschaft und Kunst" gehören.[108]

2. Materieller Werkbegriff

52 Tatsächlich knüpft die Abgrenzung, ob Gestaltungen Urheberrechtsschutz gewährt wird oder nicht, deshalb am materiellen Werkbegriff des § 2 Abs. 2 UrhG, „persönliche geistige Schöpfung", an. Diese Aneinanderreihung unbestimmter Rechtsbegriffe ist laut Gesetzesbegründung eine Umschreibung der bei Gesetzesbeschluss in Rechtslehre und Rechtsprechung herrschenden Ansicht zur Interpretation eines urheberrechtlich geschützten Werkes. Darunter seien

> „Erzeugnisse anzusehen, die durch ihren Inhalt oder durch ihre Form oder durch die Verbindung von Inhalt und Form etwas Neues und Eigentümliches darstellen."

Erfasst werden sollten davon auch *„Werke von geringem schöpferischen Wert"*.[109]

53 In der Folge entwickelte sich in Rechtsprechung und Lehre eine weitere Ausdifferenzierung des materiellen Werkbegriffs, wobei die unbestimmten Rechtsbegriffe „persönlich", „geistig" und „Schöpfung" nicht einzeln ausgelegt, sondern in Wechselwirkung zueinander und unter Beachtung der dahinterstehenden Konzepte betrachtet werden.[110] Eine allgemeingültige Interpretation des materiellen Werkbegriffs hat sich nicht herausgebildet. Die im Folgenden wiedergegebenen Auslegungen sind aber in wesentlichen Punkten allgemein anerkannt, wenn auch Terminologie und Anknüpfung der Auslegungen in Nuancen voneinander abweichen.

a. Menschliche Urheberschaft

54 Als urheberrechtliche Schutzvoraussetzung, die am ehesten am Tatbestandsmerkmal „persönlich" festzumachen ist, wird angesehen, dass Urheber eine natürliche Person, also ein Mensch, sein muss.[111] Diese Voraussetzung unterscheidet sich

---

107 BT-Drucks. IV/ 270, 37.

108 Vgl. für viele: *Schulze*, in: Dreier/Schulze, UrhG, § 2 Rn. 3; *Schack*, Urheber und Urhebervertragsrecht, Rn. 180.

109 BT-Drucks. IV/ 270, 37.

110 *Schulze*, in: Dreier/Schulze, UrhG, § 2 Rn. 7.

111 Vgl. *Schulze*, in: Dreier/Schulze, UrhG, § 2 Rn. 8 ff.; *Bullinger*, in: Wandtke/Bullinger, UrhG, § 2 Rn. 15 ff.; *Kaiser*, in: Erbs/Kohlhaas, Strafrechtliche Nebengesetze,

vom *copyright*-System, in dem auch juristische Personen als Urheber angesehen werden können, und steht für den Anspruch des deutschen Urheberrechts, nicht nur ökonomische, sondern auch persönliche Interessen am Werk zu schützen (vgl. § 11 UrhG).

b. Immaterielle Leistung

Der Begriff „geistig" symbolisiert, dass Schutzgut des Urheberrechts eine immaterielle Leistung ist.[112] Zunächst soll sich der Urheber in Form eines Denkprozesses[113] *„geistig betätigen"* müssen.[114] Dabei wird davon ausgegangen, dass er ein Werk vollbringt, auf das sich ein Teil seines *„Gedanken- und Gefühlinhalts"* überträgt.[115] Ähnlich wie im französischen Recht wird auch davon gesprochen, dass sich die Persönlichkeit des Urhebers im Werk *„widerspiegelt"*[116] und es etwas *„Eigenes"* enthalte, das niemand anderes mit gleicher Ausbildung und Begabung hätte schaffen können.[117] Diese Erwartung ist das Kernkonzept des kontinentaleuropäischen Urheberrechts, die Basis dafür, schutzwürdige, persönliche Beziehungen des Urhebers zu seinem Werk anzuerkennen. Philosophisch reicht dies zurück auf das *„Ideal des aus sich selbst schaffenden Originalgenies"* aus der Zeit des klassisch-romantischen Kunstverständnisses.[118] 55

c. Wahrnehmbarkeit und Wirkung

Das Urheberrecht schützt aber keine reinen Konzepte oder Ideen.[119] In einem zweiten Schritt ist für die Schutzfähigkeit deshalb Voraussetzung, dass die „geistige Botschaft" des Urhebers sinnlich wahrnehmbar ist – und sei es auch durch 56

---

§ 2 UrhG Rn. 3; zum Ausschluss von in Natur oder Warenwelt Vorgefundenem (*object trouvé* und *ready-made*) und von autonomen Werken von Tieren oder automatischen Maschinenerzeugnissen, siehe *Schack*, Urheber- und Urhebervertragsrecht Rn. 183 f.

112 Vgl. *Schulze*, in: Dreier/Schulze, UrhG, § 2 Rn. 12.

113 Vgl. *Ahlberg*, in: Ahlberg/Götting, BeckOK, UrhG, § 2 Rn. 52.

114 Vgl. BGH, Urteil vom 09.05.1985 – I ZR 52/83, *Inkasso-Programm* BGHZ 94, 276 (284 f.); *Harte-Bavendamm/Wiebe*, in: Kilian/Heussen, Computerrechtshandbuch, Teil 5 A. III b Rn. 20.

115 Vgl. *Schulze*, in: Dreier/Schulze, UrhG, § 2 Rn. 12.

116 Vgl. *Bullinger*, in: Wandtke/Bullinger, UrhG, § 2 Rn. 21.

117 *Ahlberg*, in: Ahlberg/Götting, BeckOK, UrhG, § 2 Rn. 57.

118 So *König*, Der Werkbegriff in Europa, 266 f m.w.N.; vgl. auch die weitreichenden persönlichkeitsrechtlichen Ansprüche, die §§ 12-14 UrhG gewähren.

119 Vgl. *Bullinger*, in: Wandtke/Bullinger, UrhG, § 2 Rn. 19; *Kaiser*, in: Erbs/Kohlhaas, Strafrechtliche Nebengesetze, § 2 UrhG Rn. 5; *Ahlberg*, in: Ahlberg/Götting, BeckOK, UrhG, § 2 Rn. 53 differenziert zwischen erforderlicher objektiver

technische Hilfsmittel.[120] Eine „Fixierung“ in einer bestimmten Form, wie ehemals im *copyright*-System erforderlich, wird nicht verlangt.[121]

57 Im Rahmen dieser Überlegung findet die Begrifflichkeit „Ästhetik“ Verwendung. Es wird nicht nur von einem sogenannten „geistigen Gehalt“[122] gesprochen, sondern auch von einem „ästhetischen Gehalt“[123], als Ersatz für den Begriff „ästhetischer Überschuss“.[124] Gemeint ist mit dem Begriff „ästhetisch“ entsprechend der vorstehend dargelegten, juristischen Definition von „Ästhetik“ nicht die einseitige Ansprache des Schönheitssinns,[125] sondern die Ansprache der Sinne als solche.[126] Es wird deshalb auch vorgeschlagen, von einer „geistig-anregenden Wirkung“ zu sprechen.[127] Werke der angewandten Kunst sollen durch ihre besondere Formgebung den Form- und Farbensinn ansprechen.[128]

d. Gestaltungshöhe

58 Die Basis für das Merkmal der „Gestaltungshöhe“ bildet der Begriff der „Schöpfung“. Bereits im allgemeinen Sprachgebrauch versteht man unter einer menschlichen Schöpfung ein „gehobenes“ Werk im Sinne eines „Kunstwerkes“.[129] Auch im Urheberrecht gilt diese Auslegung. So hat der BGH entschieden, das Werk müsse sich *„von lediglich handwerklichen oder routinemäßigen Leistungen abheben“*.[130] Dieses qualitativ „Besondere“ wird in der Rechtsprechung mit vielen Begriffen bezeichnet, z.B. als „Originalität“, „Individualität“ oder „Eigentümlichkeit“.[131] Dabei muss das Besondere nach der oben erwähnten Lehre vom

Wahrnehmungsmöglichkeit und Wahrnehmbarkeit mit dem Hinweis darauf, dass ein Urheber ein Werk unveröffentlicht lassen könne.

120 Vgl. *Schulze*, in: Dreier/Schulze, UrhG, § 2 Rn. 13.

121 Vgl. *Schack*, Urheber- und Urhebervertragsrecht, Rn. 187.

122 Vgl. *Schack*, Urheber- und Urhebervertragsrecht, Rn. 186.

123 *Schulze*, in: Dreier/Schulze, UrhG, § 2 Rn. 12.

124 Vgl. *Mezger*, Die Schutzschwelle für Werke der angewandten Kunst, 84 m.w.N.

125 Mit diesem Verständnis ablehnend etwa *Ahlberg*, in: Ahlberg/Götting, BeckOK, UrhG, § 2 Rn. 76 mit Rechtsprechungshinweisen; *Schack*, Urheber- und Urhebervertragsrecht, Rn. 186.

126 *Schulze*, in: Dreier/Schulze, UrhG, § 2 Rn. 12 m.w.N.

127 *Schulze*, in: Dreier/Schulze, UrhG, § 2 Rn. 12.

128 *Schulze*, in: Dreier/Schulze, UrhG, § 2 Rn. 12.

129 Vgl. Eintrag im Duden „Schöpfung“, online abrufbar unter: http://www.duden.de/rechtschreibung/Schoepfung.

130 BGH, Urteil vom 12.03.1987 – I ZR 71/85, *Warenzeichenlexika*, GRUR 1987, 704 (706).

131 Vgl. *Schulze*, in: Dreier/Schulze, UrhG, § 2 Rn. 18 m.w.N.

„ästhetischen Überschuss", die inzwischen für alle Werkarten gilt,[132] einen gewissen quantitativen Grad[133] erreichen, der als *„Gestaltungshöhe"*[134] bezeichnet wird.

59 Je nach Werkart werden hinsichtlich der Gestaltungshöhe in der Praxis unterschiedliche Maßstäbe angelegt.[135] Wird das Urheberrecht als einzige Schutzmöglichkeit angesehen, gilt tendenziell der großzügige Maßstab der sogenannten „kleinen Münze",[136] wonach auch kleinste individuelle Leistungen eine Schutzfähigkeit begründen. So können etwa Kataloge, Preislisten und Sammlungen von Kochrezepten als „Werke der Literatur, Kunst und Musik" geschützt werden.[137] Bei der angewandten Kunst hingegen sah man für einen niedrigschwelligen Urheberrechtsschutz lange kein Bedürfnis. Zur Abgrenzung wurde eine „besondere" Gestaltungshöhe in Form eines *„deutlichen Überragens der Durchschnittsgestaltung"* verlangt.[138]

60 Dogmatisch begründet wurde diese erhöhte Schutzschwelle für angewandte Kunst zum einen damit, dass mit dem Geschmacksmusterrecht eine wesensgleiche *lex specialis* bestehe.[139] Argumentiert wurde auch mit einer teleologischen Reduktion von § 2 Abs. 1 Nr. 4 UrhG aufgrund des Freihaltebedürfnisses des Marktes.[140] Dahinter steht die Überlegung, dass die lange urheberrechtliche

---

132 Vgl. *Sauer*, Neue Wege im Designschutz, 76.

133 *Gounalakis*, GRUR 2004, 996 (999) spricht von dem *„quantitativen Maß der Individualität"*; *Bullinger*, in: Wandtke/Bullinger, UrhG, § 2 Rn. 23 bezeichnet die Gestaltungshöhe als *„quantitativen Gesichtspunkt der Individualität des Werkes"*.

134 Synonym werden auch die Begriffe „Schöpfungshöhe" oder „Werkhöhe" verwendet, vgl. *Schulze*, in: Dreier/Schulze, UrhG, § 2 Rn. 20 m.w.N.

135 Vgl. *Bullinger*, in: Wandtke/Bullinger, UrhG, § 2 Rn. 25 m.w.N.

136 Laut *Nordemann/Czychowski*, in: Hasselblatt, MAH, GewRs, § 43 Urheberrecht und verwandte Schutzrechte Rn. 289 geht dieser Begriff mutmaßlich zurück auf sog. „Groschenromane", die in der Regel nur eine bescheidene literarische Qualität besaßen; vgl. zur Entwicklung der Terminologie und Behandlung in Literatur und Rechtsprechung ausführlich *Thoms*, Der urheberrechtliche Schutz der kleinen Münze, 39 ff.

137 Vgl. *Nordemann*, in: Handbuch des Urheberrechts, § 6 Rn. 17 m.w.N.

138 Ständige Rechtsprechung, vgl. für viele BGH, Urteil vom 21.05.1969 – I ZR 42/67, *Vasenleuchter*, GRUR 1972, 38 (39); BGH, Urteil vom 19.01.1979 – I ZR 166/76, *Brombeerleuchte*, GRUR 1979, 332 (336); BGH, Urteil vom 22.06.1995 – I ZR 119/93, *Silberdistel* Rn. 14, GRUR 1995, 581 (582); BGH, Urteil vom 05.03.1998 – I ZR 13/96, *Les Paul Gitarren*, BGHZ 138, 143 (147).

139 Vgl. für viele: BVerfG, Nichtannahmebeschluss vom 26.01.2005 – 1 BvR 157/02, *Laufendes Auge*, GRUR 2005, 410 ff.

140 Vgl. Argumentation der Beklagten in: LG Lübeck, Urteil vom 01.12.2010 – 2 O 356/09 (Vorinstanz des Geburtstagszug-Urteils, nicht veröffentlicht).

Schutzdauer[141] für Gestaltungen Designs zu lange vom Zugang anderer ausschließen würde, vor allem in schnelllebigen Branchen wie der Modeindustrie.[142] Das Kriterium der Gestaltungshöhe dient damit dazu *„bestimmte Erzeugnisse vor einer Monopolisierung durch das Urheberrecht zu bewahren"*.[143]

e. Subjektive Neuheit

61 Zusätzlich bedeutet der Begriff „Schöpfung" bereits im allgemeinen Sprachgebrauch, dass etwas Neues entsteht. Das Werk muss sich also aus der Sicht des Urhebers vom Bekannten unterscheiden, da ein reines Kopieren keine schöpferische Tätigkeit darstellt.[144]

f. Negative Merkmale

62 Das UrhG enthält keine ausdrücklichen negativen Schutzmerkmale. Diese haben sich jedoch durch die Rechtsprechung herausgebildet. Nicht schutzentscheidend soll – wie es *im copyright*-System der Fall ist – der Herstellungsaufwand sein.[145] Aufgrund des Freihalteinteresses für andere Urheber sind Methoden und Stile[146] sowie technisch und funktionell bedingte Gestaltungsmerkmale[147] vom urheberrechtlichen Schutz ausgenommen. Insofern wird von einem „Gestaltungsspielraum" gesprochen, der für persönliche geistige Schöpfungen verbleiben müsse.[148]

g. Prüfungsmaßstab

63 Ob diese urheberrechtlichen Schutzvoraussetzungen vorliegen, wird im Einzelfall[149] am Maßstab der *„für Kunst empfänglichen und mit Kunstanschauungen*

---

141 Das Urheberrecht begründet, im Vergleich zu der designrechtlichen Schutzdauer von drei (gem. Art. 11 GGV) bis 25 Jahren ab Anmeldung (gem. § 27 Abs. 2 DesignG bzw. mit jeweiliger Verlängerung nach fünf Jahren gem. Art 12 Satz 1, Art. 13 GGV), gem. § 64 UrhG eine Schutzfrist bis 70 Jahre nach dem Tod des Urhebers.

142 So RG, Urteil vom 12.06.1937 – I 250/36, *Möbelstoffe*, RGZ, 155, 199 (206); BVerfG, Nichtannahmebeschluss vom 26.01.2005 – 1 BvR 1571/02, *Laufendes Auge*, GRUR 2005, 410 ff.

143 Vgl. *Gounalakis*, GRUR 2004, 996 (999).

144 Vgl. *Bullinger*, in: Wandtke/Bullinger, UrhG, § 2 Rn. 22 m.w.N.

145 Vgl. *Bullinger*, in: Wandtke/Bullinger, UrhG, § 2 Rn. 26 m.w.N.

146 Vgl. *Bullinger*, in: Wandtke/Bullinger, UrhG, § 2 Rn. 40 m.w.N.

147 Siehe näher unten Rn. 227 ff.

148 Siehe näher unten Rn. 225 ff.

149 RG, Urteil vom 16.03.1927 – I 385/26, *Adressbuch*, RGZ 116, 292 (296), sich anschließend BGH, Urteil vom 20.09.1955 – I ZR 194/53, *Werbeidee*, BGHZ 18, 175 (178).

einigermaßen vertrauten" Durchschnittsbetrachter[150] entschieden. Meist zählen sich die entscheidenden Richter urheberrechtlicher Fachsenate zu den Verkehrskreisen, denen nach dieser Formel eine Definitionskompetenz für künstlerische Leistungen zugesprochen wird.[151]

Indizielle Wirkung für die Feststellung einer künstlerischen Leistung wird dem Urteil der Fachwelt beigemessen,[152] zum Ausdruck gebracht etwa durch museale Ausstellung, Auszeichnungen, verbreitete Wertschätzung der Gestaltung oder des Gestalters[153] sowie dem Urteil eines Sachverständigen[154] und dem Urteil des Gestalters selbst.[155] **64**

Für die Prüfung werden die einzelnen Merkmale des Werks bestimmt und ein sogenannter „Gesamtvergleich" mit den vorbekannten urheberrechtlichen Werken vorgenommen.[156] **65**

II. Gewerblicher Designschutz

1. Die Schutzvoraussetzungen vor der Geschmacksmusterreform

Bis 2004 hatte das GeschmMG a.F.[157] die Schutzvoraussetzungen „Neuheit" und „Eigentümlichkeit", also die gleichen wie das Urheberrecht nach seiner **66**

---

150 *Loewenheim*, Handbuch des Urheberrechts, § 9 Die Werkarten Rn. 97 mit Hinweis auf: OLG München, Urteil vom 18.09.1986 – 29 U 3498/85, *Wohnanlage*, GRUR 1987, 290 (291).

151 Vgl. z.B. OLG Köln, Urteil vom 20.02.2015 – 6 U 131/14, *Airbrush-Urnen*, Rn. 39, zit. n. juris; *Schulze*, in: Dreier/Schulze, UrhG, § 2 Rn. 58 zustimmend, da diese laufend mit urheberrechtlichen Angelegenheiten befasst seien; hingegen kritisch: *Fallert*, GRUR 2014, 719 (720).

152 *Kaiser*, in: Erbs/Kohlhaas, Strafrechtliche Nebengesetze, § 2 UrhG Rn. 25; *Kühne*, in: Eichmann/von Falckenstein/Kühne, DesignG, Systematik des Designrechts A. Allgemeines zum Designrecht Rn. 35 jeweils m.w.N.

153 *Kühne*, in: Eichmann/von Falckenstein/Kühne, DesignG, Systematik des Designrechts A. Allgemeines zum Designrecht Rn. 35.

154 So *Schulze*, in: Loewenheim, Handbuch des Urheberrechts, § 9 Rn. 97; für alleinige Definitionskompetenz: *Schick*, JZ 1970, 645 (646 f.), dagegen mit Hinweis auf notwendigen Avantgardenschutz, divergierende Expertenmeinungen und mögliche Fehleinschätzungen: *Fallert*, GRUR 2014, 719 (720).

155 *Fallert*, GRUR 2014, 719 (719 f.).

156 *Bullinger*, in: Wandtke/Bullinger, UrhG, § 2 Rn. 23 und Rn. 69.

157 Gesetz betreffend das Urheberrecht an Mustern und Modellen (Geschmacksmustergesetz) vom 11.01.1876, RGBl. 11, (im Folgenden: Geschmacksmustergesetz a.F.), gültig bis Inkrafttreten des Gesetzes über den rechtlichen Schutz von Mustern und Modellen (Geschmacksmustergesetz) vom 12.03.2004, BGBl. I, 390, am 01.06.2004.

traditionellen Auslegung.[158] Das Vorliegen dieser Voraussetzungen wurde wie folgt ermittelt:

a. Ästhetischer Gesamteindruck

67 Zunächst wurde am Maßstab des *„für geschmackliche Fragen aufgeschlossenen und damit einigermaßen vertrauten Durchschnittsbetrachters“* – der wie der Durchschnittsbetrachter von Kunst bestimmt wurde – ermittelt, welchen „ästhetische Gesamteindruck“ ein konkretes Werk vermittelt und durch welche Merkmale dieser bestimmt wird.[159]

b. Neuheit

68 In einem zweiten Schritt war nachzuweisen, dass dieser ästhetische Gesamteindruck „neu“ i.S.d. § 1 Abs. 2 GeschmMG a. F. war. Dafür entwickelte der Bundesgerichtshof in dem Fall „Rüschenhaube“ einen objektiv-relativen Maßstab. Neu ist demnach der ästhetische Gesamteindruck eines Geschmacksmusters, der den inländischen Fachkreisen zum Anmeldezeitpunkt weder bekannt ist noch bekannt sein müsste.[160] Die Frage, welche Gestaltungen innerhalb welcher Kulturkreise in die Betrachtung der inländischen Fachkreise einzubeziehen sind, ist im Einzelfall je nach einschlägigem Warengebiet zu beantworten. Es kann nachgewiesen werden, dass Gestaltungen bei den einschlägigen Fachkreisen in Vergessenheit geraten sind und deshalb nicht mehr in die Betrachtung einbezogen werden müssen. Im Hinblick auf ausländische Gestaltungen kann auch die Nutzung von Kommunikationsmedien zur Kenntnisnahme verlangt werden.[161] Die Überprüfung der Neuheit erfolgt durch einen sogenannten Einzelvergleich mit den als bekannt vorauszusetzenden, vorbekannten Gestaltungen, d.h. immer zwei Werkstücke werden gegenübergestellt.[162] Nicht als „neu“ gelten alle Gestaltungen, die mit vorbekannten identisch sind oder die sich nur in „unwesentlichen Einzelheiten“ vom vorbekannten Formenschatz unterscheiden.[163]

---

158 Vgl. oben Rn 52.

159 Für viele: BGH, Urteil vom 19.01.1979 – I ZR 166/76, *Brombeerleuchte*, GRUR 1979, 332 (336).

160 BGH, Urteil vom 08.05.1968 – I ZR 67/65, *Rüschenhaube*, Rn. 49 f., BGHZ 50, 340 (355 f.).

161 BGH, Urteil vom 08.05.1968 – I ZR 67/65, *Rüschenhaube*, Rn. 51, BGHZ 50, 340 (356).

162 *Hasselblatt*, in: MAH, GewRs, § 46 Geschmacksmusterrecht Rn. 35.

163 *Hasselblatt*, in: MAH, GewRs, § 46 Geschmacksmusterrecht Rn. 35.

c. *Eigentümlichkeit*

In einem dritten Schritt war gem. § 1 Abs. 2 GeschmMG a.F. zu untersuchen, ob der „ästhetische Gesamteindruck" des Geschmacksmusters „eigentümlich" war, d.h. ob es 69

> *„in den für die ästhetische Wirkung maßgebenden Merkmalen als das Ergebnis einer eigenpersönlichen, form- oder farbenschöpferischen Tätigkeit ersch*[ien], *die über das Durchschnittskönnen eines mit der Kenntnis des betreffenden Fachgebiets ausgerüsteten Mustergestalters hinaus*[ging]".[164]

Das Merkmal der „Eigentümlichkeit" knüpfte damit direkt an das Urheberrecht an. Laut Gesetzesbegründung zum Urheberrecht ist es ein Element des materiellen Werkbegriffs.[165] Es wurde nach der „Stufentheorie" nur graduell zwischen Urheber- und Geschmacksmusterrechtsschutz unterschieden. 70

2. *Die Schutzvoraussetzungen nach der Geschmacksmusterreform*

a. *Das europäische Geschmacksmusterrecht*

Der europäische Gesetzgeber betrachtete die unterschiedlichen Designgesetze der Mitgliedsstaaten wegen des hohen Verwaltungsaufwands bei Anmeldungen in verschiedenen Mitgliedsstaaten als Hindernis für den freien Warenverkehr.[166] Gestützt auf die Kompetenz, Hindernisse für den Binnenmarkt zu beseitigen, wurden die nationalen Designgesetze nach dem Vorbild des Markenrechts zum einen durch die Geschmacksmusterrichtlinie[167] harmonisiert und zum anderen wurde durch eine Geschmacksmusterverordnung[168] ein eigenständiges, europäisches Designrecht geschaffen. 71

---

164 So BGH, Urteil vom 16.02.1960 – I ZR 85/58, *Dekorationsgitter*, GRUR 1960, 395 (396).

165 Vgl. oben Rn. 52.

166 Vgl. Erwägungsgründe 1-3 Geschmacksmuster-RL; Erwägungsgründe 2-4 Geschmacksmuster-VO; Begründung zum Entwurf der Bundesregierung eines Gesetzes zur Reform des Geschmacksmusterrechts (Geschmacksmusterreformgesetz), BT-Drucks. 15/1075, 28.05.2003, 26.

167 Richtlinie 98/71/EG des Europäischen Parlaments und des Rates vom 13. Oktober 1998 über den rechtlichen Schutz von Mustern und Modellen, ABl. EG Nr. L 289 vom 28/10/1998, 0028 – 0035 (Geschmacksmusterrichtlinie).

168 Verordnung (EG) Nr. 6/2002 des Rates vom 12.12.2001 über das Gemeinschaftsgeschmacksmuster, ABl. EG Nr. L 3 vom 05.01.2002, 1; geändert durch Verordnung (EG) Nr. 1891/2006 des Rates vom 18.12.2006 zur Änderung der Verordnungen (EG) Nr. 6/2002 und (EG) Nr. 40/94, mit der dem Beitritt der Europäischen Gemeinschaft zur Genfer Akte des Haager Abkommens über die internationale Eintragung gewerblicher Muster und Modelle Wirkung verliehen wird, ABl. EG Nr. L 386 vom 29.12.2006,

72 Im Fokus des europäischen Gesetzgebers stand dabei nicht der Grenzbereich zwischen Design-Handwerk und Design-Kunst, sondern der gewerbliche Investitionsschutz.[169] Der Europäische Gesetzgeber gestaltete das europäischen Geschmacksmusterrecht deshalb bewusst nicht als "kleines Urheberrecht" aus, sondern als eigenständiges Schutzsystem.[170] Dies wird als sogenannter "*design approach*" bezeichnet.[171] Das Europäische Geschmacksmusterrecht stellt nicht auf Schutzkriterien wie Eigentümlichkeit, Originalität[172] oder Gestaltungshöhe,[173] ähnlich dem ursprünglichen, dem Urheberrecht verwandten, deutschen System, ab. Stattdessen wurden, inspiriert von Art. 25 Abs. 1 Satz 1 des TRIPS-Übereinkommens[174] und dem Markenrecht,[175] die neuen Schutzvoraussetzungen der „Neuheit und Eigenart" (engl.: "*novelty and individual character*"/ franz.: « *nouveauté et caractère individual* ») eingeführt. Der europäische Geschmacksmusterschutz sollte stark und attraktiv ausgestaltet werden, um praktische Abgrenzungsprobleme zum nationalen Urheberrechtsschutz möglichst gering zu halten.[176]

73 Durch die Geschmacksmusterverordnung eingeführt wurden ein eigenständiges „eingetragenes europäisches Geschmacksmuster" und – nach dem Vorbild des britischen Rechts[177] – ein formlos für drei Jahre gewährtes, „nicht

---

14 (im Folgenden in der jeweiligen Fassung bezeichnet als: Geschmacksmusterverordnung).

169 Vgl. Erwägungsgrund 7 der Geschmacksmusterverordnung.

170 *Ritscher*, GRUR Int. 1990, 559 (565).

171 Vgl. *Ritscher*, GRUR Int. 1990, 559 (574).

172 *Ritscher*, GRUR Int. 1990, 559 (579), Wiedergabe des Vorschlags des Max-Planck-Instituts für ausländisches und internationales Patent-, Urheber- und Wettbewerbsrecht für ein Musterrecht der Gemeinschaft in Form einer EG-Verordnung; *Kühne*, in: Eichmann/von Falckenstein/Kühne, DesignG, § 2 Rn. 12-18 mit Hinweis auf Grünbuch III/F/5131/91-DE 5.5.1.2 und 5.5.3.1. [online abrufbar auf Englisch: Green Paper on the Legal Protection of Industrial Design. Working document of the services of the Commission. III/F/5131/91-EN, June 1991, unter: http://aei.pitt.edu/1785/1/design_gp_1.pdf].

173 *Ritscher*, GRUR Int. 1990, 559 (562); *Kühne*, in: Eichmann/von Falckenstein/Kühne, DesignG, § 2 Rn. 12-18, mit Hinweis auf Grünbuch III/F/5131/91-DE 5.6.1.2.

174 Vgl. *Kühne*, in: Eichmann/von Falckenstein/Kühne, DesignG, § 2 Rn. 12 und näher unten Rn. 121 ff.

175 Hinweisend auf die auch im Markenrecht maßgebliche „Unterscheidungskraft" ausführlich: *Eichmann*, GRUR Int. 1996, 859 (860 f.).

176 Vgl. *Ritscher*, GRUR Int. 1990, 559 (561).

177 Vgl. *Kühne*, in: Eichmann/von Falckenstein/Kühne, DesignG, Systematik des Designrechts C. Nicht eingetragenes Gemeinschaftsgeschmacksmuster m.w.N. Rn. 1 m.w.N.

eingetragenes europäisches Geschmacksmuster" gem. Art. 11 Abs. 2 Satz 1, 19 Abs. 2 Geschmacksmusterverordnung. Letzteres sollte Wirtschaftszweigen dienlich sein, die innerhalb kurzer Zeiträume viele, wahrscheinlich kurzlebige Geschmacksmuster entwickeln,[178] wie der Modeindustrie.[179]

aa. Ermittlung des Gesamteindrucks

Gem. Art. 5 Abs. 1 der Geschmacksmusterrichtlinie und Art. 6 Abs. 1 der Geschmacksmusterverordnung wird zur Ermittlung der Eigenart wie im deutschen Recht auf den Gesamteindruck des Musters abgestellt. Dabei handelt es sich wie nach deutscher Rechtslage um den „ästhetischen Gesamteindruck". Laut Erwägungsgrund 14 der Geschmacksmusterrichtlinie sind nämlich die ausschließlich technisch und funktionell bedingten Gestaltungsmerkmale bei der Beurteilung der Schutzvoraussetzungen nicht heranzuziehen.[180] Der Harmonisierung des Geschmacksmusterrechts liegt aber die Annahme zu Grunde, dass Geschmacksmuster eine Vereinigung von technisch-funktionellen und ästhetischen Merkmalen darstellen.[181] Es bleiben für die Beurteilung des Gesamteindrucks also nur die ästhetischen Merkmale übrig. 74

bb. Neuheit

Das europäische Geschmacksmuster wird geschützt, wenn es neu i.S.d. Art. 4 Geschmacksmusterrichtlinie bzw. Art. 5 Geschmacksmusterverordnung ist, d.h. wenn zum Anmeldezeitpunkt noch kein identisches oder nur in unwesentlichen Einzelheiten abweichendes Geschmacksmuster in der Europäischen Union offenbart wurde.[182] Die Neuheit ist auf europäischer Ebene ebenfalls durch einen Einzelvergleich mit vorbekannten Geschmacksmustern zu ermitteln. Dabei gilt ein objektiv-relative Neuheitsbegriff, wonach auf die objektiv zu erwartende Bekanntheit in Fachkreisen abgestellt wird. Dies entspricht weitgehend dem Neuheitsbegriff im ursprünglichen deutschen Recht.[183] Nur lokal wird der Europäische Neuheitsbegriff gem. Art. 7 Abs. 1 Geschmacksmusterverordnung auf die in der Gemeinschaft tätigen Fachkreise begrenzt. 75

---

178 Vgl. Erwägungsgründe 15-17, 25 der Geschmacksmusterverordnung.

179 Vgl. *Kühne*, in: Eichmann/von Falckenstein/Kühne, DesignG, Systematik des Designrechts, C. Nicht eingetragenes Gemeinschaftsgeschmacksmuster Rn. 1 m.w.N.

180 *Kühne*, in: Eichmann/von Falckenstein/Kühne, DesignG, § 2 Rn. 15.

181 Vgl. *Ritscher*, GRUR Int. 1990, 559 (574); Grünbuch III/F/5131/91-DE, 5.4.1.

182 Vgl. *Schlötelburg*, in: Hoffmann/Kleespies, Formular-Kommentar Designrecht, Teil 1 B. I Rn. 42 ff.

183 Vgl. *Kühne*, in: Eichmann/von Falckenstein/Kühne, DesignG, § 2 Rn. 8.

cc. Eigenart

76 Die neue Voraussetzung der „Eigenart“ i.S.d. Art. 5 Geschmacksmusterrichtlinie und Art. 6 der Geschmacksmusterverordnung liegt nach diesen Vorschriften vor, wenn der Gesamteindruck, den das Geschmacksmuster beim informierten Betrachter hervorruft, sich von dem Gesamteindruck unterscheidet, den ein anderes, vorbekanntes Geschmacksmuster bei diesem Benutzer hervorruft. Dabei muss gem. Erwägungsgrund 14 der Geschmacksmusterverordnung und Erwägungsgrund 13 der Geschmacksmusterrichtlinie ein deutlicher Unterschied erkennbar sein. Damit geht dieses Merkmal in dieselbe Richtung wie die Neuheitsprüfung. Während die Neuheitsprüfung identische Gestaltungen vom Schutz ausschließt, scheitern am Eigenart-Test Gestaltungen, die ihnen zu „ähnlich“ sind.[184]

77 Der Prüfungsmaßstab stellt statt auf die maßgeblichen Fachkreise auf den „informierten Benutzer“ ab. Dies ist *„jemand, dem der vorbekannte Formenschatz gegenwärtig und das gattungsspezifische Erscheinungsbild des betreffenden Erzeugnisses vertraut ist“*.[185] Der Einführung dieses neuen Maßstabes liegt die Überlegung zugrunde, dass einige signifikante Unterschiede erst bei genauer Kenntnis des Produktsektors auffallen. Der Schutzbereich des europäischen Geschmacksmusterrechts soll in diesem Sinne möglichst weit bemessen sein.[186] Es ist nicht erforderlich, dass es sich um einen Designexperten handelt, er muss nur wissen, welche Gestaltungsmerkmale vergleichbare Geschmacksmuster üblicherweise aufweisen und die Produkte mit erhöhter Aufmerksamkeit benutzen.[187] Entscheidend ist außerdem die gewöhnliche Perspektive des Benutzers. So betrachtet dieser beispielsweise eine Straßenlaterne üblicherweise von unten.[188]

78 Ein Unterschied zum ursprünglichen deutschen Recht ist auch, dass es im europäischen Recht bei der Eigenart nicht auf einen Gesamtvergleich, sondern wie bei der Neuheit auf einen Einzelvergleich ankommt.[189] Der Schutzbereich

---

184 Vgl. *Sauer*, Neue Wege im Designschutz, 37 m.w.N.

185 *Sauer*, Neue Wege im Designschutz, 44 m.w.N.

186 *Koschtial*, GRUR Int. 2003, 973 (974 f).

187 Vgl. EuGH, Urteil vom 22.06.2010 – T-153/08, *Communications equipment*, Rn. 47, BeckEuRS 2008, 472919.

188 Vgl. BGH, Urteil vom 04.07.1961 – I ZR 102/59, *Straßenleuchte*, GRUR 1961, 640 (642).

189 Vgl. EuGH, Urteil vom 22.06.2010 – T-153/08, *Communications equipment*, Rn. 23 ff., BeckEuRS 2008, 472919; EuGH, Urteil vom 19.06 2014 – C-345/13, *KMF/Dunnes*, Rn. 23 ff, GRUR 2014, 774 ff; BGH, Urteil vom 22. 4. 2010 – I ZR 89/08, *Verlängerte Limousinen*, Rn. 33, GRUR 2010, 718 (721).

wird dadurch erweitert. Eine Gestaltung kann also Eigenart besitzen, obwohl es sich nur um eine Neukombination mehrerer vorbekannter Gestaltungsmerkmale handelt.[190]

b. *Das reformierte deutsche Designrecht*

79 Die Geschmacksmusterrichtlinie wurde in Deutschland verspätet[191] durch das Geschmacksmusterreformgesetz vom 12. März 2004[192] umgesetzt, das am 1. Juni 2004 in Kraft trat. Dieses orientiert sich sehr eng an der Geschmacksmusterrichtlinie.[193]

80 Gem. Art. 3 Abs. 2 der Geschmacksmusterrichtlinie und § 2 Abs. 1 und § 3 GeschmacksMG n.F. wurde das alte Schutzerfordernis der „Eigentümlichkeit" durch das der „Eigenart" ersetzt. Das Erfordernis eines Einzelvergleichs, auch bezüglich der „Eigenart", wurde umgesetzt.[194]

81 Das Kriterium der „Neuheit" blieb mit nur leichter Abwandlung, nämlich der ausdrücklichen lokalen Anknüpfung an die Fachkreise innerhalb der Europäischen Gemeinschaft, gem. § 5 GeschmacksMG n.F. erhalten.[195]

82 § 3 DesignG setzt Vorgaben der Art. 7, 8, 11 II c Geschmacksmusterrichtlinie um und legt abschließende Schutzausschließungsgründe für Design fest.[196] Unter anderem sind gem. § 3 I Nr. 1 DesignG Erscheinungsmerkmale von Erzeugnissen vom Designschutz ausgeschlossen, die ausschließlich durch deren technische Funktion bedingt sind.[197]

---

190 Vgl. LG Braunschweig, Urteil vom 09.06.2006 – 9 O 1056/06, *Handytaschen*, BeckRS 2010, 05972; *Kühne*, in: Eichmann/von Falckenstein/Kühne, DesignG, § 2 Rn. 17.

191 Hinweis auf den Ablauf der Umsetzungsfrist am 28.10.2001 gem. Art. 19 I GMRL auch bei: *Heinol*, Der immaterialgüterrechtliche Schutz von Gebrauchsgegenständen, 3 Fn. 13; *Sauer*, Neue Wege im Designschutz, 130 Fn. 177; *Eichmann*, in: Eichmann/von Falckenstein, GeschmMG, Allg. Rn. 7.

192 BGBl. Teil I 2004 Nr. 11 vom 18.03.2004.

193 Siehe BT-Drucks. 15/1075, 29.

194 Vgl. *Kühne*, in: Eichmann/von Falckenstein/Kühne, DesignG, § 2 Rn. 17.

195 *Sauer*, Neue Wege im Designschutz, 38; *Pentheroudakis*, GRUR Int. 2002, 668 (672 f.).

196 Vgl. *Kühne*, in: Eichmann/von Falckenstein/Kühne, DesignG, § 3 Rn. 1.

197 Setzt Art. 7 Abs. 1 der Geschmacksmusterrichtlinie um.

C. Designkategorien

I. Einführung in die Designkategorisierung

83 Es gibt keine allgemeingültigen Kriterien für die Kategorisierung von Design und angewandter Kunst. Die nachfolgende Kategorisierung dient deshalb – ohne den Anspruch auf Vollständigkeit oder Allgemeingültigkeit – der Veranschaulichung, welche Objekte in der Praxis als Design oder angewandte Kunst in Betracht kommen. Diese Kategorisierung richtet sich nach dem Typus des zu beurteilenden Gegenstandes und ist an den rechtswissenschaftlichen Definitionen von „Design" und „angewandter Kunst" sowie der diesbezüglichen Rechtsprechung orientiert.

II. Vorgenommene Designkategorisierung

84 Seit dem 19. Jahrhundert wird vor allem zwischen zweidimensionalem und dreidimensionalem Design unterschieden.[198] Obwohl eine trennscharfe Unterscheidung dieser Bereiche heute nicht mehr in allen Designbereichen – z.B. bei der Gestaltung von Software – möglich ist,[199] soll diese Unterscheidung berücksichtigt werden. Dies dient dem Ziel, zu überprüfen, ob die bisherigen rechtlichen Definitionen von „Design" und „angewandter Kunst" allgemeingültig auf diese beiden Designkategorien anwendbar sind – die unstreitig von diesen Definitionen erfasst sein sollten – und ob, wie ehemals in Großbritannien,[200] eine unterschiedliche rechtliche Behandlung angezeigt sein könnte.

1. Dreidimensionales Design

85 Dreidimensionales Design wird auch als Industrie- oder Produktdesign bezeichnet. Es umfasst die *„Produktentwicklung von der Planung über den Entwurf bis zur Herstellungsreife."*[201] Diese Tätigkeiten werden wie folgt näher beschrieben:

> *„Aufgabe des Industriedesigners ist es, die formalen Eigenschaften und ästhetischen Wirkungen eines industriellen Produkts festzulegen und zu gestalten. […] Zum Tätigkeitsbereich des Industriedesigners gehört unter anderem die Gestaltungskonzeption für ein Produkt, die Festlegung seines Erscheinungsbildes, die Wahl von Oberflächen und Farben sowie das Anfertigen von Ideenskizzen und Modellen für formale Studien."*[202]

---

198 Vgl. *Schneider/Schmid*, Design – eine Einführung, 203.
199 Vgl. *Schneider/Schmid*, Design – eine Einführung, 203 f.
200 Vgl. unten Rn. 364 ff.
201 *Schneider/Schmid*, Design – eine Einführung, 204 f. m.w.N.
202 So *Schulze*, in: Dreier/Schulze, UrhG, § 2 Rn. 167 f.

Beispiele für traditionell als dreidimensionale Designgegenstände behandelte Gestaltungen sind z.B. [Nippes]-Figuren, Möbel, Lampen, Werkzeuge, Schmuck, Mode oder Autokarosserien.[203]

2. Zweidimensionales Design

Der „*Entwurf und die Ausführung zweidimensionaler grafischer Oberflächen*" wurde zunächst mit dem Begriff „Grafikdesign" beschrieben. Gestaltungen mit elektronischen Medien werden auch als „Kommunikationsdesign" bezeichnet.[204] Grafiken, „*die einen über ihre künstlerische Seite hinausgehenden Zweck verfolgen*" wie Werbeanzeigen oder Schriftzeichen werden „Gebrauchsgrafik" genannt.[205] **86**

Beispiele für zweidimensionale Designgestaltungen sind etwa Schriftzeichen, Logos, Werbeplakate, Banknoten[206] oder die grafische Gestaltung von Homepages.[207]

III. Kategorisierung durch die Rechtsprechung

Ob Urheber- und Designschutz unter Geltung der Stufentheorie eröffnet war, unterlag jeweils einer Einzelfallprüfung.[208] Feste Fallgruppen der Rechtsprechung gab es deshalb nicht. Die Entscheidungen zeichnen sich vielmehr durch große Unterschiede in der Begründung und Argumentationstiefe aus. Davon soll nachfolgend ein stichprobenhafter Eindruck vermittelt werden.[209] **87**

Eine vertiefte Auseinandersetzung mit der Unterscheidung zwischen bildender Kunst und angewandter Kunst erfolgte in den Urteilsgründen meist nicht. Beispielhaft sei auf das Urteil *Silberdistel* verwiesen, in dem der BGH zwar feststellte: **88**

---

203 Vgl. *Bullinger*, in: Wandtke/Bullinger, UrhG, § 2 Rn. 99 ff.; *Schulze*, in: Dreier/Schulze, UrhG, § 2 Rn. 158, 167; für den Versuch eines weiteren Überblicks vgl. *Mezger*, Die Schutzschwelle für Werke der angewandten Kunst, 57 ff.

204 Vgl. *Schneider/Schmid*, Design – eine Einführung, 203.

205 Vgl. *Zech*, Der Schutz von Werken der angewandten Kunst, 191 m.w.N.; *Bullinger*, in: Wandtke/Bullinger, UrhG, § 2 Rn. 102.

206 Vgl. *Zech*, Der Schutz von Werken der angewandten Kunst, 191 f.

207 Vgl. *Bullinger*, in: Wandtke/Bullinger, UrhG, § 2 Rn. 104; für den Versuch eines weiteren Überblicks vgl. *Mezger*, Die Schutzschwelle für Werke der angewandten Kunst, 57 ff.

208 Vgl. oben Rn. 45.

209 Für einen Eindruck von den beurteilten Gestaltungen vgl. die Link- und Quellensammlung im Anhang.

„Das BerGer. hat sich den Blick für die im Streitfall maßgebenden Anforderungen dadurch verstellt, daß es offengelassen hat, ob vorliegend von einem Werk der angewandten oder von einem Werk der zweckfreien bildenden Kunst auszugehen ist. Für beide Kunstwerkarten gelten aber unterschiedliche Maßstäbe“,

sodann aber ohne weitere Begründung zu dem Schluss kam:

„Im Streitfall ist davon auszugehen, daß der von der Kl. in Serie hergestellte Silberdistel-Ohrclip als ein Gebrauchszwecken dienendes kunstgewerbliches Erzeugnis dem Bereich der angewandten Kunst und nicht dem der "reinen" (zweckfreien) Kunst zuzurechnen ist.“[210]

89 Teilweise lassen die Urteile auch jede Beschreibung der Merkmale, anhand derer das Vorliegen einer „besondere Gestaltungshöhe“ überprüft wurde, vermissen. So stellte der BGH in einem Fall ausdrücklich fest, dass

„der Mangel eines für die Annahme eines Kunstwerks erforderlichen Grades an ästhetischem Gehalt bei dem Treppenhocker der Kl. insgesamt so deutlich zutage tritt, daß es einer in Einzelheiten gehenden Auseinandersetzung mit den verschiedenen Formelementen nicht mehr bedurfte.“[211]

90 In einem anderen Fall nannten die Richter zwar die untersuchten, und sogar als „eigentümlich“ anerkannten Merkmale einer Schrift, nämlich,

„die besondere Steilheit der Schräglage der Buchstaben, ihre schmale Ausführung, die im Verhältnis zu den Mittellängen kurzen Oberlängen, die schmalen und keilartigen Zwischenräume in den Buchstaben“,

stellten sodann aber pauschal fest,

„diese Eigenart der klägerischen Schrift sei nicht von einer solchen ästhetischen Intensität, daß sie den noch über die Eigentümlichkeit und Neuartigkeit hinaus erforderlichen ästhetischen Überschuß erzeugt hätte.“[212]

91 Auf den Parteivortrag in einem Fall, die besondere Gestaltungshöhe ergebe sich daraus, dass aufgesetzten Lichtpunkte *„bei einer Betrachtung aus einer gewissen Entfernung den Eindruck eines unendlichen Sternenhimmels“* vermittelten, entgegneten die Richter nüchtern:

„Jegliche Gestaltungs- und Ausdruckskraft läßt sich zwar nicht in Abrede stellen. Sie würde hier jedoch nur zur Begründung eines Geschmacksmusters ausreichen.“

---

210 BGH, Urteil vom 22.06.1995 – I ZR 119/93, *Silberdistel*, Rn. 15, GRUR 1995, 581 (582).

211 BGH, Urteil vom 23.01.1981 – I ZR 48/79, *Rollhocker*, GRUR 1981, 517 (519); darauf hinweisend auch: *Ahlberg*, in: Ahlberg/Götting, BeckOK, UrhG, § 2 Rn. 133.

212 BGH Urteil vom 27.11.1956 – I ZR 57/55, *Europapost*, BGHZ 22, 209 (216 f.).

Zur Begründung des Ausschlusses vom Urheberrechtsschutz führten sie weiter nur an, es handele sich um naheliegende Gestaltungsmerkmale.[213]

Das OLG Düsseldorf hingegen erkannte eine *„das ästhetische Empfinden spürbar ansprechende Gestaltung* [...] *von beachtlicher Intensität“* in der Gestaltung eines Rings und führte dazu unter anderem aus: 92

> *„Die durch die makellose und dekorlose Kreisform hervorgerufene Gleichförmigkeit und Symmetrie der Ringschiene wird durch die deutlich andersartige, ungleichförmige Symmetrie des lichtdurchlässigen Brillanten unterbrochen, der mangels erkennbarer Verankerung in unstabiler Art zwischen den Stirnseiten zu „schweben“ scheint. [...] Durch diese gewissermaßen reduzierte Formgestaltung wird erreicht, dass das Auge des Betrachters zu dem zwischen den Ringschienenenden angebrachten Edelstein hingeführt wird. Die völlig andersartige, ungleichförmige Beschaffenheit des Edelsteins ruft zugleich den Eindruck von Spannung hervor, die sich bei unterschiedlichen Gestaltungsprinzipien darstellt, die miteinander in Verbindung gebracht werden. Durch die Anbringung „ohne Fassung“ werden die optischen Eigenschaften des Edelsteins optimiert.“*[214]

Gestützt auf ein Sachverständigengutachten, erkannte der BGH die besondere Gestaltungshöhe etwa für einen Vasenleuchter mit der Begründung an: 93

> *„Die Proportion aller Teile dieses Leuchters (Bodenplatte, Stiel, Dille, Tropfschale) sei so, daß jeder Teil für sich Gültigkeit habe und daß alle Teile zugleich harmonisch miteinander verbunden seien. Die Bewegung der Formgebung sei gespannt und vermittle deshalb den Eindruck gespannter Kraft im gesamten Leuchter.“*[215]

In Bezug auf Tierfiguren übernahm der BGH die Einschätzung eines Sachverständigen, der zwar feststellte, 94

> *„es bestehe wohl kein Zweifel, daß es sich bei Hummel-, Mecki- und ähnlichen Figuren weder um Kunstwerke noch um Kunstgewerbe handele, ihre Funktion sei bedeutungslos und ihre äußere Form kitschig“, aber es ließen sich, „unter Hintansetzung kunsthistorischer Maßstäbe [...] weder die Originalität der Arbeiten noch die eigenständige geistige Leistung ausschließen.“*[216]

Die Beurteilung von Arbeiten bekannter Designer erfolgte teilweise recht kurz. 95
So stellte der BGH fest, ein *„auf geometrische Grundlagen aufbauender kubisch gestalteter Stuhl von Stam bzw. Stüttgen“* habe eine *„den Formensinn ansprechende eigenartige Wirkung“.*[217] Die Richter verweisen zusätzlich auf die Anerkennung

---

213 BGH, Urteil vom 27.01.1983 – I ZR 177/80, *Brombeer-Muster*, GRUR 1983, 377 (378).

214 OLG Düsseldorf, Urteil vom 30.05. 2000 – 20 U 4/99, *Spannring*, GRUR-RR 2001, 294 (296).

215 BGH, Urteil vom 21.05.1969 – I ZR 42/67, *Vasenleuchter*, GRUR 1972, 38 (39).

216 BGH, Urteil vom 25.05.1973 – I ZR 2/72, *Tierfiguren*, GRUR 1974, 669 (671).

217 BGH, Urteil vom 27.02.1961 – I ZR 127/59, *Stahlrohrstuhl*, GRUR 1961, 635 (637).

in der Kunstwelt durch Ausstellungen und Auszeichnungen, etwa in Bezug auf den „Lounge Chair“ von Charles Eames:

> *„Daß hier über den Gebrauchszweck hinaus ein Kunstwerk geschaffen worden ist, läßt sich auch der Tatsache entnehmen, daß der Lounge Chair mehrfach als Kunstwerk prämiert worden ist und ein ständiges Ausstellungsstück im "Museum of Modern Art, New York" darstellt.“*[218]

96 Oftmals greifen die Richter für die Beurteilung aber auch Zitate aus der kunstwissenschaftlichen Literatur auf, etwa in Bezug auf einen Sessel von *Le Corbusier*. Die besondere Gestaltungshöhe ergebe sich aus dem

> *„betonten Unterschied zwischen tragender Struktur und getragenem Teil; die eine völlig extern, der andere nur intern; die eine gehört zum Bereich der Konvexität, der andere zu dem der Konkavität. Die Logik des Rationalismus wird ausgedrückt durch den paradoxen Kontrast zwischen den enormen Lederkissen und ihrem scheinbar zierlichen Gestell.“*[219]

97 Teilweise konkretisierte die Rechtsprechung jedoch, auf welche Merkmale es für die Entscheidung über die besondere Gestaltungshöhe ankommen soll und auf welche nicht: Es soll den Urheberrechtsschutz nicht von vorneherein hindern, dass *„bekannte Stilmittel eingesetzt“* werden.[220] Es sei aber allein auch nicht ausreichend zur Bejahung der besonderen Gestaltungshöhe, dass eine Gestaltung *„ästhetisch gefällig [und] handwerklich besonders gut gelungen“*,[221] bzw. *„frei erfunden“*[222] sei. Zudem sollen *„rein kunsthandwerkliche Naturnachbildungen“*[223] nicht urheberrechtsschutzfähig sein. Als tendenziell künstlerisch anerkannt wurde hingegen, wenn mit *„Mitteln der Abstraktion, Stilisierung und Vereinfachung Formen geschaffen werden, die nicht den natürlichen Proportionen entsprechen.“*[224] Die funktionale Ästhetik des „Bauhaus-Stils“ soll sich insbesondere auszeichnen durch *„die betonte Verwendung technischer Materialien […], die Offenlegung der Funktion in jedem Teil […] und die […] Harmonie einfacher Grundkörper.“*[225]

---

218 OLG Frankfurt, Urteil vom 19.03.1981 – 6 U 160/79, *Lounge Chair*, GRUR 1981, 739 (741).

219 OLG Frankfurt, Urteil vom 04.06.1987 – 6 U 13/86, *Le Corbusier-Sessel*, GRUR 1988, 302 (303).

220 BGH, Urteil vom 14.04.1988 – I ZR 99/86, *Kristallfiguren*, GRUR 1988, 690 (692).

221 BGH, Urteil vom 23.01.1981 – I ZR 48/79, *Rollhocker*, GRUR 1981, 517 (519);

222 BGH Urteil vom 27.11.1956 – I ZR 57/55, *Europapost* BGHZ 22, 209 (216 f.).

223 BGH, Urteil vom 22.06.1995 – I ZR 119/93, *Silberdistel*, GRUR 1995, 581 (582).

224 BGH, Urteil vom 14.04.1988 – I ZR 99/86, *Kristallfiguren*, GRUR 1988, 690 (692).

225 OLG Düsseldorf, Urteil vom 04.09.1992 – 20 U 144/91, *Bauhaus-Leuchte*, GRUR 1993, 903 (906).

Bei der Beurteilung der Gestaltungshöhe Berücksichtigung finden könnten „*Formgestalt sowie* [...] *Licht- und Farbwirkung des Materials*“[226] und erkennbare „*darstellerische Gedanken*“[227] des Gestalters (wie etwa die Widerspiegelung von menschlichen Eigenschaften in Tiergestalten).

Kommentatoren versuchten, unter Geltung der Stufentheorie, durch Auswertung der Rechtsprechung folgende grobe Linie für eine Unterscheidung zwischen Geschmacksmuster und angewandter Kunst vorzugeben: Urheberrechtsschutz wurde – wegen der Nähe zur bildenden Kunst – tendenziell Figuren,[228] Bühnenbildern,[229] Zeichnungen[230] und abstrakt gestaltetem Schmuck[231] sowie Möbeln[232] und Leuchten[233] anerkannter Designer – insbesondere solchen der Bauhaus-Bewegung – zuerkannt. Meist abgelehnt wurde Urheberrechtsschutz hingegen in Bezug auf Stoffmuster,[234] Mode[235] sowie auf das meiste Industriedesign[236] und die meiste Gebrauchsgrafik[237], vor allem in Bezug auf Schriftzeichen. In **98**

226 BGH, Urteil vom 14.04.1988 – I ZR 99/86, *Kristallfiguren*, GRUR 1988, 690 (692).

227 BGH, Urteil vom 14.04.1988 – I ZR 99/86, *Kristallfiguren*, GRUR 1988, 690 (692).

228 Vgl. *Schulze*, in: Dreier/Schulze, UrhG, § 2 Rn. 163; *Bullinger*, in: Wandtke/Bullinger, UrhG, § 2 Rn. 99, der diese wegen ihrer rein ästhetischen Zweckrichtung der bildenden Kunst im engeren Sinne zuordnet.

229 Vgl. *Schulze*, in: Dreier/Schulze, UrhG, § 2 Rn. 162.

230 Vgl. *Schulze*, in: Dreier/Schulze, UrhG, § 2 Rn. 164 ff.; *Bullinger*, in: Wandtke/Bullinger, UrhG, § 2 Rn. 102.

231 Vgl. *Schulze*, in: Dreier/Schulze, UrhG, § 2 Rn. 172; zur tendenziellen Ablehnung von Urheberrechtsschutz für naturalistisch gestaltetem Schmuck vgl. *Ahlberg*, in: Ahlberg/Götting, BeckOK, UrhG, § 2 Rn. 140.

232 Vgl. *Ahlberg*, in: Ahlberg/Götting, BeckOK, UrhG, § 2 Rn. 131 f.; *Bullinger*, in: Wandtke/Bullinger, UrhG, § 2 Rn. 100; *Schulze*, in: Dreier/Schulze, UrhG, § 2 Rn. 171.

233 Vgl. *Bullinger*, in: Wandtke/Bullinger, UrhG, § 2 Rn. 100; *Schulze*, in: Dreier/Schulze, UrhG, § 2 Rn. 169.

234 Vgl. *Ahlberg*, in: Ahlberg/Götting, BeckOK, UrhG, § 2 Rn. 139.

235 Vgl. *Ahlberg*, in: Ahlberg/Götting, BeckOK, UrhG, § 2 UrhG Rn. 137 f.; *Schulze*, in: Dreier/Schulze, UrhG, § 2 Rn. 170; *Bullinger*, in: Wandtke/Bullinger, UrhG, § 2 Rn. 101. Hierzu grundlegend: BGH, Urteil vom 14.12.1954 – I ZR 65/53, *Mantelmodell*, GRUR 1955, 445 ff. und die Wiedergabe der Leitlinien dieses Urteils bei *Zech*, Der Schutz von Werken der angewandten Kunst, 189, wonach nicht nur die *Haute Couture*, sondern auch Konfektionsmode geschützt ist, aber insbesondere darauf zu achten ist, dass Trends und Stile nicht schutzfähig sind.

236 Vgl. *Schulze*, in: Dreier/Schulze, UrhG, § 2 Rn. 165.

237 Vgl. *Zech*, Der Schutz von Werken der angewandten Kunst, 191 f; bezüglich Schriftzeichen vgl. *Schulze*, in: Dreier/Schulze, UrhG, § 2 Rn. 164.

dieser Einordnung ist aber nicht die Vorgabe von festem Fallgruppen zu sehen. Gerichtsentscheidungen wichen immer wieder von dieser Tendenz ab.[238]

99 In einer Analyse von 121 Urteilen zur Gewährung von Urheberrechtsschutz für Gestaltungen im Grenzbereich der Schutzgrenze versuchte *Bisges* nachzuweisen, dass das Merkmal der „Gestaltungshöhe" sich gar nicht objektiv feststellen lasse und nur vorgeschoben werde, um die subjektiven Beweggründe für die Entscheidung zu legitimieren, seien es ökonomische Motive wie die Berücksichtigung des Herstellungsaufwandes und des wirtschaftlichen Wertes der Gestaltung, psychologische Motive wie die Bekanntheit des Gestalters, politische Motive wie die gesellschaftliche Missbilligung einer Kunstrichtung oder soziologische Motive wie die Sanktionierung von dreistem Vorgehen des Beklagten.[239] Im Ergebnis sah er jedoch nur die Hypothese als durchgängig bestätigt, dass der Herstellungsaufwand bei allen Entscheidungen eine Rolle gespielt habe.[240] Dies kann sich aber bereits daraus erklären, dass der Aufwand eines Gerichtsverfahrens meist nur bei erheblichem ökonomischen Interesse an der Entscheidung betrieben wird. *Bisges* Untersuchung macht aber deutlich, dass subjektive Motive der Richter in die Bewertung der Gestaltungshöhe mit einflossen.

D. Ergebnis des 1. Kapitels

100 Eine erste Einführung in die Dogmatik und praktische Anwendung der Stufentheorie zeigt, dass sie auf einem komplizierten Zusammenspiel aus unbestimmten Rechtsbegriffen und deren als bekannt vorausgesetzter Auslegung aufgebaut war. Wer mit dieser Materie nicht vertraut ist, kann sich die Stufentheorie nicht

---

238 Vgl. z.B. zur Ablehnung von Urheberrechtsschutz für Figuren: OLG Schleswig, Urteil vom 12.02.1985 – 6 U 64/84, *Tonfiguren*, GRUR 1985, 289 (290 f.); zur Bejahung von Urheberrechtsschutz für Industriedesign, wohl da Werk des anerkannten Designers Wilhelm Wagenfeld: OLG München, Urteil vom 14.10.2010 – 29 U 2001/10 *Eierkocher*, GRUR-RR 2011, 54 (55); zur Bejahung für Schriftzeichen: Urteil des LG Köln vom 12.012000 – 28 O 133/97, *Computerschrift*, ZUM 2000, 1099 (1101); zur Gewährung für Mode: Urteil des LG Leipzig vom 23.10.2001– 5 O 5288/01, *Hirschgewandt*, ZUM 2002, 315 (316 f.), Urheberrechtsschutz für ein als Bildmarke geschütztes Logo wurde als Werk der bildenden Kunst gewährt durch das OLG Hamburg, Beschluss vom 22.03.2004 – 5 W 35/04, *Weinrebenblatt*, NJOZ 2005, 124 (125); Einem Firmenlogo gewährte das OLG Naumburg ohne nähere Einordnung des Werktyps Urheberrechtsschutz durch Urteil vom 07. 04.2005 – 10 U 7/04, *Firmenlogo*, ZUM 2005, 759 (760).

239 *Bisges*, Die Kleine Münze im Urheberrecht, 73, 183, 264, 266.

240 *Bisges*, Die Kleine Münze im Urheberrecht, 271, 274.

aus dem Gesetz erschließen. Dies betrifft vor allem die Begriffe „Kunst", „Ästhetik", „Gebrauchszweck", „Eigentümlichkeit", „persönliche geistige Schöpfung" und „Gestaltungshöhe". Hinter diesen Begrifflichkeiten liegen philosophische und kulturelle Wertungen, die im Laufe der Zeit Bedeutungsänderungen erfuhren. Es wird deshalb zum einen die Kritik erhoben, dass die gesamte Stufentheorie auf subjektiven Wertungen aufgebaut ist und sich damit als Abgrenzungsformel nicht eignet. Zum anderen besteht, näher betrachtet, Uneinigkeit darüber, welche Gestaltungen überhaupt zur angewandten und welche zur bildenden Kunst im engeren Sinne gehören. So wird vertreten, Nippes-Figuren und Schmuck seien als Werke der rein bildenden Kunst einzuordnen.

Viele Urteile unter Geltung der Stufentheorie übergingen diese streitigen **101** Punkte durch pauschale Wertungen. Es lassen sich nur wenige Konkretisierungen aus der Rechtsprechung ableiten, auf welche Gestaltungsmerkmale es für die Abgrenzung zwischen angewandter Kunst und gewerblichem Designschutz ankommen soll. Das führte zu einer Einzelfallkasuistik, die von Kommentatoren nur grob eingeordnet werden konnte.

Im nächsten Kapitel soll dargelegt werden, mit welchen Argumenten der **102** BGH die Stufentheorie letztlich aufgab, und vor dem Hintergrund der in der Lehre lange geführten rechtspolitischen und rechtsdogmatischen Diskussion überprüft werden, ob dieser Schritt geboten war.

2. Kapitel: Die Berechtigung der Aufgabe der Stufentheorie

A. Kritik an der Stufentheorie

Die Stufentheorie zum urheberrechtlichen Schutz angewandter Kunst wurde in der Rechtsprechung bis zum „Geburtstagszug-Urteil“ aufrechterhalten[241] und sogar verfassungsrechtlich bestätigt.[242] Die Meinungen in der rechtswissenschaftlichen Literatur dazu waren gespalten. Ein Teil der Lehre befürwortete die Aufrechterhaltung des Kriteriums der „besonderen Gestaltungshöhe“.[243] Die überwiegende Meinung im Schrifttum[244] forderte die Aufgabe der Stufentheorie jedoch schon lange vor dem Geburtstagszug-Urteil. Um Wiederholungen zu vermeiden, soll im Folgenden zunächst die Begründung des BGH zur Aufgabe der Stufentheorie wiedergegeben werden und im Anschluss unter Beachtung der bisherigen Literatur untersucht werden, ob dieser zuzustimmen ist. 103

B. Begründung des BGH zur Aufgabe der Stufentheorie

Die Aufgabe der Stufentheorie begründete der BGH mit der Reform des Geschmacksmusterrechts, die das Stufenverhältnis zum Urheberrecht aufgehoben habe.[245] Einen „europäischen Werkbegriff“, der einer deutschen 104

---

241 *Heinol*, Der immaterialgüterrechtliche Schutz von Gebrauchsgegenständen, 14 m.w.N.

242 BVerfG, Nichtannahmebeschluss vom 26.01.2005 – 1 BvR 157/02, *Laufendes Auge*, GRUR 2005, 410 (411).

243 Vgl. für viele: *Derclaye/Leistner*, Intellectual Property Overlaps, 234 ff.; *Erdmann/Bornkamm*, GRUR 1991, 877 (878); *Gyertyánfy*, GRUR Int. 2002, 557 (566 f.); *Nordemann*, in: Fromm/Nordemann, Urheberrecht, 10. Aufl., § 2 UrhG Rn. 150; *Rehbinder*, Urheberrecht, Rn. 61, 89 ff., 151 ff., 186; *Schack*, Urheber- und Urhebervertragsrecht, 6. Aufl., Rn. 232; *Schulze*, in: Dreier/Schulze, UrhG, 4. Aufl., § 2 Rn. 174, 177.

244 Vgl. für viele: *Ahlberg*, in: Nicolini/Ahlberg, UrhG, § 2 Rn. 110 ff.; *Bullinger*, in: Wandtke/Bullinger, UrhG, 3. Aufl., § 2 UrhG Rn. 98; *Dreyer*, in: Dreyer/Kotthoff/Meckel, Urheberrecht, § 2 UrhG Rn. 62 ff.; *Eichmann*, in: Eichmann/v. Falckenstein, GeschmMG, Allgemeines zum Designrecht Rn. 32; *von Gamm*, Die Problematik der Gestaltungshöhe im deutschen Urheberrecht, 88ff.; *Koschtial*, GRUR 2004, 555 ff.; *Kur*, GRUR 2002, 661 (662); *Loewenheim*, in: Schricker/Loewenheim, Urheberrecht, § 2 UrhG Rn. 34, 158, 160; *Obergfell*, in: Büscher/Dittmer/Schiwy, Gewerblicher Rechtsschutz Urheberrecht Medienrecht, Kap. 10 Rn. 46 f.; *Sauer*, Neue Wege im Designschutz, 82 ff.; *Schricker*, GRUR Int. 2004, 923 (924).

245 Vgl. oben Rn. 3 Fn. 8.

Sonderbehandlung der angewandten Kunst entgegenstünde, lehnte er im Ergebnis ab.[246]

I. Verhältnis zwischen Urheber- und Designrecht

105 Mit dem Verhältnis von Urheber- und Designrecht nach der Geschmacksmusterreform setzt sich der BGH im Geburtstagszug-Urteil am intensivsten auseinander, da er darauf den Kern seiner Argumentation stützt. In der Begründung des Geburtstagszug-Urteils finden sich in Bezug auf dieses Verhältnis alle klassischen Argumentationsebenen nach Savigny, nämlich Wortlaut, gesetzgeberischer Wille, Systematik sowie Sinn und Zweck:[247]

1. Wortlaut

106 Der BGH argumentiert, bereits die Änderung des Gesetzestitels zeige an, dass das Designrecht nicht mehr wesensverwandt zum Urheberrecht sein, sondern nunmehr ein eigenständiges Schutzsystem darstellen solle: Es sei durch die Geschmacksmusterreform 2004 von „Gesetz betreffend das Urheberrecht an Mustern und Modellen" in „Gesetz über den rechtlichen Schutz von Mustern und Modellen" umbenannt worden und 2014 schließlich in „Gesetz über den rechtlichen Schutz von Design".[248]

2. Wille des Gesetzgebers

107 Die Loslösung des Designrechts vom Urheberrecht durch die Geschmacksmusterreform stützt der BGH auch auf die Begründung des Geschmacksmusterreformgesetzes.[249] Es sei nunmehr für den gewerblichen Designschutz ausreichend, dass sich der Gesamteindruck eines Musters vom vorbekannten Formenschatz unterscheide, einer Gestaltungshöhe wie im Urheberrecht bedürfe es nicht mehr.[250]

---

246 Vgl. oben Rn. 3 Fn. 9.

247 *V. Hein*, in: Säcker/Rixecker/Oetker/Limperg, MüKo, BGB, Art. 3 EGBGB Rn. 155 m.w.N.

248 BGH, Urteil vom 13.11.2013 – I ZR 143/12, *Geburtstagszug*, Rn. 35, BGHZ 199, 52 (66) m.w.N.

249 BGH, Urteil vom 13.11.2013 – I ZR 143/12, *Geburtstagszug*, Rn. 35, BGHZ 199, 52 (66) mit Hinweis auf: Begründung zum Regierungsentwurf des Geschmacksmusterreformgesetzes, BT-Drucks. 15/1075, 29.

250 BGH, Urteil vom 13.11.2013 – I ZR 143/12, *Geburtstagszug*, Rn. 37, BGHZ 199, 52 (67) mit Hinweis auf Begründung zum Regierungsentwurf des Geschmacksmusterreformgesetzes, BT-Drucks. 15/1075, 33.

3. *Systematik*

Systematisch argumentierte der BGH mit Hinweis auf die Geschmacksmusterreform, seit der für den Geschmacksmusterschutz nicht mehr Eigentümlichkeit und damit Gestaltungshöhe, sondern Eigenart und damit Unterschiedlichkeit voraussetzt werde, so dass die Begründung weggefallen sei, es handele sich systematisch um den „Unterbau des Urheberrechts" als *lex specialis* für den Designschutz.[251] **108**

Der BGH untersuchte zudem, ob nunmehr anstelle des deutschen gewerblichen Designschutzgesetzes die Regelungen über das nicht eingetragene europäische Geschmacksmuster die *lex specialis* für die „kleine Münze" des Designschutzes darstelle.[252] Dies lehnten die Bundesrichter jedoch im Ergebnis ab. Das Europarecht bestimme ausdrücklich, dass gewerblicher Designschutz und Urheberrechtsschutz sich nicht ausschlössen. Zudem hätten diese unterschiedliche Schutzrichtungen, Schutzvoraussetzungen und Rechtsfolgen.[253] **109**

4. *Zweckmäßigkeit*

Eine drohende Monopolisierungsgefahr durch Eröffnung der urheberrechtlichen Schutzfrist für durchschnittliche Designleistungen sieht der BGH nicht. Gebrauchsgegenstände würden auch weiterhin selten als angewandte Kunst gewertet werden, da ihre Form meist von der Funktion vorgegeben sei und damit der Gestaltungsspielraum für individuelle Leistungen regelmäßig eingeschränkt sei. Darüber hinaus sei zu beachten, dass eine zwar Urheberrechtsschutz begründende, gleichwohl aber geringe Gestaltungshöhe zu einem entsprechend engen Schutzbereich des betreffenden Werkes führe.[254] **110**

Durch die Gewährung von Urheberrechtsschutz werde der Designschutz auch nicht überflüssig. Eine Gestaltung könne aufgrund ihrer Unterschiedlichkeit **111**

---

251 BGH, Urteil vom 13.11.2013 – I ZR 143/12, *Geburtstagszug*, Rn. 35ff., BGHZ 199, 52 (66 f.).

252 BGH, Urteil vom 13.11.2013 – I ZR 143/12, *Geburtstagszug*, Rn. 38, BGHZ 199, 52 (67) mit Hinweis auf den formlosen dreijährigen Schutz gem. Art. 1 Abs. 2 a, 11 GGV und m.w.N.

253 BGH, Urteil vom 13.11.2013 – I ZR 143/12, *Geburtstagszug*, Rn. 39, BGHZ 199, 52 (68) mit Hinweis auf: Art. 17 der Richtlinie 98/71/EG über den rechtlichen Schutz von Mustern und Modellen, Art. 96 Abs. 2 GGV; vgl. und EuGH, Urteil vom 27.01.2011 – C-168/09, *Flos /Semeraro*, Rn. 28 ff., GRUR 2011, 216 (217 f.).

254 BGH, Urteil vom 13.11.2013 – I ZR 143/12, *Geburtstagszug*, Rn. 40 f., BGHZ 199, 52 (68).

zum vorbekannten Formenschatz dem Designschutz zugänglich sein, ohne die für einen Urheberrechtsschutz erforderliche Gestaltungshöhe zu erreichen.[255]

II. Europarechtlicher Einflusses auf das Urheberrecht

112 Der zweite Argumentationsstrang des BGH betraf den sogenannten „europäischen Werkbegriff". Anders als im Markenrecht existiert bislang kein umfassendes eigenes EU-Urheberrecht. Stattdessen wurden auf dem Gebiet des Urheberrechts einzelne EU-Richtlinien erlassen.[256] Drei Richtlinien enthalten jedoch einen materiellen Werkbegriff für ihre spezifische Schutzmaterie: die Softwarerichtlinie[257] für Computerprogramme, die Datenbankrichtlinie[258] für Datenbanken und die Schutzdauerrichtlinie[259] für Fotografien, nämlich „Originalität" in Form der „eigenen geistigen Schöpfung des Autors". Trotzdem entschied der EUGH in dem Urteil „Infopaq"[260] und Nachfolgeurteilen, dass dieser Werkbegriff auch für andere Werkarten als EU-weite Definition gelte.

113 Der BGH lehnt es ab, das Kriterium der „eigenen geistigen Schöpfung" auf die Werkart der angewandten Kunst zu übertragen. Er stützt sich dabei zum einen auf EuGH-Entscheidungen, wonach es Sache der Mitgliedsstaaten sei, festzulegen „*in welchem Umfang und unter welchen Bedingungen*" eine „eigene geistige Schöpfung des Urhebers" geschützt wird.[261] Zum anderen verweist er darauf, dass Art. 17 Satz 2 und Erwägungsgrund 8 der Geschmacksmusterrichtlinie die

255 BGH, Urteil vom 13.11.2013 – I ZR 143/12, *Geburtstagszug*, Rn. 39, BGHZ 199, 52 (68).

256 Für einen Überblick über die EU-Rechtsakte auf dem Gebiet des Urheberrechts vgl.: https://ec.europa.eu/digital-single-market/en/eu-copyright-legislation.

257 Richtlinie 91/250/EWG des Rates vom 14.05.1991 über den Rechtsschutz von Computerprogrammen, ABl. EG Nr. L 122, 42-46 (a.F.), ersetzt durch Richtlinie 2009/24/EG des Europäischen Parlaments und des Rates vom 23.04.2009 über den Rechtsschutz von Computerprogrammen, ABl. EG Nr. L 111, 16–22 (n.F.).

258 Richtlinie 96/9/EG des Europäischen Parlaments und des Rates vom 11.03.1996 über den rechtlichen Schutz von Datenbanken, ABl. EG Nr. L 077, 20-28.

259 Richtlinie 93/98/EWG des Rates vom 29.10.1993 zur Harmonisierung der Schutzdauer des Urheberrechts und bestimmter verwandter Schutzrechte ABl. EG Nr. L 290, 9-13 (a.F.); ersetzt durch Richtlinie 2006/116/EG des Europäischen Parlaments und des Rates vom 12.12.2006 über die Schutzdauer des Urheberrechts und bestimmter verwandter Schutzrechte, ABl. EG Nr. L 372, 12–18 (n.F.)

260 EuGH, Urteil vom 16.07.2009 – C-5/08, *Infopaq/DDF*, GRUR 2009, 1041.

261 BGH, Urteil vom 13.11.2013 – I ZR 143/12, *Geburtstagszug*, Rn. 31, BGHZ 199, 52 (64) m.w.N.

Anforderung einer „besonderen Gestaltungshöhe“ für angewandte Kunst ausdrücklich für zulässig erklärt.[262]

C. Überprüfung des Geburtstagszug-Urteils

Im Folgenden wird untersucht, ob die Argumentation des BGH im Geburtstags- 114
zug-Urteil der Überprüfung standhält. Die einschlägigen Vorschriften werden dabei jeweils im Lichte von Rechtsprechung und Lehre analysiert.

I. Überprüfung der internationalen Vorgaben

Der Designschutz durch das Urheber- und Designrecht in Deutschland und 115
der EU ist von einer Reihe internationaler Übereinkommen geprägt. Aufgrund des Grundsatzes der völkerrechtsfreundlichen Auslegung des deutschen[263] und EU-Rechts[264] sind diese zu beachten. Ihre möglichen Vorgaben im Hinblick auf die Stufentheorie sollen im Folgenden vorangestellt untersucht werden, da sich BGH und EuGH vielfach auf diese berufen, ohne deren Auslegung umfassend zu begründen.

1. Revidierte Berner Übereinkunft

Deutschland, Frankreich und Großbritannien ratifizierten die inzwischen mehr- 116
fach revidierte Berner Übereinkunft[265] (im Folgenden: RBÜ) bereits in ihrer ersten Fassung. Die Europäische Union verpflichtete sich gem. Art. 9 Abs. 1 des

---

262 BGH, Urteil vom 13.11.2013 – I ZR 143/12, *Geburtstagszug*, Rn. 32, BGHZ 199, 52 (65).

263 Vgl. BVerfG, Beschluss vom 26.03.1987 – 2 BvR 589/79, 740/81 und 284/85, *Unschuldsvermutung*, BVerfGE 74, 358 (370) und ausführlich *Riesenhuber*, ZUM 2003, 333 (340 ff.), der darauf hinweist, dass es sich um eine widerlegliche Vermutung im Rahmen der historischen oder teleologischen Auslegung handele – der Gesetzgeber wolle Völkerrecht umsetzen –, nicht um eine normenhierarchische Bindung, da Völkerrecht regelmäßig umsetzungsbedürftig sei und den Rang einfacher nationaler Gesetze habe.

264 Für das EU-Primärrecht normiert in Art. 3 Abs. 5 EUV „Beitrag […] zur strikten Einhaltung und Weiterentwicklung des Völkerrechts; Art. 21 Abs. 1 EUV; ausführlich aber *Aust*, EuR 2017, 106 (109 ff.) zur praktischen Verwirklichung des Grundsatzes in der EU.

265 Nunmehr: Revidierte Berner Übereinkunft zum Schutz von Werken der Literatur und Kunst vom 9. September 1886, in Paris am 24.07.1971 beschlossene Fassung veröffentlicht unter: BGBl. 1973 II, 1069 (1071), zuletzt geändert am 02.10.1979, BGBl. 1985 II, 81; BGBl. 1973 II, 1071.

TRIPS-Abkommens zur Befolgung des materiellen Teils der RBÜ – mit Ausnahme der Regelung zum Persönlichkeitsrecht –, also Art. 1-21 nebst Anhängen, mit Ausnahme von Art. 6bis.

117 Dieser völkerrechtliche Vertrag regelt Mindeststandards für den Urheberschutz. Im Hinblick auf die urheberrechtliche Schutzschwelle erstreckt sich die Standardsetzung der RBÜ dabei vor allem auf den formellen Werkbegriff. Gem. Art. 2 Abs. 1, 6 Satz 1 RBÜ müssen die Verbandsländer „Werken der Literatur, Wissenschaft und Kunst“ Schutz gewähren.[266] Art. 2 Abs. 1 RBÜ enthält auch einen beispielhaften Katalog von Unterkategorien.[267] In der ersten Übereinkunft war die „angewandte Kunst“ noch nicht erhalten, auf der zweiten Revisionskonferenz, 1908 in Berlin, wurde ihr erstmals Schutz zugesprochen, „soweit die innere Gesetzgebung eines jeden Landes dies gestattet“[268]. Mit der Revisionskonferenz 1948 in Brüssel, wurde ihr Schutz verpflichtend.[269]

118 Einen einheitlichen materiellen Werkbegriff regelt die RBÜ jedoch nicht ausdrücklich. Art. 2 Abs. 5 RBÜ bestimmt lediglich, dass Sammlungen von Werken der Literatur oder Kunst geschützt sind, soweit sie wegen der Auswahl oder der Anordnung des Stoffes „geistige Schöpfungen“ darstellen. Im „Infopaq-Urteil“ werteten die EuGH-Richter dies aber ohne nähere Begründung *„aus dem Gesamtzusammenhang der Berner Übereinkunft“* als allgemeinen Rechtsgedanken und wendeten diesen auf Ausschnitte aus Zeitungsartikeln an.[270] Der Schutz der RBÜ besteht aber gem. § 2 Abs. 8 RBÜ nicht für Tagesneuigkeiten oder vermischte Nachrichten, die einfache Zeitungsmitteilungen darstellen. Für Werke der angewandten Kunst regelt Art. 2 Abs. 7 Satz 1 RBÜ überdies ausdrücklich, dass es den Verbandsländern – vorausgesetzt sie gewähren eine Mindestschutzdauer von 25 Jahren ab Herstellung gem. Art. 7 Abs. 4 RBÜ[271] – vorbehalten bleibt, *„den Anwendungsbereich der Gesetze, die die Werke der angewandten Kunst und die gewerblichen Muster und Modelle betreffen, sowie die Voraussetzungen des Schutzes dieser Werke, Muster und Modelle festzulegen“*, d.h. die

266 So auch Art 1 des Welturheberrechtsabkommens (WUA), das im Folgenden nicht genauer behandelt wird, da es gem. Art. XVII Abs. 1 für Verbandsstaaten der RBÜ subsidiär zur dieser ist.

267 Zur Beispielhaftigkeit vgl. *Nordemann/Czychowski*, in: Hasselblatt, MAH, GewRs, § 45 Rn. 22.

268 RG, Urteil vom 12.05.1909 – I 250/08, *Jardinière*, RGZ 71, 145 (151).

269 BGBl. II 1965, 1213.

270 EuGH, Urteil vom 16.07.2009 – C-5/08, Infopaq/DDF, Rn. 34, GRUR 2009, 1041 (1044).

271 Eingeführt bereits auf der Brüsseler Revisionskonferenz als Art. 2 Abs. 5 Satz 1.

materiellen Schutzvoraussetzungen zu bestimmen. Dies spricht dafür, dass die RBÜ keinen materiellen Werkbegriff für angewandte Kunst oder andere Werkarten als Sammlungen von Werken der Literatur oder Kunst festlegt.

In der Brüsseler Revisionskonferenz im Jahr 1948 wurde diskutiert, die mate- 119
riellen Begrifflichkeiten „geistig", „persönlich" und „Schöpfung" in die RBÜ aufzunehmen sowie festzulegen, dass der Zweck und die ästhetische Qualität eines Werkes keine Rolle für die Schutzfähigkeit von Werken spielen dürften. Davon wurde jedoch aufgrund der Befürchtung abgesehen, dies könne zu Irritationen in Rechtsprechung und Lehre der Verbandsstaaten führen, insbesondere mit Blick auf die unterschiedlichen Rechtstraditionen im Hinblick auf die Schutzkriterien. Entsprechende Kriterien wurden von den Konferenzteilnehmern aber in die Begriffe „Werke der Literatur, Wissenschaft und Kunst" hineingelesen, so dass eine Normierung nicht für notwendig befunden wurde.[272] Dies spricht dafür, dass die damaligen materiellen Anforderungen der Verbandsstaaten – also auch die damals in Deutschland geltende Stufentheorie – als mit den im Begriff „Werke der Literatur, Wissenschaft und Kunst" mitklingenden materiellen Anforderungen für vereinbar gehalten wurden und die RBÜ diese nicht ausschließt. Zudem ist es ein weiteres Argument gegen einen eindeutig normierten materiellen Werkbegriff für angewandte Kunst in der RBÜ.

2. *Pariser Verbandsübereinkunft*

Art. 1, 2 der Pariser Verbandsübereinkunft von 1883 (im Folgenden PVÜ)[273] sieht 120
vor, dass gewerbliche Muster und Modelle in allen Verbandsländern zu schützen sind, diesen aber freisteht, den Begriff der Muster- und Modelle, Schutzvoraussetzungen und -umfang festzulegen.[274] Damit werden weder materielle Voraussetzungen noch das Schutzrecht als solches vorgegeben.[275]

3. *TRIPS-Abkommen*

Das Übereinkommen über handelsbezogene Aspekte der Rechte des geistigen 121
Eigentums von 1994 (im Folgenden: „TRIPS-Abkommen", von engl.: *Agreement*

---

272 Vgl. *König*, Der Werkbegriff in Europa, 12 f. mit genauer Zitierung der Konferenzunterlagen.

273 Pariser Verbandsübereinkunft zum Schutz des gewerblichen Eigentums vom 20.03.1883, RGBl. 1903, 147, revidiert am 14.07.1967 in Stockholm.

274 Zitiert nach *Zech*, Der Schutz von Werken der angewandten Kunst, 8 f.

275 Vgl. *Ritscher*, GRUR Int. 1990, 559 (573).

on Trade-Related Aspects of Intellectual Property Rights)[276] wurde von allen EU-Mitgliedsstaaten ratifiziert und ist auch für die EU selbst verpflichtend gem. Art. 216 Abs. 2 AEUV.

122 Dieser völkerrechtliche Vertrag macht keine genauen Vorgaben zu der Abgrenzung von Urheber- und Designrecht, enthält aber zwei relevante Begrifflichkeiten. Zum einen wird in Art. 10 Abs. 2 Satz 1 in Bezug auf Datensammlungen die Schutzvoraussetzung *„auf Grund der Auswahl oder Anordnung ihres Inhalts geistige Schöpfungen"* festgelegt. Zum anderen bestimmt Art. 25 Abs. 1 Satz 1 als Schutzvoraussetzungen für gewerbliche Muster in der deutschen Übersetzung bereits, dass sie „neu" seien und „Eigenart" haben müssen.

123 Hinsichtlich dieser Begrifflichkeiten ist jedoch zu beachten, dass sie nicht ohne Weiteres mit deren Verwendung im EU-Geschmacksmusterrecht gleichzusetzen sind. Dies ergibt sich daraus, dass in der deutschen Übersetzung des TRIPS-Abkommens zwar der Begriff „Eigenart" verwendet wird, in der englischen jedoch die Übersetzung: "*original*" und in der französischen der Begriff: « *originaux* ». In Art. 4 Abs. 1 der Geschmacksmusterverordnung wird im Englischen hingegen der Begriff "individual Charakter" anstelle der deutschen Übersetzung „Eigenart" verwendet, im Französischen der Begriff: « *caractère individuel* ». Dies legt nahe, dass es trotz Verwendung desselben Begriffs in der deutschen Übersetzung Bedeutungsunterschiede zwischen dessen Verwendung im TRIPS-Abkommen und im EU-Geschmacksmusterrecht gibt.

124 Es soll den Verbandsstaaten zudem gem. Art. 25 Abs. 1 Satz 3 freistehen, Muster vom Schutz auszuschließen, die *„im Wesentlichen auf Grund technischer oder funktioneller Überlegungen vorgegeben"* sind und gem. Art. 25 Abs. 2, ob sie Textilmuster durch musterrechtliche oder urheberrechtliche Bestimmungen schützen. Auch dies spricht dafür, dass den Verbandsstaaten die Definitionshoheit hinsichtlich des materiellen urheberrechtlichen Werkbegriffs erhalten bleiben soll.

4. Zwischenergebnis

125 Aus der Untersuchung der völkerrechtlichen Verträge ergibt sich, dass diese den Mitgliedsstaaten bewusst keine ausdrücklichen Vorgaben für eine materielle Abgrenzung von Urheber- und Designrecht machen.

126 Die Übernahme einzelner Begrifflichkeiten der Verträge (wie „Eigenart") – zumal in ihrem von deutschen Übersetzern geprägten Verständnis – droht, diese ausdrückliche Beschränkung des Regelungsanspruchs zu unterlaufen. Diesem

---

276 BGBl. 1994 II, 1438 (1730).

Irrtum unterlagen die EuGH-Richter, die materielle Vorgaben für den Werkbegriff aus der RBÜ ableiteten.[277]

II. Überprüfung der verfassungsrechtlichen Vorgaben

Das BVerfG hat die Stufentheorie in einem Nichtannahmebeschluss im Jahr 127
2005[278] – also bereits nach Inkrafttreten der Geschmacks-musterreform – für verfassungsgemäß erklärt.

Dabei handelte es sich es um die Verfassungsbeschwerde eines Vereins 128
zur Förderung freier Designer, dessen Logo – bestehend aus der graphischen Darstellung eines menschlichen Auges mit zwei Beinen – urheberrechtlicher Nachahmungsschutz mit dem Argument versagt wurde, es sei zwar „originell, einprägsam und ansprechend", erreiche aber keine „deutlich überragende Gestaltungsleistung".

In einer relativ kurzen Begründung überprüfte das BVerfG die Stufentheorie 129
an den Maßstäben von Art. 14 Abs. 1 GG und von Art. 3 Abs. 1 GG.

1. Überprüfung am Maßstab des Art. 14 Abs. 1 GG

Im Hinblick auf Art. 14 Abs. 1 GG argumentierte der beschwerdeführende Ver- 130
band, Designern würden die vermögenswerten Rechte an ihren Entwürfen entzogen, da diesen weitgehend der Urheberrechtsschutz versagt werde. Darin sei eine Enteignung zu sehen.

Das BVerfG hielt zwar den Schutzbereich von Art. 14 Abs. 1 GG für „geistiges 131
Eigentum" für eröffnet, lehnte jedoch einen Eingriff ab. Es sei nicht erkennbar, dass Designer auf Urheberrechtsschutz angewiesen seien, um eine vergütungs- und sanktionslose Übernahme von Designleistungen zu verhindern. Es stehe ihnen im Bereich der „kleinen Münze" frei, Geschmacksmusterschutz in Anspruch zu nehmen. Jedenfalls für drei Jahre sei auch der kostenlose Schutz des europäischen nicht eingetragenen Geschmacksmusters verfügbar. Die Stufentheorie sei auch dogmatisch gerechtfertigt, da das Geschmacksmusterrecht die *lex specialis* für den Designschutz sei. Zudem gebiete das Freihalteinteresse an naheliegenden Gestaltungselementen, die lange urheberrechtliche Schutzdauer nicht auf die „kleine Münze" der angewandten Kunst anzuwenden.

---

277 Vgl. unten Rn. 151, 154.

278 BVerfG, Nichtannahmebeschluss vom 26.01.2005 – 1 BvR 157/02, *Laufendes Auge*, GRUR 2005, 410 ff.

2. *Überprüfung am Maßstab des Art. 3 Abs. 1 GG*

132 Der Verband machte außerdem geltend, durch eine ungerechtfertigte, ungleiche Behandlung von zweckgebundenen und zweckfreien Werken werde das Gleichheitsgebot aus Art. 3 Abs. 1 GG verletzt.

133 Das BVerfG prüfte dies am Maßstab des Willkürverbots und ging demnach von einer Rechtfertigung aus. Im Unterschied zur Schöpfung von zweckfreien Werken würden zweckgebundene üblicherweise in einem Auftragsverhältnis gegen eine Vergütung angefertigt, so dass es dem Schöpfer zugemutet werden könne, die Kosten für ein eingetragenes Design zu tragen, soweit ihm der Schutz durch das nicht eingetragene europäische Geschmacksmuster nicht genüge. Im Unterschied zu anderen Werkarten sei zudem der Schutz durch das Geschmacksmusterrecht als „Unterbau" des Urheberrechts zu beachten.

3. *Stellungnahme*

134 Die Argumentation des BVerfG im Fall „Laufendes Auge" ist nicht vollständig überzeugend. Vor allem setzt sich das BVerfG bei Prüfung der des Art. 14 Abs. 1 GG nicht mit den im Vorjahr der Entscheidung geänderten Anforderungen an das Geschmacksmusterrecht auseinander und überprüft daraufhin nicht die Anwendung der *lex specialis*-Regel.

135 Zudem arbeitet das BVerfG bei Prüfung des Art. 3 Abs. 1 GG mit den Unterstellungen, der Schutzumfang des Geschmacksmusterschutzrechts im Gegensatz zum Urheberrecht sei ausreichend für Designer und diese würden für zweckgebundene Werke üblicherweise vergütet. Auf welche Datengrundlage sich dies stützt, ist nicht ersichtlich. Das BVerfG prüft zudem nicht differenziert, ob nur eine Willkürkontrolle in dem Sinne geboten ist, dass überhaupt kein sachlicher Grund für eine unterschiedliche Behandlung von rein bildender und angewandter Kunst erforderlich ist oder ob darüber hinaus die Verhältnismäßigkeit einer Differenzierung zwischen den Kunstarten zu untersuchen ist.[279]

136 Die Verfassungswidrigkeit der Stufentheorie wird deshalb nachstehend nochmals überprüft. Dabei ist zu beachten, dass es sich bei der Stufentheorie um eine richterliche Auslegung der unbestimmten Rechtsbegriffe des Urheberrechts handelt. Eine solche Rechtsanwendung durch einfache Gerichte ist der

---

279 Vgl. zur insofern relevanten Dynamik zwischen nie aufgegebener „Willkürkontrolle" und seit 1980 ergänzend nach Art und Schwere des Grundrechtseingriffs differenziert angewendeter Verhältnismäßigkeitsprüfung näher. *P. Kirchhof*, in: Maunz/Dürig, GG, Art. 3 Abs. 1 Rn. 264 ff.

verfassungsrechtlichen Kontrolle grundsätzlich entzogen. Eine Verfassungswidrigkeit setzt einen qualifizierten Verstoß voraus, in Form *„einer grundsätzlich unrichtigen Anschauung von der Bedeutung der Eigentumsgarantie"* [oder sonstiger grundgesetzlich geschützter Rechtspositionen] und einer *„materiellen Bedeutung für den konkreten Einzelfall von einigem Gewicht"*.[280]

Der Schutzbereich des Art. 14 Abs. 1 GG ist eröffnet, da die vermögenswerte **137** Seite des Urheberrechts als von Art. 14 Abs. 1 GG geschützte absolute Rechtsposition anerkannt ist.[281] Es könnte zwar vertreten werden, dass nach der Stufentheorie ein Urheberrechtsschutz nur für weit überdurchschnittliches Design entsteht und deshalb schon der Schutzbereich der Eigentumsgarantie nicht eröffnet ist. Ein solches Verständnis wäre aber geeignet, eine verfassungsrechtliche Kontrolle auf ungerechtfertigte Eingriffe in das Urheberrecht generell zu unterlaufen und ist demnach abzulehnen.[282] Der Schutzbereich des „geistigen Eigentums" umfasst deshalb bereits das *„potentielle Verfügungs- und Verwertungsrecht"* eines Urhebers.[283] Dem BVerfG ist zuzustimmen, dass sich deshalb auch die Auslegung des Werkbegriffs durch die Fachgerichte am Maßstab des Art. 14 Abs. 1 GG messen lassen muss.[284]

Anders als vom Beschwerdeführer vertreten, stellt die Anwendung der Stu- **138** fentheorie keinen Eingriff in Form einer Enteignung dar. Eine Enteignung würde nach herrschender Auslegung des Art. 14 Abs. 1 GG einen gezielten normativ-abstrakten oder exekutiv-einzelfallbezogenen Eingriff in eine erworbene absolute Rechtsposition zur Durchführung eines konkreten öffentlichen Vorhabens voraussetzen.[285] Ein solcher entsteht nicht durch die Anwendung einer abstrakten Auslegungstheorie der Judikative durch die Fachgereichte. Dafür fehlt es bereits an einem konkreten Vorhaben und der Intention, vermögenswerten

---

280 Vgl. BVerfG, Nichtannahmebeschluss vom 26.01.2005 – 1 BvR 157/02, *Laufendes Auge*, GRUR 2005, 410 (411) mit Hinweis auf BVerfG, Beschluss vom 26.05.1993 – 1 BvR 208/93, BVerfGE 89, 1 (9 f.).

281 So grundlegend BVerfG, Beschluss vom 07.07.1971 – 1 BvR 765/66, *Schulbuch*, BVerfGE 31, 229 (238 ff.).

282 So auch *von Gamm*, Die Problematik der Gestaltungshöhe im deutschen Urheberrecht, 215.

283 Vgl. diesbezüglich grundlegend BVerfG, Beschluss vom 25.10.1978 – 1 BvR 352/71, *Kirchenmusik*, NJW 1979, 2029.

284 Vgl. BVerfG, Nichtannahmebeschluss vom 26.01.2005 – 1 BvR 157/02, *Laufendes Auge*, GRUR 2005, 410 (411).

285 Vgl. für viele *Papier*, in: Maunz/Dürig, GG, Art. 14 Rn. 532.

Urheberrechtsschutz zu entziehen, soll die Stufentheorie doch gerade Einzelfallgerechtigkeit schaffen.

139 Es handelt sich bei dem urheberrechtlichen Werkbegriff also um eine Inhalts- und Schrankenbestimmung. Eine solche – bzw. deren Auslegung durch die Fachgerichte – ist einer weiten Einschätzungsprärogative unterworfen. Ein Eingriff liegt nur vor, soweit die Institutsgarantie des Eigentums verletzt ist.[286] Ein solcher Eingriff im Lichte der für eine Verfassungswidrigkeit vorausgesetzten *„materiellen Bedeutung für den konkreten Einzelfall von einigem Gewicht"* konnte durch das BVerfG zumindest vertretbar damit abgelehnt werden, dass aufgrund des alternativen Schutzes durch das deutsche und europäische Designrecht im Einzelfall nicht nachgewiesen *„tatsächlich – und in erheblichem Umfang – eine vergütungs- und sanktionslose Übernahme von Design-Leistungen"* erfolgte.[287]

140 Bei Annahme eines Eingriffs wäre dieser – da die Stufentheorie zu Urheberrechtsschutzentziehung führen kann – nur durch ein *„Gemeinwohlziel von hohem Rang"* zu rechtfertigen.[288] Ein solches wäre aber vertretbar das Freihalteinteresse anderer Designer von Monopolisierung durch das Urheberrecht.[289]

141 Auch die Willkürschwelle des Art. 3 Abs. 1 GG ist nicht verletzt, da der Stufentheorie sachliche Gründe wie eine Beschränkung des Urheberrechtsschutzes zur Vermeidung einer Monopolisierung zugrunde liegen.[290] Die Konzentration des BVerfG auf eine Willkürprüfung im engeren Sinne, die nicht die Angemessenheit der Differenzierung zwischen rein bildender Kunst und angewandter Kunst untersucht, sondern eine Evidenzkontrolle vornimmt, ob diese jedem sachlichen Grund entbehrt, ist im Ergebnis nicht zu beanstanden. Diese Zurückhaltung des BVerfG ist bei Gerichtsentscheidungen allgemein anerkannt, um

---

286 Vgl. *Gounalakis*, in: Gounalakis/Heinze/Dörr, Urhebervertragsrecht, Urhebervertragsrecht und Verfassung, 39 m.w.N.

287 Vgl. BVerfG, Nichtannahmebeschluss vom 26.01.2005 – 1 BvR 157/02, *Laufendes Auge*, GRUR 2005, 410 (411).

288 Vgl. *von Gamm*, Die Problematik der Gestaltungshöhe im deutschen Urheberrecht, 215 mit Hinweis auf BVerfG, Beschluss vom 29.07.1998 – 1 BvR 1143/90, *DIN-Normen*, GRUR 1999, 226 (228).

289 Dies erwähnend, aber letztlich mit dem Hinweis auf eine höher zu gewichtende Anreizfunktion durch Urheberrechtsschutz ablehnend, *von Gamm*, Die Problematik der Gestaltungshöhe im deutschen Urheberrecht, 216; ein solches Ziel von hohem Rang ablehnend auch *Nordemann/Heise*, ZUM 2001, 128 (142).

290 Vgl. Rn. 58; andere Auffassung, nach der bereits kein sachlicher Grund zur Differenzierung vorliegt: *Nordemann/Heise*, ZUM 2001, 128 (142).

eine Belastung des BVerfG als generelle „Superrevisionsinstanz“ bei Verletzung einfachen Rechts zu vermeiden.[291]

In der Entscheidung „Laufendes Auge“ wird eine Verletzung des Neutralitätsgebots gegenüber der Kunst gem. Art. 5 Abs. 3 GG nicht untersucht. Es wird in der Literatur vertreten, dass die unterschiedlichen hohen Anforderungen an die Gestaltungshöhe von rein bildender und angewandter Kunst nach der Stufentheorie über die zulässige Unterscheidung von Kunst und Nichtkunst hinausreicht.[292] Der Schutzbereich der Kunstfreiheit umfasst aber kein Recht auf urheberrechtlichen Schutz, sondern nur die künstlerische Betätigung (sog. Werkbereich) und die Darbietung und Verbreitung des Kunstwerkes in der Öffentlichkeit (sog. Wirkbereich). Davon ist die wirtschaftliche Verwertung der geistigen Leistung nicht umfasst.[293] 142

4. *Zwischenergebnis*

Auch bei berechtigten Bedenken gegen deren dogmatische Richtigkeit und das rechtspolitische Wünschenswerte wird vorliegend vertreten, dass das deutsche Verfassungsrecht hinreichend offen gestaltet ist, um die Stufentheorie nicht auszuschließen. Die hohe Schwelle des qualifizierten und evidenten Verstoßes gegen Verfassungsrecht wird noch nicht erreicht. 143

III. Überprüfung der europarechtlichen Vorgaben

1. *Die Vorgaben durch die Teilharmonisierung des Urheberrechts*

a. *Vorgaben für den Werkbegriff durch EU-Rechtsetzung*

Wie oben dargelegt, wurde das Urheberrecht auf EU-Ebene bislang nur teilweise durch mehrere Richtlinien harmonisiert. Keine dieser Richtlinien definiert 144 ausdrücklich allgemeingültig, welche Kriterien für die Definition eines urheberrechtlich geschützten Werkes gelten. Nur die Datenbankrichtlinie, die Softwarerichtlinie und die Schutzdauerrichtlinie (für Fotografien) enthalten einen materiellen Werkbegriff.

291 Vgl. *Kischel*, in: Epping/Hillgruber, BeckOK, GG, Art. 3 Rn. 84 f.

292 Vgl. *Maaßen*, Kunst oder Gewerbe? Rn. 532 m.w.N.

293 Vgl. BVerfG, Beschluss vom 07.07.1971 – 1 BvR 765/66, *Schulbuch*, BVerfGE 31, 229 (239); BVerfG, Beschluss vom 25.10.1978 – 1 BvR 352/71, *Kirchenmusik*, BVerfGE 49, 382 (392); vertieft zum Verhältnis von Kunstfreiheit und Urheberrecht *Wandtke*, ZUM 2005, 769 ff.

145 Als Werk gelten diesbezüglich *„individuelle Werke in dem Sinne, dass sie das Ergebnis einer geistigen Schöpfung ihres Urhebers sind"*[294] bzw. Werke, die *„aufgrund der Auswahl oder Anordnung des Stoffes eine eigene geistige Schöpfung ihres Urhebers darstellen"*.[295] Zusätzlich wird festgelegt, dass zur Bestimmung der Schutzfähigkeit keine anderen Kriterien anzuwenden seien[296] sowie Wert und Zwecksetzung keine Rolle spielen dürfen.[297] In Bezug auf Datenbanken wird ausdrücklich bestimmt, dass *„keine Beurteilung der Qualität oder des ästhetischen Wertes der Datenbank vorgenommen werden"* solle.[298]

146 Aus den Richtlinien selbst ist nicht ersichtlich, wie diese unbestimmten Kriterien zu definieren sind. Die Kommission neigte bei ihrem Vorschlag für die Softwarerichtlinie offensichtlich dem traditionellen britischen Verständnis zu, es genüge für die Individualität bzw. Originalität, wenn das Werk keine Nachahmung eines anderen Werkes darstelle.[299] Ein eher dem kontinentaleuropäischen Recht zugewandter Vorschlag des Europäischen Parlaments, Werke als *„kreative geistige Leistungen"* zu definieren, wurde damals mit dem Hinweis abgelehnt, es solle ein Kompromiss zwischen dem traditionellen britischen und deutschen Verständnis angestrebt werden.[300] An die kontinentaleuropäische deutsch-französische Tradition lehnt sich aber Erwägungsgrund 16 der konsolidierten Fassung der Schutzdauerrichtlinie an, in dem es heißt, die Persönlichkeit des Urhebers müsse im Werk zum Ausdruck kommen. Insofern wird vertreten, unterschiedliche Voraussetzungen für Computerprogramme und Datenbankwerke als „technische" Werke im Gegensatz zu Fotografien als „klassische Werke" anzunehmen.[301] In Bezug auf die vorherigen Richtlinien bestimmt Erwägungsgrund 20 der Infosoc-Richtlinie,[302] dass deren Grundsätze und Bestimmungen durch

---

294 Art. 1 Abs. 3, Erwägungsgrund 8 der Softwarerichtlinie n.F.

295 Art. 3 Abs. 1 Datenbankrichtlinie.

296 Art. 1 Abs. 3 der Softwarerichtlinie n.F.; Art. 3 Abs. 1 der Datenbankrichtlinie.

297 Art. 6 Schutzdauerrichtlinie n.F.; Erwägungsgrund 16 der Schutzdauerrichtlinie n.F.

298 Erwägungsgrund 16 der Datenbankrichtlinie.

299 Siehe Begründung des Vorschlags KOM (88) 816 vom 05.01.1989 (89/C 91/05), Teil 2, Art. 183), zitiert nach *König*, Der Werkbegriff in Europa, 16: *„The only criterion which should be applied to determine the eligibility for protection is that of originality, that is, that the work has not been copied."*; zur Darstellung des traditionellen britischen Werkbegriffs vgl. unten Rn. 371 ff.

300 *König*, Der Werkbegriff in Europa, 17 Fn. 93 m.w.N.

301 *König*, Der Werkbegriff in Europa, 20, m.w.N.

302 Richtlinie 2001/29/EG des Europäischen Parlaments und des Rates vom 22.05.2001 zur Harmonisierung bestimmter Aspekte des Urheberrechts und der verwandten Schutzrechte in der Informationsgesellschaft, ABl. EG 2001 Nr. L 167, 10-19.

die Infosoc-Richtlinie fortentwickelt und in den Rahmen der Informationsgesellschaft eingeordnet würden. Die Infosoc-Richtlinie enthält aber keine eigenen materiellen Kriterien für den Werkbegriff.

Für andere Werkarten legt das EU-Recht keine positiven Schutzkriterien fest. **147** Es wird vom BGH vertreten, dass die Definition des Werkbegriffs für angewandte Kunst durch einschlägiges EU-Recht eindeutig den Mitgliedsstaaten zugewiesen werde. Der in diesem Zusammenhang etwa von den Richtern im Geburtstagszug-Urteil zitierte Art. 17 Geschmacksmusterrichtlinie lautet:

> *„Verhältnis zum Urheberrecht*
> *Das nach Maßgabe dieser Richtlinie durch ein in einem oder mit Wirkung für einen Mitgliedstaat eingetragenes Recht an einem Muster geschützte Muster ist auch nach dem Urheberrecht dieses Staates von dem Zeitpunkt an schutzfähig, an dem das Muster geschaffen oder in irgendeiner Form festgelegt wurde. In welchem Umfang und unter welchen Bedingungen ein solcher Schutz gewährt wird, wird einschließlich der erforderlichen Gestaltungshöhe von dem einzelnen Mitgliedstaat festgelegt.“* [Hervorhebung hinzugefügt.]

Der ebenfalls in diesem Kontext erwähnte Erwägungsgrund 8 der Geschmacksmusterrichtlinie lautet in der deutschen Fassung:

> *„(8) Solange das Urheberrecht nicht harmonisiert ist, ist es wichtig, den Grundsatz der Kumulation des Schutzes nach dem einschlägigen Recht für den Schutz eingetragener Muster und nach dem Urheberrecht festzulegen, während es den Mitgliedstaaten freigestellt bleibt, den Umfang des urheberrechtlichen Schutzes und die Voraussetzungen festzulegen, unter denen dieser Schutz gewährt wird.“* [Hervorhebung hinzugefügt.]

Eine eindeutige positive Vorgabe für den Werkbegriff durch geschriebenes **148** EU-Recht besteht damit nur für Computerprogramme, Datenbanken und Fotografien. Wie der insofern festgelegte Werkbegriff der „eigenen geistigen Schöpfung“ auszulegen ist, wird nicht eindeutig definiert. Die Interpretation obliegt damit der Rechtsprechung.

b. EuGH-Rechtsprechung zum „europäischen Werkbegriff“

aa. Infopaq-Urteil

Der sogenannte „europäische Werkbegriff“ wurde vom EuGH im Infopaq- **149** Urteil[303] entwickelt. Dieses Urteil betraf die Vorlagefrage, ob Auszüge von elf Wörtern aus Zeitungsartikeln eine „Vervielfältigung“ i.S.d. Infosoc-Richtlinie darstellen. Da das Vervielfältigungsrecht gem. Art. 2 a der Infosoc-Richtlinie für

303 EuGH, Urteil vom 16.07.2009 – C-5/08, *Infopaq/DDF*, GRUR 2009, 1041 ff.

urheberrechtliche „Werke“ gilt, gingen die EuGH-Richter von einem Bedürfnis für eine EU-weit einheitliche Interpretation des Werkbegriffs aus. Ihre diesbezügliche Auslegungs- und Harmonisierungskompetenz stützten sie auf die bisherige Entscheidungspraxis des EuGH.[304]

150 Bei seiner Interpretation ging der EuGH zunächst vom Erfordernis einer formalen Einordnung der Zeitungsausschnitte aus und verwies diesbezüglich darauf, dass es sich bei Zeitungsartikeln laut des Ausgangsverfahrens unstreitig um „Werke der Literatur“ handele.

151 Zur Entwicklung eines materiellen Werkbegriffs stützten sich die Richter auf die Richtlinienziele, den EU-*aquis* und die RBÜ. Aus den Erwägungsgründen 4 („*harmonisierter Rechtsrahmen*“), 9 („*hohes Schutzniveau*“), 11 („*ein rigoroses und wirksames System für den Urheberrechtsschutz*“) sowie 20[305] leiteten sie ab, dass die Infosoc-Richtlinie, auf den bisherigen *acquis* aufbauend, eine weitgehende Harmonisierung der urheberrechtlichen Grundbegriffe auf EU-Ebene gewährleisten solle. Als *acquis* hinsichtlich eines materiellen Werkbegriffs verwiesen sie auf Art. 2 V, VIII RBÜ („*geistige Schöpfung*“) sowie auf die Software-, Datenbank- und Schutzdauerrichtlinie („*eigene geistige Schöpfung des Autors*“). Die Prüfung, ob im Einzelfall eine „eigene geistige Schöpfung“ vorliege, sei Sache des vorlegenden Gerichts.[306]

152 Die richterliche Rechtfortbildung des EuGH in Bezug auf den Werkbegriff überzeugt nicht. Eine Anwendung des Art. 2 a Infosoc-Richtlinie wäre auch bei Rückgriff auf den mitgliedsstaatlichen materiellen Werkbegriff möglich gewesen. Das vorlegende mitgliedsstaatliche Gericht ging jedenfalls offensichtlich davon aus und legte dem EuGH deshalb keine Frage nach der Interpretation des Werkbegriffs vor. Im Rahmen des Vorabentscheidungsverfahrens hätte der EuGH sich also – wie in anderen Vorabentscheidungsverfahren vom EuGH

---

304 Vgl. EuGH, Urteil vom 07.12.2006 – C-306/05, *SGAE/Rafael Hoteles SL*, Rn. 34 f., GRUR Int. 2007, 316 (318).

305 Im deutschen Wortlaut „Die vorliegende Richtlinie beruht auf den Grundsätzen und Bestimmungen, die in den einschlägigen geltenden Richtlinien bereits festgeschrieben sind, und zwar insbesondere in den Richtlinien 91/250/EWG [Softwarerichtlinie], 92/ 100/EWG, 93/83/EWG, 93/98/EWG [Schutzdauerrichtlinie] und 96/9/ EG [Datenbankrichtlinie]. Die betreffenden Grundsätze und Bestimmungen werden fortentwickelt und in den Rahmen der Informationsgesellschaft eingeordnet. Die Bestimmungen dieser Richtlinie sollten unbeschadet der genannten Richtlinien gelten, sofern diese Richtlinie nichts anderes bestimmt“.

306 EuGH, Urteil vom 16.07.2009 – C-5/08, *Infopaq/DDF*, Rn. 48, GRUR 2009, 1041 (1044).

selbst bemerkt – auf die Beantwortung der gestellten Vorlagefragen beschränken müssen.[307]

Problematisch ist zudem, dass der EuGH seine Rechtsfortbildungs- und Harmonisierungskompetenz selbst und zudem im Rahmen eines Falls entwickelte, der Abgaben und Zölle betraf.[308] Diese Feststellungen lassen sich mangels vergleichbarer Interessenlage nicht auf das Rechtsgebiet des intellektuellen Eigentums übertragen. Denn während die EU auf dem Gebiet der Abgaben und Zölle eine ausschließliche Kompetenz hat,[309] bestehen auf dem Gebiet des Urheberrechts nur geteilte Kompetenzen.[310] **153**

Weitere Stellung zur Ableitung einer Rechtsfortbildungskompetenz des EuGH wird nachfolgend[311] zusammenfassend nach Besprechung der weiteren EuGH-Entscheidungen zum Werkbegriff genommen.

Es ist auch fragwürdig, dass der EUGH sich zur Begründung des Werkbegriffs im Infopaq-Urteil, das eine Zeitung betraf, auf die RBÜ bezieht, obwohl der Werkkatalog in Art. 2 Abs. 1 RBÜ keine Zeitungen umfasst und Art. 2 Abs. 8 der RBÜ „*Tagesneuigkeiten oder vermischte Nachrichten, die einfache Zeitungsmitteilungen darstellen*" vom Schutz ausschließt.[312] Zudem macht die RBÜ den Verbandsstaaten gem. Art 2 Abs. 7 Satz 1 RBÜ ausdrücklich keine verbindlichen Vorgaben zur Definition des Werkbegriffs für angewandte Kunst.[313] **154**

Die eigentliche Entwicklung des Werkbegriffs erfolgt durch eine Gesamtanalogie auf die Regelung des Werkbegriffs der „eigenen geistigen Schöpfung" in der Software-, Datenbank- und Schutzdauerrichtlinie.[314] Eine Analogie setzt nach herrschender deutscher rechtswissenschaftlicher Methodenlehre eine planwidrige Regelungslücke und eine vergleichbare Interessenlage voraus.[315] Diese Grundsätze erkennt auch der EuGH grundsätzlich an, auch wenn er nur vereinzelt auf diese Terminologie zurückgreift.[316] **155**

---

307 Vgl. EuGH, Urteil vom 28.03.1979 – C-222/78, *ICAP gegen Walter Beneventi*, Rn. 10 f., BeckEuRS 1979, 74777; EuGH, Urteil vom 29.04.1982 – C-17/81, *Pabst & Richarz KG gegen Hauptzollamt Oldenburg*, Rn. 12, BeckEuRS 1982, 97855.

308 EuGH, Urteil vom 18.01.1984 – C-327/82, *Ekro BV Vee- en Vleeshandel gegen Produktschap voor Vee en Vlees*, Rn. 11, BeckEuRS 1984, 111705.

309 Art. 3 (a) AEUV.

310 *Vousden*, WIPO Journal 2010, 197 (199).

311 Vgl. Rn. 189 ff.

312 *Vousden*, WIPO Journal 2010, 197 (199).

313 Vgl. oben Rn. 116 ff.

314 *Metzger*, GRUR 2012, 118 (121).

315 Vgl. ausführlich zur Rechtsfigur *Danwerth*, ZfPW, 230 (233) m.w.N.

316 Vgl. *Neuner*, in: Riesenhuber, Europäische Methodenlehre, § 12 Rn. 27 m.w.N.

156 Ein vergleichbares Interesse in Bezug auf Software, Datenbanken, Fotografien und Design-Gestaltungen ist das Interesse an ihrer Verwertung auf dem EU-Markt zu gleichen Bedingungen. Das Fehlen eines einheitlichen europäischen Werkbegriffs führt dazu, dass Verwertungsrechte wie das Vervielfältigungsrecht, die durch die Infosoc-Richtlinie harmonisiert werden sollten, unterschiedliche Anwendungsbereiche in den Mitgliedsstaaten haben, abhängig vom jeweiligen nationalen Werkbegriff.

157 Computerprogramme, Datenbanken und Fotografien haben gegenüber anderen Werkarten auch nicht ersichtlich einen solchen Ausnahmecharakter, dass nur in Bezug auf diese ein Harmonisierungsbedarf besteht. Vielmehr handelt es sich bei Computerprogrammen und Datenbanken um eher technische Werke ohne großen Persönlichkeitsbezug, während Fotografien einen starken Persönlichkeitsbezug haben können – werden sie doch teilweise gleichbedeutend mit Werken bildender Kunst in Museen präsentiert. Damit verkörpern diese Werke die mögliche Spannbreite der Werkarten.[317]

158 Auch eine Regelungslücke besteht durch die Nichterwähnung des Werkbegriffs in der Infosoc-Richtlinie. Es ist aber angesichts der Verlautbarungen des EU-Gesetzgebers nicht davon auszugehen, dass es sich um eine planwidrige Regelungslücke handelt. Dem BGH ist insofern zuzustimmen, dass die Formulierung in Art. 17 Geschmacksmusterrichtlinie deutlich dafür spricht, dass die Mitgliedsstaaten den Werkbegriff für den urheberrechtlichen Designschutz festlegen sollen. Da die Geschmacksmusterrichtlinie aus dem Jahr 1998 stammt, ist dies für die Infopaq-Entscheidung im Jahr 2009 zwar nicht unbedingt bindend. Ein Arbeitspapier der Kommission aus dem Jahr 2004[318] zeigt aber, dass diese Auslegung auch nach Erlass der Infosoc-Richtlinie im Jahr 2001 galt. Da dieses Arbeitspapier vor dem Infopaq-Urteil vorlag, wäre der EuGH verpflichtet gewesen, es zu berücksichtigen. Auf Seite 14 dieses – nur auf English veröffentlichten – Papiers heißt es übersetzt, dass das Originalitäts-Kriterium

> "*nur in Artikel 1 III der Softwarerichtlinie in Bezug auf Computerprogramme, in Artikel 6 der Schutzdauerrichtlinie in Bezug auf Fotografien und in Artikel 3 I der Datenbanken-Richtlinie in Bezug auf Datenbanken erwähnt wird* [...]. *Von diesen Spezialfällen abgesehen, steht es den Mitgliedsstaaten weiter frei, zu entscheiden, welches Maß an Originalität ein Werk besitzen muss, damit der Schutzbereich des Urheberrechts eröffnet*

---

317 Vgl. hierzu: *Metzger*, GRUR 2012, 118 (121).

318 Konsultation zur Überprüfung der EU-Gesetzgebung auf dem Gebiet des Urheberrechts und der verwandten Schutzrechte, Arbeitspapier der Kommission vom 19.07.2004, Sec (2004) 995, auf Englisch abrufbar, unter: http://ec.europa.eu/internal_market/copyright/docs/review/sec-2004-995_de.pdf.

ist. Es bleibt ein vieldebattiertes Thema, ab das Originalitäts-Kriterium in Bezug auf alle Werkarten harmonisiert werden sollte. Theoretisch haben unterschiedliche Anforderungen an das Originalitäts-Kriterium das Potential, innergemeinschaftliche Handelsbarrieren darzustellen. Aber praktisch scheint es keine überzeugenden Beweise zu geben, um diese Annahme zu stützen. Deshalb erscheint ein entsprechender Gesetzgebungsakt zurzeit nicht notwendig zu sein."

Die Berufung auf die Zuweisung der Sachentscheidung an die Gerichte der Mitgliedsstaaten ist weniger überzeugend, da dies nur die Anwendung der EUGH-Auslegung auf den Fall des Vorlageverfahrens betrifft, nicht die Auslegungskompetenz für EU-Recht.[319] **159**

In der Summe ist festzustellen, dass die Annahme eines EU-weiten materiellen Werkbegriffs für alle Werkarten im Infopaq-Urteil nur unzureichend legitimiert wird. **160**

bb. BSA-Urteil

In einem weiteren Vorlageverfahren, dem BSA-Urteil,[320] hatte der EuGH die Frage zu beantworten, ob die grafische Benutzeroberfläche eines Computerprogramms als Ausdrucksform eines Computerprogramms an dessen urheberrechtlichem Schutz teilhat. Der EuGH lehnte dies mit der Begründung ab, es handele sich bei grafischen Benutzeroberflächen nicht um wesentliche Teile eines Computerprogramms, da sie es nicht ermöglichten, das Computerprogramm zu vervielfältigen.[321] **161**

Der EuGH beließ es jedoch nicht bei dieser Antwort. Mit Verweis auf die eigene Rechtsprechung beanspruchte der EuGH die Kompetenz, dem vorlegenden Gericht über die Beantwortung der Vorlagefragen hinaus „*alle Hinweise zur Auslegung des Unionsrechts zu geben, die ihm bei der Entscheidung des bei ihm anhängigen Verfahrens von Nutzen sein können.*"[322] In diesem Rahmen prüfte der EuGH, ob grafische Benutzeroberflächen eine eigene Werkkategorie darstellen. **162**

Bei dieser Prüfung legte das Gericht unter ausdrücklichem Verweis den im Infopaq-Urteil entwickelten materiellen europäischen Werkbegriff einer **163**

---

319 Vgl. ähnlich bereits *Kriesel*, Einheitlicher europäischer Werkbegriff, zusammenfassend, 202.

320 EuGH, Urteil vom 22.12.2010 – C-393/09, *BSA/Kulturministerium*, GRUR 2011, 220.

321 EuGH, Urteil vom 22.12.2010 – C-393/09, *BSA/Kulturministerium*, Rn. 41, GRUR 2011, 220 (222).

322 EuGH, Urteil vom 22.12.2010 – C-393/09, *BSA/Kulturministerium*, Rn. 43, GRUR 2011, 220 (222) mit Hinweis auf EuGH, Urteil vom 26.04.2007– C-392/05, *Alevizos*, Rn. 64, Slg. 2007, I-3505 m.w.N.

„eigenen geistigen Schöpfung“ zu Grunde. Eine formelle Einordnung unter bestehende Werkkategorien sprach der EuGH hingegen nicht an. Bezüglich seiner Kompetenz zur autonomen Interpretation der urheberrechtlichen Schutzschwelle nahm der EuGH ohne weitere Begründung analogen Bezug auf das Infopaq-Urteil.[323]

164 Erstmals legten die Richter den unbestimmten Rechtsbegriff „eigene geistige Schöpfung“ aus. Sie nahmen die negative Abgrenzung vor, dass ausschließlich technisch bedingte Komponenten der grafischen Benutzeroberfläche keinen Urheberrechtsschutz begründen könnten.

165 Mit dem BSA-Urteil greift der EuGH ohne Begründung in die Tradition der Mitgliedsstaaten wie Deutschland, Großbritannien und Frankreich[324] ein, den Werkbegriff zweistufig zu prüfen und neben einer materiellen Definition eines Werkes eine formale Kategorisierung nach Werkarten vorzunehmen.

166 Auch die Rechtfertigung für die Befugnis zur ungefragten Auslegung des materiellen Werkbegriffs in einem Vorlageverfahren ist nicht überzeugend. Der EuGH verweist zur Legitimation u.a. auf den Fall „*SARPP*“, in dem das Gericht ebenfalls eine autonome Auslegungskompetenz angenommen hatte. In diesem Fall ist die beanspruchte Auslegungskompetenz jedoch geringer als die im BSA-Urteil in Anspruch genommene. Der EuGH betonte in diesem Urteil nämlich, dass

> *„der Gerichtshof im Rahmen des Artikels 177 EWG-Vertrag […] nur befugt ist, „dem vorlegenden Gericht alle Kriterien für die Auslegung des Gemeinschaftsrechts an die Hand zu geben, die dieses in die Lage versetzen, bei der Entscheidung des bei ihm anhängigen Verfahrens die Frage der Vereinbarkeit zu beurteilen.“*[325] [Hervorhebung hinzugefügt]

Nach diesen Grundsätzen war eine weitere autonome Auslegung des materiellen Werkbegriffs nicht angezeigt – die Auslegung des Werkbegriffs sollte demnach den Mitgliedsstaaten überlassen werden.

cc. FAPL-Urteil

167 Im FAPL-Urteil[326] prüfte der EuGH, ob Urheberrechte an Fußballspielen geltend gemacht werden können. Diesbezüglich nahm der EuGH erneut Bezug auf das Infopaq- Urteil und stellte in Rn. 98 des Urteils fest:

---

323 EuGH, Urteil vom 22.12.2010 – C-393/09, *BSA/Kulturministerium*, Rn. 30, GRUR 2011, 220 (222).

324 Vgl. Rn. 49, 371, 391 f.

325 EuGH, Urteil vom 12.12.1990 – C-241/89, *SARPP*, Rn. 8, Slg. 1990 I-04695.

326 EuGH, Urteil vom 04.10.2011 – C-403/08 und C-429/08, *Football Association Premier League und Murphy*, GRUR 2012, 156.

"Sportereignisse können jedoch nicht als geistige Schöpfungen angesehen werden, die sich als Werke im Sinne der Urheberrechtsrichtlinie einordnen ließen. Das gilt insbesondere für Fußballspiele, die Spielregeln unterliegen, die für eine künstlerische Freiheit im Sinne des Urheberrechts keinen Raum lassen." [Hervorhebung hinzugefügt]

Diese Prüfung bestätigt sowohl den vom EuGH entwickelten materiellen Werkbegriff als auch den Verzicht auf formale Werkkategorien. Erstmals erfolgt auch eine positive Definition des unbestimmten Rechtsbegriffs „eigene geistige Schöpfung". Der EuGH setzte insofern „künstlerische Freiheit" voraus. **168**

Der EuGH legitimiert auch im FAPL-Urteil keinen europäischen Werkbegriff. Für die Herleitung des positiven Kriteriums der „künstlerischen Freiheit" und deren nähere Auslegung fehlt es gänzlich an Belegen. **169**

dd. Painer-Urteil

Im Painer-Urteil[327] ging es darum, ob eine wirklichkeitsgetreue Porträtfotografie eines Kindergartenkindes eine „eigene geistige Schöpfung" im Sinne der Schutzdauerrichtlinie darstellt. **170**

Indem der EuGH in Bezug auf das FAPL-Urteil *e contrario* argumentierte, definierte er den diesbezüglich in Erwägungsgrund 17 der Schutzdauerrichtlinie verlangten „Ausdruck der Persönlichkeit" näher als voraussetzend, dass *„der Urheber bei der Herstellung des Werks seine schöpferischen Fähigkeiten zum Ausdruck* [bringt], *indem er frei kreative Entscheidungen trifft."*[328] Als kreative Gestaltungsmöglichkeiten einer Fotografie nannte der EuGH die Auswahl der Haltung der zu fotografierenden Person, die Beleuchtung, den Bildausschnitt, den Blickwinkel, die Atmosphäre und die Entwicklungstechnik.[329] Die Prüfung, ob eine eigene geistige Schöpfung vorliegt, wies der EuGH erneut den mitgliedsstaatlichen Gerichten zu.[330] **171**

Der EUGH stellte in diesem Urteil zudem fest, das EU-Recht enthalte keine Anhaltspunkte für einen unterschiedlichen Schutzumfang bei verschiedenen Werkkategorien.[331] **172**

327 EuGH, Urteil vom 01.12.2011 – C-145/10, *Painer/Standard u.a.*, GRUR 2012, 166.

328 EuGH, Urteil vom 01.12.2011 – C-145/10, *Painer/Standard u.a.*, Rn. 89, GRUR 2012, 166 (168).

329 EuGH, Urteil vom 01.12.2011 – C-145/10, *Painer/Standard u.a.*, Rn. 91, GRUR 2012, 166 (168).

330 EuGH, Urteil vom 01.12.2011 – C-145/10, *Painer/Standard u.a.*, Rn. 94, GRUR 2012, 166 (168 f.).

331 EuGH, Urteil vom 01.12.2011 – C-145/10, *Painer/Standard u.a.*, Rn. 97, GRUR 2012, 166 (169).

173 Da das Painer-Urteil eine Richtlinie betrifft, in der die „eigene geistige Schöpfung“ ausdrücklich als verbindlicher Werkbegriff definiert ist, muss es in den Mitgliedsstaaten zumindest im Hinblick auf Fotografien angewendet werden.

174 Das Kriterium *„frei kreative Entscheidungen treffen“* ist kompatibel mit dem deutschen urheberrechtlichen Werkbegriff, der einen Gestaltungsspielraum und individuell-schöpferische Leistungen voraussetzt. Das *obiter dictum*, das EU-Recht enthalte keine Anhaltspunkte für einen unterschiedlichen Schutzumfang bei verschiedenen Werkarten, spricht aber dagegen, an die Werkart der angewandten Kunst höhere urheberrechtliche Schutzanforderungen zu stellen als an andere Werkarten.

ee. Football-Dataco-Urteil

175 Im Football Dataco-Urteil[332] stellte sich dem EuGH die Vorlagefrage, ob der traditionelle britische Test für Originalität (“*skill and labour*-test”) in Einklang mit dem Begriff „eigene geistige Schöpfung des Autors“ stehe. Inhaltlich ging es dabei darum, ob ein aufwendig hergestellter Fußballliga-Spielplan urheberrechtlich als Datenbank gewertet werden kann.

176 In Rn. 42 des Urteils stellte der EuGH ausdrücklich fest, dass der “*skill and labour*”-Test des britischen Rechts andere Voraussetzungen habe als der Werkbegriff der „eigenen geistigen Schöpfung eines Autors“. Dieser erfordert laut des Generalanwalts anders als der traditionelle britische Test das Vorliegen eines „kreativen Aspekts“, da es sich um ein kontinentaleuropäisches Konzept handele.[333]

177 Bei der materiellen Prüfung, ob es sich bei einem Spielplan um eine Datenbank handelt, entwickelte der EuGH seinen materiellen Werkbegriff unter „analoger“ Bezugnahme auf die Urteile Infopaq, BSA, Painer und FAPL weiter und stellte eine positive und eine negative Anforderung an die Originalität einer Datenbank auf. Demnach erfordere Originalität von Datenbanken positiv, dass der

> *„Urheber über die Auswahl oder Anordnung der in ihr enthaltenen Daten seine schöpferischen Fähigkeiten in eigenständiger Weise zum Ausdruck bringt, indem er freie und kreative Entscheidungen trifft“.*

---

332 EuGH, Urteil vom 01.03.2012 – C-604/10, *Football Dataco u.a./Yahoo u.a.*, GRUR 2012, 386.

333 Schlussanträge des Generalanwalts Paolo Mengozzi vom 15.12.2011 – C-604/10, *Football Dataco u.a./Yahoo u.a.*, Rn. 70, ECLI: EU: C:2011:848.

In negativer Abgrenzung sei der Werkbegriff nicht erfüllt,

> *„wenn die Erstellung der Datenbank durch technische Erwägungen, Regeln oder Zwänge bestimmt wird, die für künstlerische Freiheit keinen Raum lassen."*[334]

Bei der Prüfung im Football Dataco-Urteil, ob ein Spielplan eine Datenbank darstellen kann, stand keine rechtsfortbildende Entwicklung eines materiellen Werkbegriffs im Raum, da die „eigene geistige Schöpfung" in der Datenbankrichtlinie ausdrücklich als Werkbegriff normiert ist. Die Entscheidung bedeutet für alle EU-Mitgliedsstaaten, in denen "*skill and labour*"-Test galt, dass dieser jedenfalls für Datenbanken nicht mehr gilt. **178**

Diese Entscheidung ist jedoch angreifbar. Die Europäische Kommission interpretierte den Begriff der „eigenen geistigen Schöpfung" bei erstmaliger Festsetzung in der Softwarerichtlinie in Anlehnung an die traditionelle britische Definition, dass dies Nachahmungen vom Schutz ausschließen solle.[335] **179**

Zudem begründete der EuGH seine materiellen Kriterien *„freie und kreative Entscheidungen, frei von technischen Erwägungen, Regeln oder Zwängen"* nicht näher. Die deutschen Regelungen sind jedoch strenger bezüglich des Ausschlusses aller – auch nicht ausschließlich – technisch bedingter Merkmale. **180**

ff. SAS-Urteil

Im SAS-Urteil[336] hatte der EuGH über die Vorlagefrage zu entscheiden, ob die Funktionalität eines Computerprogramms, die Programmiersprache und das Datenformat eines Computerprogramms urheberrechtlichen Schutz genießen können. Im Ergebnis sprach der EuGH diesen den Urheberrechtsschutz aufgrund ihrer Funktionalität ab. Denn, wie der Generalstaatsanwalt sich in Rn. 57 seiner Schlussanträge ausdrückte: **181**

> *„Ließe man zu, dass eine Funktionalität eines Computerprogramms als solche geschützt wird, würde man zum Schaden des technischen Fortschritts und der industriellen Entwicklung die Möglichkeit eröffnen, Ideen zu monopolisieren."*

Diese Erwägung unterstützte der EuGH ausdrücklich in Rn. 40 seines Urteils. In seinen Schlussanträgen ergänzte der Generalstaatsanwalt die Definition der „eigenen geistigen Schöpfung" zudem um einige Aspekte. So setze diese voraus, dass *„Kreativität, Können und Erfindungsgeist in der Art und Weise zum* **182**

---

334 EuGH, Urteil vom 01.03.2012 – C-604/10, *Football Dataco u.a./Yahoo u.a.*, Rn. 38 f., GRUR 2012, 386 (388).

335 Vgl. oben Rn. 146 Fn. 299.

336 EuGH, Urteil vom 02.05.2012 – C-406/10, *SAS Institute/WPL*, GRUR 2012, 814.

Ausdruck kommen, wie das Programm [bzw. das Werk] ausgearbeitet wird.“[337] Im Falle eines Computerprogramms könnten diese Elemente in der Art und Weise zum Ausdruck, kommen, wie das Programm ausgearbeitet ist.[338]

183 Diese neuen Auslegungselemente für die Definition der „eigenen geistigen Schöpfung“ sind für Computerprogramme verbindlich, da für diese die Schutzschwelle der „eigenen geistigen Schöpfung“ bereits im Zuge der europarechtlichen Harmonisierung festgelegt wurde. Sie dürften jedoch nicht ohne Weiteres auf angewandte Kunst übertragbar sein. Insbesondere passt das Kriterium „Können“ nicht, soweit damit eine Niveau-Kontrolle stattfindet, also eine Bewertung des Könnens des Gestalters.

gg. Nintendo-Urteil

184 Im Fall *Nintendo*,[339] hatte der EuGH u.a. über die Vorlagefrage zu entscheiden, ob es sich bei an Hardware – in diesem Fall an Spielekonsolen – ansetzenden technischen Kopiermaßnahmen um technische Maßnahmen gegen Urheberrechtsverletzungen gem. Art. 6 der Infosoc-Richtlinie handelt. Dies nahm der EuGH zum Anlass, unter Verweis auf das Infopaq-Urteil zu bekräftigen, es gelte ein einheitlicher europäischer Werkbegriff, der eine „eigene geistige Schöpfung“ voraussetze.[340] Dieser europäische Werkbegriff sei auch auf Videospiele anwendbar, die der EuGH als eigene, neue Werkart anerkannte.[341]

185 Das Nintendo-Urteil bestätigt die bisherige EuGH-Rechtsprechung zum europäischen Werkbegriff – namentlich den Harmonisierungsanspruch und die Ablehnung eines geschlossenen Werkkatalogs – trägt aber mangels näherer Begründung nichts zu dessen Legitimation bei.

hh. Zwischenergebnis

186 Die Urteile „*Infopaq*“, „*BSA*“, „*FAPL*“ und „*Nintendo*“ zeigen, dass der EuGH den Werkbegriff „eigene geistige Schöpfung“ nicht nur auf Computerprogramme, Datenbanken und Fotografien anwendet, sondern auch auf andere als „Werke“ einzuordnende Schutzgegenstände. Dies spricht für einen einheitlichen

---

337 Schlussanträge des Generalanwalts Yves Bot vom 29.11.2011 – C-406/10, *SAS Institute/WPL*, Rn. 47, BeckRS 2011, 81702.

338 Schlussanträge des Generalanwalts Yves Bot vom 29.11.2011 – C-406/10, *SAS Institute/WPL*, Rn. 55, BeckRS 2011, 81702.

339 EuGH, Urteil vom 23.01.2014 – C-355/12, *Nintendo*, EuGH GRUR 2014, 255 ff.

340 EuGH, Urteil vom 23.01.2014 – C-355/12, *Nintendo*, Rn. 21.

341 EuGH, Urteil vom 23.01.2014 – C-355/12, *Nintendo*, Rn. 23, siehe *Bently/Sherman*, Intellectual Property Law, 61 zu Auswirkungen auf den englischen Werkbegriff.

„europäischen Werkbegriff" für alle Werkarten. Die EuGH-Rechtsprechung enthält aber keine ausdrückliche Erstreckung des Begriffs der „eigenen geistigen Schöpfung" auf angewandte Kunst.

In Rn. 97 des *Painer*-Urteils verdeutlichte der EuGH, dass das EU-Recht keine Anhaltspunkte für einen unterschiedlichen Schutzumfang bei verschiedenen Werkkategorien biete. Dies spricht gegen unterschiedlich hohe Anforderungen an die Gestaltungshöhe bei verschiedenen Werkarten und damit gegen die Stufentheorie. **187**

Nach der Auslegung des unbestimmten Rechtsbegriffs „eigene geistige Schöpfung" durch den EuGH setzt der europäische Werkbegriff positiv voraus, dass der Urheber seine Persönlichkeit dadurch zum Ausdruck bringt, dass er in Ausnutzung seiner künstlerischen Freiheit seine schöpferischen Fähigkeiten in eigenständiger Weise zum Ausdruck bringt, indem er frei kreative Entscheidungen trifft, etwa durch Auswahl und Anordnung.[342] In negativer Abgrenzung des EuGH ist ein Werk nicht urheberrechtsschutzfähig, wenn es ausschließlich technisch bedingt, von Regeln und Zwängen bestimmt oder von der Funktion vorgegeben ist, so dass für künstlerische Freiheit kein Raum bleibt.[343] Einen abschließenden Katalog von Werkarten erkennt der EuGH nicht an.[344] **188**

ii. Stellungnahme

Ergänzend zu der Einzelkritik an *Infopaq* und den Folgeentscheidungen stellt sich zum einen die grundsätzliche Frage, inwieweit der EuGH die Kompetenz hat, das EU-Recht fortzubilden und die bislang nicht für alle Werkarten durch geschriebenes EU-Recht festgelegte Schutzvoraussetzung für das Urheberrecht aufzustellen. Zum anderen ist zu untersuchen, ob der EuGH eine solche Kompetenz für angewandte Kunst in Anspruch genommen hat. **189**

(1) Harmonisierungskompetenz des EuGH für den Werkbegriff

Eine ausdrückliche Kompetenz zur „Fortbildung des Rechts" – wie sie etwa § 132 Abs. 4 GVG dem BGH einräumt[345] – wurde in Bezug auf den EuGH nicht kodifiziert. Es ist streitig, ob und wieweit eine solche besteht. Ein Teil der Lehre leitet eine Kompetenz des EuGH zur Rechtsfortbildung aus Art. 19 Abs. 1 Satz 2 EUV ab, wonach es Aufgabe des EuGH ist *„die Wahrung des Rechts bei* **190**

342 Vgl. Rn. 167, 171.

343 Vgl. Rn. 164, 177.

344 Vgl. Rn. 163, 168, 184.

345 Vgl. näher: *Wiedemann*, NJW 2014, 2407.

der Auslegung und Anwendung der Verträge"[346] zu sichern. Aus der Bezugnahme auf den Terminus „Recht" statt auf die Gemeinschafts-Verträge schließt ein Teil der Lehre auf eine Kompetenz des EuGH, auch unkodifiziertem Unionsrecht wie dem Integrationsauftrag des EG-Vertrags zur Durchsetzung zu verhelfen. Letzteres soll den EuGH zur Rechtsfortbildung ermächtigen, um planwidrige Regelungslücken zu schließen und „*Unterschreitungen des Integrationsauftrags* [zu] *sanktionieren, die sich durch die Untätigkeit der Gemeinschaftsorgane bzw. der Mitgliedstaaten ergeben.*"[347] Dies bringe auch der Begriff „sichern" zum Ausdruck, der über die bloße „Wahrung" hinaus ein aktives Tätigwerden im Geiste der Verträge erlaube.[348] Zudem wird darauf verwiesen, dass das Institut der richterlichen Rechtsfortbildung aus den grundlegenden Werten der Union gem. Art. 2 EUV abgeleitet werden könne und zum etablierten *acquis communautaire* gehöre, der für Mitglieder verbindlich sei.[349] Die Gegenauffassung argumentiert mit dem Wortlaut „Wahrung", der bereits bestehendes Recht voraussetze.[350]

191 Vorliegend wird vertreten, dass die Zuständigkeit des EuGH nach dem Wortlaut des Art. 19 Abs. 1 Satz 2 EUV eindeutig auf „Auslegung und Anwendung" der kodifizierten Verträge beschränkt ist, auch wenn bei dieser selbstverständlich auch ungeschriebenes Unions-Gewohnheitsrecht einbezogen werden kann. Dabei ist aber zu beachten, dass die Auslegungsmethodik des EuGH von der im deutschen Recht herrschenden Auslegungsdogmatik abweicht. In Deutschland wird zwischen Rechtsfortbildung und Rechtsauslegung unterschieden.[351] Eine Rechtsauslegung endet an der absoluten Wortlautgrenze des geschriebenen Rechts. Der EuGH schließt sich stattdessen der französischen Dogmatik an, die nicht zwischen Auslegung und über den Wortsinn hinausreichender Rechtsfortbildung trennt.[352] Damit sind auch Rechtsfiguren wie die Analogie oder die

---

346 Englisch: "It shall ensure that in the interpretation and application of the Treaties the law is observed"; Französisch: « Elle assure le respect du droit dans l'interprétation et l'application des traités ».

347 Vgl. *Calliess*, NJW 2005, 929 (930) m.w.N.

348 *Roder*, Die Methodik des EuGH im Urheberrecht, 317.

349 *Neuner*, in: Riesenhuber, Europäische Methodenlehre, § 12 Rn. 8 mit Hinweis u.a. auf eine Erwähnung des Richterrechts als Teil des *acquis communautaire* in der Stellungnahme der Kommission vom 19.01.1972 zu den Beitrittsanfragen Dänemarks, Irlands, Norwegens und Großbritanniens, ABl. 1972 L 73/3.

350 Vgl. Nachweise bei *Roder*, Die Methodik des EuGH im Urheberrecht, 316.

351 So *Wiedemann*, NJW 2014, 2407 m.w.N.

352 Vgl. zum gesamten Absatz auch *Roder*, Die Methodik des EuGH im Urheberrecht, 310 m.w.N.

teleologische Reduktion erfasst, die nach deutscher Dogmatik zur Rechtsfortbildung gerechnet würden.[353]

Eine Rechtsfortbildung durch den EuGH erkennt auch das BVerfG in Grenzen an.[354] Diese Grenzen hat das BVerfG wie folgt beschrieben: 192

> *„Rechtsfortbildung ist allerdings keine Rechtsetzung mit politischen Gestaltungsfreiräumen, sondern folgt den gesetzlich oder völkervertraglich festgelegten Vorgaben. Sie findet hier Gründe und Grenzen. Anlass zu richterlicher Rechtsfortbildung besteht insbesondere dort, wo Programme ausgefüllt, Lücken geschlossen, Wertungswidersprüche aufgelöst werden oder besonderen Umständen des Einzelfalls Rechnung getragen wird. Rechtsfortbildung überschreitet diese Grenzen, wenn sie deutlich erkennbare, möglicherweise sogar ausdrücklich im Wortlaut dokumentierte (vertrags-)gesetzliche Entscheidungen abändert oder ohne ausreichende Rückbindung an gesetzliche Aussagen neue Regelungen schafft. Dies ist vor allem dort unzulässig, wo Rechtsprechung über den Einzelfall hinaus politische Grundentscheidungen trifft [...].“*[355]

Begrenzungen dieser Kompetenz des EuGH zur Rechtsfortbildung ergeben sich 193
zudem zum einen gegenüber den anderen EU-Institutionen nach dem Grundsatz des sog. „institutionellen Gleichgewichts“ gem. Art. 13 Abs. 2 Satz 1 EUV, wonach jedes EU-Organ die Kompetenzen der anderen Organe achten muss.[356] Die Gesetzgebung obliegt gem. Art. 16 Abs. 1 Satz 1 EUV dem Rat der Europäischen Union und dem Europäischen Parlament, das Initiativrecht der Kommission gem. Art. 17 Abs. 2 Satz 1 EUV. Zum anderen ist die Kompetenz gegenüber den Mitgliedsstaaten durch das Prinzip der begrenzten Einzelermächtigung gem. Art. 5 Abs. 1 Satz 1, Abs. 2 Satz 1 EUV und nach dem Subsidiaritätsprinzip

---

353 Vgl. *Wiedemann*, NJW 2014, 2407 (2409) m.w.N.

354 Vgl. grundlegend BVerfG, Beschluss vom 08.04.1987 – 2 BvR 687/85, *EuGH als gesetzlicher Richter*, BVerfGE 75, 223 (235, 242) zur Befugnis auf Kontrolle des BVerfGE auf Kompetenzüberschreitung (*ultra-vires*-Akte) von EU-Organen siehe grundlegend: BVerfGE 89, 155 [188]; BVerfGE 113, 273 [296], NJW 2005, 2289; BVerfGE 123, 267 [353f.], NJW 2009, 2267.

355 Vgl. BVerfG, Beschluss vom 06.07.2010 – 2 BvR 2661/06, *Honeywell*, Rn. 64, EuZW 2010, 828 (831).

356 Vgl. *Roder*, Die Methodik des EuGH im Urheberrecht, 315 sowie EuGH, Urteil vom 13.06.1958 – C-9/56, *Meroni* I, Slg. 1958, 1 (36 ff.); EuGH, Urteil vom 17.12.1970 –25/70, *Köster*, Slg. 1970, 1161 sowie EuGH, Urteil vom 29. 10. 1980 – 138/79, *Roquette Frères – Isoglukose*, Slg. 1980, 3333, Ls. 4; EuGH, Urteil vom 06.07.1982–188–190/80, *Transparenz-Richtlinie*, Slg. 1982, 2545, Rn. 4 ff.

gem. Art. 5 Abs. 1 Satz 2, Abs. 3 EUV beschränkt.[357] Zudem ist etwa die Begrenzung des Vorlageverfahrens auf Beantwortung der Vorlagefragen zu beachten.[358]

194 Vor diesem Hintergrund ist der EuGH zwar grundsätzlich zu Gesamtanalogien befugt, auf die sich ein einheitlicher europäischer Werkbegriff stützen könnte. Dies setzte aber eine planwidrige Regelungslücke und eine vergleichbare Interessenlage voraus.[359] Es besteht auch eine Regelungslücke: Bevor man untersucht, ob ein Werk dem urheberrechtlichen Kopierschutz unterfällt, muss denknotwendig geprüft werden, ob die Schwelle zur urheberrechtlichen Schutzfähigkeit überschritten wurde. Diese Regelungslücke ist aber nicht planwidrig. Es entspricht der ausdrücklich im Wortlaut des Art. 17 Abs 2 Design-Richtlinie dokumentierten Entscheidung, den Mitgliedsstaaten die Definition der urheberrechtlichen Schutzschwelle der angewandten Kunst zu überlassen. Überdies greifen die Grundsätze der politischen Zurückhaltung und der Subsidiarität des EU-Rechts, da in Bezug auf den Werkbegriff Kernkompetenzen der Mitgliedsstaaten betroffen sind, nämlich das Recht auf Privateigentum, dem das Urheberrecht unterfällt.[360]

195 Demnach hat der EuGH nur die Kompetenz, die urheberrechtliche Schutzschwelle für Datenbanken, Computerprogramme und Fotografien auszulegen, da sie im Hinblick auf diese Werkarten durch EU-Recht harmonisiert wurde. Zur Festlegung eines Werkbegriffs für angewandte Kunst hat der EuGH nach der hier vertretenen Auffassung keine Kompetenz.

(2) Erstreckung des „europäischen Werkbegriffs" auf angewandte Kunst

196 Zur Feststellung der daraus folgenden Konsequenz ist danach abzugrenzen, ob der EuGH *ultra vires* einen einheitlichen europäischen Werkbegriff, auch für angewandte Kunst, festgelegt hat oder ob das Infopaq-Urteil und die daran anknüpfenden Folgeentscheidungen diesbezüglich überinterpretiert wurden und der EuGH gerade noch keinen einheitlichen europäischen Werkbegriff festgelegt hat.

---

357 Vgl. *Calliess*, NJW 2005, 929 (931), zum Erfordernis des hinreichend qualifizierten Verstoßes zur Annahme eines *ultra vires*-Aktes des EuGH; BVerfG, Beschluss vom 06.07.2010 – 2 BvR 2661/06, *Honeywell*, Rn. 61, EuZW 2010, 828 (831); *Neuner*, in: Riesenhuber, Europäische Methodenlehre, § 12 Rn. 15 mit Hinweisen auf Zweifel an der Geltung des Subsidiaritätsgrundsatzes für die Judikative und überzeugender Argumentation für die Geltung.

358 Vgl. Rn. 152.

359 Vgl. Rn. 155.

360 Vgl. das entsprechende Grundsatz-Urteil BVerfG, Beschluss vom 07.07.1971 – 1 BvR 765/66, *Schulbuch*, 1. Leitsatz, BVerfGE 31, 229.

Die Annahme einer Kompetenzüberschreitung berechtigt nicht zur Nichtanwendung der EuGH-Rechtsprechung, sondern löst gem. Art. 267 III AEUV eine Vorlagepflicht an den EuGH aus.[361]

Für eine Nichterstreckung des europäischen Werkbegriffs auf angewandte Kunst spricht, dass der EuGH in mehreren Urteilen nach der Infopaq-Entscheidung, die unterschiedliche Anforderungen an die Schutzfähigkeit angewandter Kunst betrafen, den europäischen Werkbegriff nicht thematisiert. Auch wenn einzuwenden ist, dass diese Entscheidungen nicht direkt den Werkbegriff betrafen, ist dies ein starkes Indiz, denn in der Infopaq-Entscheidung betrachtete der EuGH den Werkbegriff, obwohl nur nach der Auslegung des Vervielfältigungsbegriffs gefragt war, auch als notwendige Vorfrage. In einem Urteil aus dem Jahr 2011, welches die in Italien noch nicht umgesetzte Kumulierung von Urheber- und Designrecht betraf, betonte der EuGH explizit die noch nicht erfolgte Harmonisierung des Urheberrechts und die aus Art. 17 der Geschmacksmusterrichtlinie folgende *„Befugnis der Mitgliedstaaten, den Umfang und die Bedingungen der Erlangung urheberrechtlichen Schutzes festzulegen“*.[362] In einem Urteil aus dem Jahr 2012 behandelte der EuGH Verstöße gegen EU-Recht durch Vertrieb von in Deutschland als angewandte Kunst geschützten Bauhaus-Möbeln, die in Italien keinen Urheberrechtsschutz genossen, ohne einen europäischen Werkbegriff zu thematisieren.[363] Gleiches gilt für ein Urteil aus dem Jahr 2015.[364] Vorliegend wird deshalb vertreten, dass auch nach EuGH-Rechtsprechung noch kein einheitlicher „europäischer Werkbegriff“ für angewandte Kunst gilt, der eine Aufgabe der Stufentheorie erforderte. 197

2. Die Vorgaben durch die Harmonisierung des Designrechts

a. Einführung eigenständiger Schutzkriterien

Im Zuge eines *“design approach”* wurde im Rahmen der Harmonisierung des Geschmacksmusterrechts bewusst ein eigenständiges, vom Urheberecht und 198

361 Durch die Rechtsprechung auch erweitert auf nicht-letztinstanzliche Gerichte, vgl. BVerfG, Beschluss vom 04.10. 2011 – 1 BvL 3/08, *Investitionszulage*, BVerfGE 129, 186 und *Wegener*, in: Calliess/Ruffert, AEUV/EUV, Art. 267 AEUV Rn. 29 f.

362 EuGH, Urteil vom 27.01. 2011 – C-168/09, *Flos/Semeraro*, Rn. 38 ff., GRUR 2011, 216 (218), dies auch als Absage an einen EU-Werkbegriff für angewandte Kunst wertend *Grohmann*, GRUR-Prax 2011, 82.

363 Vgl. EuGH, Urteil vom 21.06.2012 – C-5/11, *Donner*, GRUR 2012, 817; darauf hinweisend *Liebenau*, GRUR Int. 2017, 921 (925).

364 Vgl. EuGH, Urteil vom 13.05.2015 – C-516/13, *Marcel-Breuer-Möbel*, GRUR 2015, 665.

der deutschen Urheberrechtsdogmatik losgelöstes gewerbliches Designrecht geschaffen.[365] Dem BGH ist diesbezüglich hinsichtlich des Wortlaut-Arguments und des Hinweises auf die Gesetzesbegründung zum deutschen Geschmacksmusterreformgesetz im Geburtstagszug-Urteil zuzustimmen.

199 Fraglich ist, ob dem BGH auch beizupflichten ist, dass nach den Änderungen der Schutzkriterien des Designrechts kein Raum mehr für eine *lex specialis*-Argumentation bleibt. Die Verdrängung eines Gesetzes durch Spezialität, unter Anwendung des Grundsatzes *lex specialis derogat legi generali,* setzt nach herrschender Methodenlehre zunächst voraus, dass eine spezielle Norm den Tatbestand einer allgemeineren Norm mitumfasst und darüber hinaus noch mindestens ein zusätzliches Tatbestandsmerkmal enthält.[366] Bezogen auf das Urheber- und Designrecht fehlt es an solchen identischen Tatbestandsmerkmalen, seit nicht mehr beide für den Schutz einer Gestaltung das Tatbestandsmerkmal der „Eigentümlichkeit" voraussetzen. Dem wird entgegengehalten, dass Qualität und Quantität der gestalterischen Leistung auch im Europäischen Geschmacksmusterrecht eine Rolle bei der Beurteilung der Eigenart spielen und deshalb nur nominell, aber nicht inhaltlich ein anderes Tatbestandsmerkmal vorliege. Solche qualitativen und quantitativen Anforderungen an die „Eigenart" werden aus Erwägungsgrund 14 und Art. 6 Abs. 2 der Geschmacksmusterverordnung sowie aus Erwägungsgrund 13 und Art. 5 Abs. 2, 9 Abs. 2 der Geschmacksmusterrichtlinie abgeleitet. Demnach ist im Hinblick auf den Schutzumfang eines Geschmacksmusters der *„Grad der Gestaltungsfreiheit des Entwerfers"* zu berücksichtigen. Daraus wird geschlossen, dies erlaube eine graduelle quantitative Beurteilung im Sinne einer Gestaltungshöhe.[367] Ob man diesen Unterschied als mehr oder weniger ausgeprägte Gestaltungshöhe oder anders bezeichne, sei nur eine Frage der Terminologie. Vom Wesen her blieben die Gestaltungen gleich.[368] Laut Erwägungsgrund 10 der Geschmacksmusterverordnung und Erwägungsgrund 13 der Geschmacksmusterrichtlinie muss ein Geschmacksmuster aber keinen ästhetischen Gehalt aufweisen, so dass es bei deren Beurteilung nicht auf diesen ankommen darf. Es ist deshalb anerkannt, dass Eigentümlichkeit und Gestaltungshöhe im Sinne des ursprünglichen Verständnisses der deutschen Rechtsprechung keine Schutzvoraussetzungen des Europäischen Geschmacksmusters sind.[369] Bereits im Entwurf des Max-Planck-Instituts

365 Vgl. oben Rn. 72.

366 Vgl. *Larenz/Canaris*, Methodenlehre der Rechtswissenschaft, 85.

367 *Kühne*, in: Eichmann/von Falckenstein/Kühne, DesignG, § 2 Rn. 15.

368 *Schulze*, in: Dreier/Schulze, UrhG, § 2 Rn. 160 m.w.N.

369 *Kühne*, in: Eichmann/von Falckenstein/Kühne, DesignG, § 2 Rn. 15 m.w.N.

wurde ausdrücklich erläutert, dass „*eine Qualitätsprüfung in dem Sinne, daß es sich um eine über dem Durchschnittskönnen eines Designers liegende Gestaltungsleistung handeln muß*" wie im deutschen Recht nicht vorgenommen werden solle, da auch durchschnittliche Gestaltungsleistungen schutzbedürftig und schutzwürdig seien. Allerdings wird in den Erläuterungen zu Art. 7 des Entwurfs von einem erforderlichen „*Quantum an Unterschiedlichkeit*" gesprochen, welches eigenartige Gestaltungen im Vergleich zum vorbekannten Formenschatz aufweisen müssten.[370] *Bently* und *Sherman* verstehen diese Schwelle aber richtigerweise nicht so, dass nur herausragende Gestaltungen geschützt würden. Es müsse nur ein ausreichendes Maß an kreativen Entscheidungen getroffen werden. Dies könne entweder durch wenige, hochkreative Entscheidungen oder durch viele Entscheidungen von geringer Kreativität erreicht werden.[371] Es fehlt folglich durch Einführung des neuen Merkmals der Eigenart aus dogmatischer Sicht nominell und inhaltlich an einem identischen Tatbestandsmerkmal zum Urheberrecht. Bereits deshalb ist dem *lex-specialis*-Argument des BGH zuzustimmen.

Darüber hinaus ist zweifelhaft, ob vor der Änderung des Tatbestandes des **200**
Designrechts die Voraussetzungen einer Gesetzeskonkurrenz zum Urheberrecht im Sinne einer Spezialität vorlagen. Zur Verdrängung der allgemeineren Norm durch die spezielle kommt es nach herrschender Methodenlehre nämlich nur, wenn die systematische und teleologische Auslegung ergibt, dass sich die Rechtsfolgen beider Normen ausschließen. Hintergrund ist, dass es sonst nach der Logik nie zur Anwendung des speziellen Gesetzes käme.[372] Rechtsfolge ist aber nur die jeweilige Schutzbegründung. Aufgrund der Vor- und Nachteile des jeweiligen Schutzsystems – Beweiserleichterungen durch die Designregistrierung auf der einen Seite und *ipso iure* eintretender Schutz durch das Urheberrecht auf der anderen Seite – war ein logischer Schutzausschluss des Urheberrechts durch das Designrecht nach hier vertretener Auffassung nie ersichtlich. Aus dem *lex-specialis*-Grundsatz ist die Stufentheorie nach hier vertretender Ansicht deshalb insgesamt nicht ableitbar.

In Teil IV. dieses Kapitels wird untersucht, ob die Stufentheorie durch **201**
das deutsche Recht legitimiert bleibt, etwa im Rahmen einer teleologischen Reduktion.

---

370 Wiedergabe der Entwurfserläuterungen durch *Ritscher*, GRUR Int. 1990, 559 (579).

371 *Bently/Sherman*, Intellectual Property Law, 102.

372 Vgl. *Larenz/Canaris*, Methodenlehre der Rechtswissenschaft, 85.

b. Verhältnis zum Urheberrecht

202 Im Verhältnis zum Urheberrecht wird im EU-Recht ausdrücklich der kumulative Schutz durch Gemeinschaftsgeschmacksmuster und Urheberrecht betont. Dabei soll es den Mitgliedsstaaten überlassen bleiben *„den Umfang des urheberrechtlichen Schutzes und die Voraussetzungen festzulegen, unter denen dieser Schutz gewährt wird."*[373] In Art. 17 Geschmacksmusterrichtlinie heißt es ausdrücklich, dies gelte *„einschließlich der erforderlichen Gestaltungshöhe"*, in Art. 96 Abs. 2 der Geschmacksmusterverordnung *„einschließlich des erforderlichen Grades der Eigenart"*. Dabei steht in Erwägungsgrund 8 Geschmacksmuster-Richtlinie, dies gelte jedenfalls *„solange das Urheberrecht nicht harmonisiert ist"*. In Erwägungsgrund 32 Geschmacksmusterrichtlinie ist die Rede von einer *„Ermangelung einer vollständigen Angleichung des Urheberrechts"*. Diese Grundsätze gelten sowohl für das eingetragene als auch für das nicht eingetragene Gemeinschaftsgeschmacksmuster.

203 Das harmonisierte Designrecht enthält damit folgende Vorgaben für das Verhältnis von Urheber- und Designrecht: Es setzt eine Kumulation von Urheberrecht und Designrecht voraus und steht damit Forderungen entgegen, Design generell vom Urheberrecht auszuschließen. Dies gilt gerade auch für das Verhältnis zum nicht eingetragenem Gemeinschafts-geschmacksmuster und für das diesbezügliche Argument, dies erübrige den Urheberrechtsschutz.

204 Zusätzlich liefert Art 17 Geschmacksmusterrichtlinie ein starkes Argument dafür, dass durch das Europarecht die deutsche Schutzvoraussetzung der Gestaltungshöhe nicht ausgeschlossen werden soll.

c. Zwischenergebnis

205 Es ist demnach folgerichtig, dass der BGH die erhöhte urheberrechtliche Schutzschwelle mit Hinblick auf die Geschmacksmusterreform aufgegeben hat. Es ist die dogmatisch richtige Konsequenz bei Begründung der Stufentheorie mit dem *lex specialis*-Argument. Bei näherer Prüfung ist das *lex-specialis*-Argument im deutschen Urheberrecht aber nicht die einzige Begründung für eine Abstufung zwischen den Werkkategorien. Das EU-Geschmacksmusterrecht lässt den Mitgliedsstaaten die Freiheit, eine solche Abstufung vorzunehmen.

206 Im folgenden Abschnitt wird näher untersucht, ob die Stufentheorie – gestützt auf eine andere Begründung als das *lex-specialis*-Argument – nach deutschem Urheberrecht legitimiert war.

---

373 Erwägungsgrund 32 und Art. 96 Abs. 2 Geschmacksmusterverordnung; Erwägungsgrund 8 und Art. 17 der Geschmacksmusterrichtlinie.

IV. Überprüfung des deutschen Urheberrechts

1. *Wortlaut*

207 Eine Abstufung zwischen bildender und angewandter Kunst ist aus dem Wortlaut des § 2 Abs. 1 Nr. 4 UrhG nicht ersichtlich.[374] Die entscheidende Gesetzesformulierung lautet:

> *„Zu den geschützten Werken der Literatur, Wissenschaft und Kunst gehören insbesondere [...] Werke der bildenden Künste einschließlich der Werke [...] der angewandten Kunst und Entwürfe solcher Werke."*

208 Der einzige Anknüpfungspunkt in dieser Formulierung für ein Abgrenzungskriterium zwischen bildender Kunst und angewandter Kunst ist deren einzelne Benennung.[375] Durch das Wort „einschließlich" wird die angewandte Kunst jedoch als Unterkategorie der bildenden Kunst eingeordnet. Daraus folgt logisch, dass keine höheren Schutzanforderungen für die Unterkategorie gelten dürften als für die übergeordnete Kategorie „Kunst". Der Wortlaut des § 2 Abs. 1 Nr. 4 UrhG spricht deshalb gegen die Stufentheorie.

2. *Wille des Gesetzgebers*

209 Die Begründung zum jetzigen Urheberrechtsgesetz spricht dafür, keine zu hohen Maßstäbe für den Schutz angewandter Kunst aufzustellen, da es demnach erklärter Wille des Gesetzgebers war, unter dem Stichwort der „kleinen Münze" des Urheberrechts auch Werke von „geringem schöpferischen Wert" zu schützen.[376]

3. *Systematik*

210 Das Kriterium der Gestaltungshöhe ist aus der Systematik des Wortlautes von § 2 Abs. 2 UrhG nicht ersichtlich, da angewandte Kunst demnach mit den anderen Werkarten gleichgestellt wird.[377] Insofern wird von einem *„einheitlichen Werkbegriff"* gesprochen, der eine Gleichbehandlung erfordere.[378]

---

374 *Heinol*, Der immaterialgüterrechtliche Schutz von Gebrauchsgegenständen, m.w.N.

375 *Szalai*, ZUM 2014, 231 (232).

376 Amtl. Begr. zum UrhG-Entwurf vom 23.03.1962, BT-Drucks. IV/270, 38.

377 *Heinol*, Der immaterialgüterrechtliche Schutz von Gebrauchsgegenständen, 16 m.w.N.

378 *Nordemann/Heise*, ZUM 2001, 128 (137 f.); *Sauer*, Neue Wege im Designschutz, 87 Fn. 551; sich anschließend: *Koschtial*, Die Einordnung des Designschutzes, 310 f., betont die Ungleichbehandlung; *Szalai*, ZUM 2014, 231 (232).

211 Es kam jedoch zu faktisch ungleichen Anforderungen an die Gestaltungshöhe für die verschiedenen Werkarten.[379] Die Entwicklung geht hier jedoch in Richtung eines Verzichts auf erhöhte Anforderungen an die Gestaltungshöhe, wie bei Gebrauchstexten[380] und Computerprogrammen,[381] so dass dies die Stufentheorie nicht systematisch rechtfertigt.

212 Fraglich ist, ob aus der Systematik abgeleitet werden kann, dass erhöhte Anforderungen an die urheberrechtliche Gestaltungshöhe geboten sind, wenn alternative Schutzformen bestehen. In der Literatur wird vertreten, dass dieser Rechtsgedanke für angewandte Kunst auch nach Reform des Geschmacksmusterschutzes gelte.[382] Dies ist jedoch im systematischen Vergleich mit anderen Werkarten kein allgemeiner Rechtsgedanke. Bei Lichtbildwerken und Datenbanken, für die zusätzlich Leistungsschutzrechte bestehen, werden nämlich keine strengeren Maßstäbe an die Gestaltungshöhe angelegt.[383]

213 Insgesamt ergibt sich aus der Systematik also kein Erfordernis zur Aufrechterhaltung der Stufentheorie.

4. Zweckmäßigkeit

214 Die Stufentheorie knüpfte auch an einer teleologischen Reduktion des § 2 Abs. 1 Nr. 4 UrhG zur Vermeidung einer Monopolisierung durch das Urheberrecht an.[384]

215 Gegen eine pauschale Abstufung der Werke der angewandten Kunst gegenüber der bildenden Kunst im Rahmen dieser Rechtsfigur spricht, dass damit letztlich nach der Funktion des Werkes differenziert wird – nämlich danach, ob das Werk als angewandte Kunst einem praktischen Zweck zu dienen bestimmt ist, anstatt nur danach zu unterscheiden, welchen geistigen Gehalt das Werk zum Ausdruck bringt.[385] Dies knüpft an die eigentlich überwundene „Prävalenztheorie" an und hätte zur Folge, dass unterschiedliche Maßstäbe an verschiedene Formen von Kunst angelegt würden, was auf ein – in Deutschland für verfassungswidrig erklärtes – und beispielsweise im französischen Recht

---

379 Vgl. Rn. 59.

380 Vgl. ausführlich *von Gamm*, Die Problematik der Gestaltungshöhe im deutschen Urheberrecht, 18, 54, 96 ff. m.w.N.

381 Vgl. ausführlich *Sauer*, Neue Wege im Designschutz, 77 f m.w.N.

382 *Szalai*, ZUM 2014, 231 (232).

383 *Loewenheim*, in: Schricker/Loewenheim, UrhG, § 2 Rn. 34.

384 Vgl. Rn. 60.

385 Vgl. *Koschtial*, GRUR 2004, 555 (557).

abgelehntes "Kunstrichtertum" hinausliefe.[386] Diese Abgrenzung erscheint willkürlich im Hinblick auf Werke, die sowohl als bildende als auch als angewandte Kunst verwendet werden können[387] – man denke beispielsweise an die Nutzung eines Werkes der bildenden Kunst als Vorlage für Merchandising-Produkte oder die skulpturale Wirkung von Vasen. Wenn das Urheberrecht nicht banale angewandte Kunst schützen soll, so ist nicht ersichtlich, warum es banale rein bildende Kunst schützen sollte.

Zudem spricht die hohe Wertschätzung für Design in der Gesellschaft gegen seine Abwertung gegenüber der bildenden Kunst. Design wird zunehmend als Kunstgattung anerkannt.[388] Strenge Anforderungen an den Urheberschutz widersprechen auch dem Schutzinteresse der Designer an sozialer Absicherung durch das Urheberrecht. Das nationale Designrecht gewährt im Vergleich viel kürzere Schutzfristen[389] sowie kein gesondertes Vertragsrecht zum Schutz der Designer und erfordert die Entrichtung einer kostspieligen Eintragungsgebühr, die sich viele Designer nicht leisten könnten.[390] 216

Das stärkste Argument gegen eine weitere Öffnung des Urheberrechts für den Designschutz ist die behauptete Gefahr einer „kulturellen Monopolisierung" durch die langen urheberrechtlichen Schutzfristen. Dagegen ist einzuwenden, dass das Urheberrecht eine Interessenabwägung, auch hinsichtlich des Interesses der Allgemeinheit am Zugang zum freien Formenschatz zulässt. Neuschöpfungen, die auf Vorleistungen aufbauen, sind im Rahmen der §§ 23, 24 UrhG möglich.[391] Zusätzlich Betätigungsfreiheit gewährleisten die urheberrechtlichen Schrankenregelungen und der begrenzte Schutzumfang für Schöpfungen der „kleinen Münze".[392] Zudem verbleibt auch nach Aufgabe der Stufentheorie eine ausreichend hohe urheberrechtliche Schutzschwelle für Werke der angewandten 217

---

386 Vgl. *Koschtial*, Die Einordnung des Designschutzes, 310, mit Verweis auf das französische Recht.

387 So auch *von Gamm*, Die Problematik der Gestaltungshöhe im deutschen Urheberrecht, 88 ff., 95; *Mezger*, Die Schutzschwelle für Werke der angewandten Kunst, 50.

388 *Sauer*, Neue Wege im Designschutz, 82 ff. m.w.N.

389 Das Urheberrecht begründet im Vergleich mit der designrechtlichen Schutzdauer von drei bis 25 Jahren ab Anmeldung gem. § 64 UrhG eine sehr viel längere Schutzdauer bis 70 Jahre nach dem Tod des Urhebers.

390 Vgl. *Nordemann*, in: Fromm/Nordemann, Urheberrecht, § 2 UrhG Rn. 147.

391 Vgl. *Sauer*, Neue Wege im Designschutz, 84.

392 Vgl. *von Gamm*, Die Problematik der Gestaltungshöhe im deutschen Urheberrecht, 103, in Bezug auf nicht literarische Sprachwerke mit Hinweis auf den Schutzumfang und die Schrankenregelungen; zur Begrenzung des Schutzumfangs auch: vgl. BGH, Urteil vom 20. November 1986 – I ZR 160/84, GRUR 1987, 360, 361 – *Werbepläne*;

Kunst, insbesondere da alle dem Gebrauchszweck geschuldeten ästhetischen Wirkungen nicht schutzbegründend sind[393] und der Spielraum für eine künstlerische Gestaltung deshalb bei der angewandten Kunst eingeschränkt ist.[394] Das Merkmal der Gestaltungshöhe gewährleistet – auch bei Verzicht auf besonders erhöhte Anforderungen – jedenfalls den Ausschluss banaler Leistungen vom Urheberrechtsschutz.

D. Ergebnis des 2. Kapitels

218 Dem BGH ist damit zuzustimmen, dass die Aufgabe der Stufentheorie geboten war. Es besteht kein „europäischer Werkbegriff" für angewandte Kunst und es war dogmatisch geboten, die Stufentheorie mit Blick auf die Geschmacksmusterreform aufzugeben.

219 Welche Auswirkungen das Geburtstagszug-Urteil auf den *status quo* des Schutzumfangs von angewandter Kunst hat, soll im folgenden Kapitel dargelegt werden.

Urteil vom 28. Februar 1991 – I ZR 88/89, GRUR 1991, 529, 530 – *Explosionszeichnungen* m.w.N.; BGH, GRUR 2011, 803 Rn. 63 – *Lernspiele*.

393 Vgl. Nachweise bei: BGH, Urteil vom 12.05.2011 – I ZR 53/10, *Seilzirkus*, Rn. 36, GRUR 2012, 58 (62); aufgenommen von: BGH, Urteil vom 13.11.2013 – I ZR 143/12, *Geburtstagszug*, Rn. 41 ff., BGHZ 199, 52 (68 f.).

394 Vgl. Nachweise bei: BGH, Urteil vom 12.05.2011 – I ZR 53/10, *Seilzirkus*, Rn. 25, GRUR 2012, 58, (61); aufgenommen von: BGH, Urteil vom 13.11.2013 – I ZR 143/12, *Geburtstagszug*, Rn. 41 ff., BGHZ 199, 52 (68 f.).

3. Kapitel: Die neuen Abgrenzungskriterien

In Rn. 41 des Geburtstagszug-Urteils setzt der BGH sich damit auseinander, welche neue urheberrechtliche Schutzschwelle für angewandte Kunst nach Aufgabe der Stufentheorie gilt. Statt von einer generellen Absenkung der Schutzschwelle auszugehen, bestimmten die Richter drei einschränkende Schutzkriterien, die verhindern sollen, dass *„die Nutzung eines weiten Bereichs freier Formen übermäßig eingeschränkt"* wird: (i.) die Gestaltungshöhe; (ii.) den Gestaltungsspielraum und (iii.) einen engen Schutzbereich. 220

Zunächst bestätigte der Erste Senat die Lehre vom *„ästhetischen Gehalt"*, hielt also an der Forderung einer *„für einen Urheberrechtsschutz erforderlichen Gestaltungshöhe"* fest. Diese könne durch die *„ästhetische Wirkung der Gestaltung"* begründet werden, die *„auf einer künstlerischen Leistung beruht"*. 221

Voraussetzung für diese künstlerische Leistung sei zweitens ein *Gestaltungsspielraum*, der vom Urheber dafür genutzt werde, seinen schöpferischen Geist in origineller Weise zum Ausdruck zu bringen. Für Gebrauchsgegenstände sei der Spielraum für eine künstlerische Gestaltung regelmäßig eingeschränkt, da sie *durch den Gebrauchszweck bedingte Gestaltungsmerkmale* aufweisen müssten. 222

Drittens sei zu beachten, dass eine zwar Urheberrechtsschutz begründende, aber geringe Gestaltungshöhe nach ständiger Rechtsprechung zu einem entsprechend *engen Schutzbereich* des betreffenden Werkes führe. 223

Nachfolgend soll näher untersucht werden, wie diese Abgrenzungskriterien ausgelegt werden und zu welchem Schutzniveau sie im Vergleich zu der früheren Abgrenzung nach der Stufentheorie führen. Dabei wird zunächst der Gestaltungsspielraum untersucht, um zu überprüfen, welche Gestaltungsmerkmale verbleiben, anhand derer die Gestaltungshöhe und der Schutzbereich bestimmt werden. 224

A. Gestaltungsspielraum

Die negative Abgrenzung des Schutzbereichs nach dem Gestaltungsspielraum ist nicht neu, sondern war bereits vor dem Geburtstagszug-Urteil ständige deutsche Rechtsprechung[395] sowie Teil der Auslegung des sogenannten europäischen 225

395 Vgl. BGH, Urteil vom 13.11.2013 – I ZR 143/12, *Geburtstagszug*, Rn. 41, BGHZ 199, 52 (68) mit Hinweis auf BGH, Urteil vom 12.05.2011 – I ZR 53/10, *Seilzirkus*, Rn. 25, GRUR 2012, 58 (61); darüber indirekt auf BGH, Urteil vom 23.10.1981 – I ZR 62/79, *Büromöbelprogramm*, GRUR 1982, 305 (306 f.).

Werkbegriffs[396] durch den EuGH. Deshalb verwiesen die Richter des BGH bezüglich des Merkmals „Gestaltungsspielraum" in Rn. 41 des Geburtstagszug-Urteils auch auf die entsprechende EuGH-Rechtsprechung. Im Folgenden werden die Merkmale aufgeführt, die in Literatur und Rechtsprechung als gestaltungsbegrenzend eingeordnet werden.

I. Gestaltungsbegrenzende Merkmale

226 In Rn. 41 des Geburtstagszug-Urteils nimmt der BGH „*durch den Gebrauchszweck bedingte Gestaltungsmerkmale*" vom urheberrechtlichen Schutz aus. In der deutschen Rechtsprechung und Lehre werden noch weitere Ausschlusskriterien genannt, die den „Gestaltungsspielraum" für künstlerische Leistungen einschränken: Seit Langem ist anerkannt, dass *Stil, Methode und Trend* allgemeinfrei bleiben sollen und deshalb nicht unter Urheberrechtsschutz gestellt werden dürfen.[397] Nicht Urheberrechtsschutz begründend sollen auch Gestaltungsmerkmale sein, die auf „*bekannte, technisch vorgegebene oder allgemein übliche Vorbilder zurückgehen.*"[398] In der jüngeren Literatur wird vorgeschlagen, auch solche Elemente als nicht schutzwürdig zu erachten, die durch eine bestimmte *Widmung* der geschaffenen Gestaltung vorgegeben sind.[399] Noch weiter gehen Vertreter der Literatur, die „*alle vorgegebenen Elemente*" vom Schutz ausschließen will.[400] Im Folgenden werden diese als gestaltungsbegrenzend eingeordneten Merkmale näher untersucht.

---

396 BGH, Urteil vom 13.11.2013 – I ZR 143/12, *Geburtstagszug*, Rn. 41, BGHZ 199, 52 (68) mit Verweis auf: EuGH, Urteil vom 16.07.2009 – C-5/08, *Infopaq/DDF*, Rn. 45, GRUR 2009, 1041 (1044); EuGH, Urteil vom 22.12.2010 – C-393/09, *BSA/Kulturministerium*, Rn. 48-50, GRUR 2011, 220 (222); EuGH, Urteil vom 04.10.2011 – C-403/08 und C-429/08, *Football Association Premier League und Murphy* Rn. 98, GRUR 2012, 156 (160); EuGH, Urteil vom 01.12.2011 – C-145/10, *Painer/Standard u.a.* Rn. 89 bis 93, GRUR 2012, 166 (168); EuGH, Urteil vom 01.03.2012 – C-604/10, *Football Dataco u.a./Yahoo u.a.*, Rn. 38 f., GRUR 2012, 386 (388); EuGH, Urteil vom 02.05.2012 – C-406/10, *SAS Institute/WPL*, Rn. 67, GRUR 2012, 814 (816).

397 *Schulze*, in: Dreier/Schulze, UrhG, § 2 Rn. 45; *Szalai*, ZUM 2014, 231 (233).

398 Vgl. KG, Urteil vom 17.2.2010 – 24 U 12/09, [Vorinstanz zu *Seilzirkus*], BeckRS 2011, 26405, im Hinblick auf Vorbilder: BGH, Urteil vom 19.01.1979 – I ZR 166/76, *Brombeerleuchte*, GRUR 1979, 332 (336).

399 *Hahn/Glückstein*, ZUM 2014, 380 (381).

400 *Schulze*, in: Dreier/Schulze, UrhG, § 2 Rn. 49.

1. Bedingtheit durch Gebrauchszweck, Funktion und Technik

Das gestaltungsbegrenzende Merkmal, das der BGH in Rn. 41 des Geburtstagszug-Urteils verwendet, ist *„dem Gebrauchszweck geschuldet"*. bzw. *„von der Funktion vorgegebene Form"*. Der BGH setzt damit den Ausschluss „technisch bedingter" Merkmale gleich, indem er diese als Merkmale eines Gebrauchsgegenstands definiert, *„ohne die er nicht funktionieren könnte"*.[401] 227

a. Auslegung

In der Literatur wird teilweise weiter differenziert. Der Begriff „Technik" wird von dem der „Funktionalität" unterschieden und enger ausgelegt, als *„eine die Erkenntnisse der Naturwissenschaften praktisch nutzbar machende Methode"*[402] oder *„Wirkungsweise, für die ein Schutz durch ein technisches Schutzrecht in Betracht kommt"*.[403] Beispielsweise wird das Zifferblatt einer analogen Uhr als nicht technisch, aber als funktional bewertet, da es üblicherweise zur Zeitmessung verwendet wird, aber nicht auf einer naturwissenschaftlichen Wirkung beruht.[404] 228

Inwieweit technische Merkmale den urheberrechtlichen Gestaltungsspielraum einschränken sollen, beurteilte die deutsche Rechtsprechung im Laufe der Zeit unterschiedlich. Lange wurden nur *„ausschließlich technisch bedingte"* Gestaltungsmerkmale vom Urheberrechtsschutz ausgeschlossen[405] – d.h. technisch nicht *„frei wählbare oder austauschbare" Gestaltungselemente.*"[406] Durch das Seilzirkus-Urteil verschärfte der BGH diese Rechtsprechungslinie und legte 229

---

401 BGH, Urteil vom 12.05.2011 – I ZR 53/10, *Seilzirkus*, Rn. 20, GRUR 2012, 58 (60).

402 Vgl. http://www.duden.de/rechtschreibung/Technik.

403 Vgl. *Eichmann*, in: Eichmann/von Falckenstein/Kühne, DesignG, § 3 Rn. 5 m.w.N.; Gebrauchsmuster- und Patent erfordern eine „Erfindung", die ebenfalls den Einsatz naturwissenschaftlicher Erkenntnisse zur Hervorrufung einer technischen Wirkung erfordert, vgl.: BGH GRUR 2000, 498 – *Logikverifikation*; *Goebel/Engel*, in: Benkard, Patentgesetz, Gebrauchsmustergesetz, Patentkostengesetz, GebrMG, § 1 Rn. 4.

404 EuG, GRUR Int. 11, 746 Rn. 68 – *Shere Time*; SchwBG, GRUR Int. 95, 738 (739); *Kühne*, in: Eichmann/von Falckenstein/Kühne, DesignG, § 3 Rn. 9; *Eichmann*, GRUR 2000, 751 (759).

405 Vgl. BGH, Urteil vom 23.10.1981 – I ZR 62/79, *Büromöbelprogramm*, GRUR 1982, 305 (307); OLG Hamburg, Urteil vom 01.11.2001 – 3 U 155/00, *Kinderhochstuhl*, ZUM-RD 2002, 181 (192), bestätigt durch BGH, Urteil vom 14. 05. 2009 – I ZR 98/06, *Tripp-Trapp-Stuhl*, GRUR 2009, 856; zum Nachweis der Rechtsprechungsentwicklung ausführlich *Mroß*, Technische Funktionalität, 162 ff.

406 BGH, Urteil vom 12.05.2011 – I ZR 53/10, *Seilzirkus*, Rn. 30, GRUR 2012, 58 (61).

fest, dass nicht nur *„technisch zwingend notwendige Gestaltungsmerkmale den Urheberrechtsschutz ausschließen"*, sondern alle, die *„technisch bedingt"* sind.[407] Nach Ansicht des BGH soll die Ausnutzung eines „handwerklich-konstruktiven" bzw. „technischen Gestaltungsspielraums" nicht ausreichen, um Urheberrechtsschutz zu erlangen. Die Gestaltung muss „künstlerische Qualität" erreichen. Der Austausch eines technischen Merkmals durch ein anderes begründe kein Kunstwerk. Technische Gestaltungsalternativen genügten damit nicht.[408]

230 Der EuGH erkennt ähnliche negative Ausschlusskriterien vom „europäischen Werkbegriff" an. Es sei schutzhindernd, wenn die Gestaltung durch eine *„technische Funktion vorgegeben"* sei[409] oder *„durch technische Erwägungen, Regeln oder Zwänge bestimmt wird, die für künstlerische Freiheit keinen Raum lassen."*[410] Als solche Regeln wertete der EuGH z.B. auch sportliche Spielregeln.[411] Daraus ist zu schließen, dass die EuGH-Richter den Begriff „technisch" ähnlich weit auslegen wie der BGH und auch alle funktionalen Merkmale darunter fassen. Da bislang kein EuGH-Urteil zur möglichen Anwendung des „europäischen Werkbegriffs" auf angewandte Kunst vorliegt, findet sich aber noch keine Stellungnahme des EuGH dazu, ob nur der Ausschluss zwingender technischer Merkmale oder aller technischen Merkmale vom Schutz geboten sein soll.[412]

231 Der Schutzausschluss für alle technisch oder funktional bedingten Merkmale wird aber nicht so verstanden, dass nur noch „schmückendes Beiwerk" als angewandte Kunst betrachtet wird und alle (auch) praktisch nutzbaren Gestaltungselemente vom urheberrechtlichen Schutz ausgenommen werden. Im deutschen Urheberrecht wird insofern keine „Trennungstheorie"[413] anerkannt, die praktische und ästhetische Aspekte einer Gestaltung streng separiert. Es soll auch nicht quantitativ zwischen Ästhetik und Gebrauchszweck abgegrenzt werden – d.h. eine überwiegende Ästhetik wird nicht gefordert. Die Unterscheidung

---

407 BGH, Urteil vom 12.05.2011 – I ZR 53/10, *Seilzirkus*, Rn. 36, GRUR 2012, 58 (62).

408 BGH, Urteil vom 12.05.2011 – I ZR 53/10, *Seilzirkus*, Rn. 30, GRUR 2012, 58 (61).

409 EuGH, Urteil vom 22.12.2010 – C-393/09, *BSA/Kulturministerium*, Rn. 49, GRUR 2011, 220 (222).

410 EuGH, Urteil vom 01.03.2012 – C-604/10, *Football Dataco u.a./Yahoo u.a.*, Rn. 38 f., GRUR 2012, 386 (388).

411 EuGH, Urteil vom 04.10.2011 – C-403/08 und C-429/08, *Football Association Premier League und Murphy*, Rn. 98, GRUR 2012, 156 (160).

412 So auch: *Mroß*, Technische Funktionalität, Rn. 465.

413 Wie ursprünglich im italienischen Recht vertreten, vgl. *Bellia*, IIC 2016, 875 (876) und noch heute im US-Recht geltend, vgl. 17 U.S.C. § 101.

soll vielmehr nur zwischen Kunst und Nicht-Kunst getroffen werden.[414] Dies erfordert in manchen Fällen ein „Lesen zwischen den Zeilen" im Rahmen der Gesamtbetrachtung. Die Kunst kann etwa in der besonderen Kombination von funktionalen Elementen liegen[415] oder, wie oben dargestellt,[416] gerade in der *„klaren Linienführung ohne schmückendes Beiwerk"* und der *„Reduktion auf das Wesentliche"*.[417]

Der Gestalter trägt die Darlegungslast dafür, dass die von ihm gewählte Form nicht nur funktional, sondern auch künstlerisch gestaltet ist.[418] Dazu setzt die Rechtsprechung grundsätzlich die konkrete Benennung der künstlerischen Gestaltungselemente voraus, es sei denn, die bloße Inaugenscheinnahme genügt im Einzelfall.[419] 232

In diesem Zusammenhang ist es auch zu sehen, dass sich die urheberechtlichen Fachsenate nach Feststellungen des BGH im Jahr 2015 bei der Feststellung des Verkehrsverständnisses der *„für Kunst empfänglichen und mit Kunstanschauungen einigermaßen vertrauten Kreise"*[420] hinsichtlich der künstlerischen Wirkung von Werkmerkmalen nicht mehr ohne deren genaue Darlegung auf ihre eigene Sachkunde verlassen dürfen, sondern regelmäßig Sachverständige hören müssen, um keinen Verstoß gegen § 286 Abs. 1 Satz 1 ZPO zu begehen. Zwar sei die Feststellung der urheberrechtlichen Schutzfähigkeit insgesamt eine 233

---

414 Vgl. BGH, Urteil vom 27.11.1956 – I ZR 57/55, *Europapost*, BGHZ 22, 209 (215); Urteil vom 29.03.1957 – I ZR 236/55, *Ledigenheim*, GRUR 1957, 391 (392 f.); Urteil vom 27.02.1961 – I ZR 127/59, *Stahlrohrstuhl*, GRUR 1961, 635 (637 f.); Urteil vom 21.05.1969 – I ZR 42/67, *Vasenleuchter*, GRUR 1972, 38 (39); BGH, Urteil vom 12.05.2011 – I ZR 53/10, *Seilzirkus*, Rn. 22, GRUR 2012, 58 (60).

415 OLG Schleswig, Urteil vom 11.09.2014 – 6 U 74/10, *Geburtstagszug II*, Rn. 39 f. m.w.N., BeckRS 2014, 17807.

416 Vgl. oben Rn. 45.

417 BGH, Urteil vom 27.11.1956 – I ZR 57/55, *Europapost*, BGHZ 22, 209 (215) m.w.N., vgl. spätere Umsetzung in Bezug auf die Beurteilung funktional-ästhetischer Bauhaus-Möbel: *„Gerade in der bewussten Reduktion auf das Wesentliche liegt der besondere »Pfiff« des Objektes."* bezüglich eines Hockers von Marcel Breuer, OLG Düsseldorf, Urteil vom 30.05.2002 – 20 U 81/01, *Breuer-Hocker*, ZUM-RD 2002, 419 (423).

418 BGH, Urteil vom 12.05.2011 – I ZR 53/10, *Seilzirkus*, Rn. 25, GRUR 2012, 58 (61) m.w.N.

419 Vgl. BGH, Urteil vom 12.05.2011 – I ZR 53/10, *Seilzirkus*, Rn. 23 ff. GRUR 2012, 58 (60 f.); LG Köln, Urteil vom 27.03.2015 – 14 O 60/15, *Porzellanserie*, Rn. 19, BeckRS 2016, 12866.

420 Vgl. Abgrenzung des BGH, Urteil vom 13.11.2013 – I ZR 143/12, *Geburtstagszug*, Rn. 15, 26; BGHZ 199, 52 (58).

Rechtsfrage, die Ermittlung von „*nicht dem Urheberrechtsschutz zugänglichem rein handwerklichem Schaffen unter Verwendung formaler Gestaltungselemente*" oder sonstigen Gestaltungselementen des Allgemeinguts aber eine Tatsachenfeststellung, für die laienhafte Kenntnisse regelmäßig nicht genügten.[421] Bei Vorbefasstheit der Richter mit Fragen der urheberrechtlichen Schutzfähigkeit als Mitglieder urheberrechtlicher Fachsenate gem. § 105 UrhG sei regelmäßig nur eine Meinungsumfrage zur Ermittlung des Verkehrsverständnisses entbehrlich.[422] Auch diese Entscheidung wird dazu führen, dass dieses Abgrenzungsmerkmal meist von Sachverständigen beurteilt werden wird.

b. Anwendung in der Rechtsprechung

234 Im Nachgang zum Geburtstagszug-Urteil sind die Merkmale der funktionalen und technischen Bedingtheit zu wesentlichen Schutzausschlussgründen geworden.[423]

235 Soweit die Urteile vertieft auf diesen Ausschlussgrund eingehen, enthalten sie lange Listen von Gestaltungsmerkmalen, mit dem Ziel, funktionale oder technische Gestaltungsmerkmale von künstlerischen Gestaltungsmerkmalen zu unterscheiden:

236 Bei der Beurteilung der Urheberrechtsschutzfähigkeit einer aus einer Zeitschrift herausnehmbaren Fußballstecktabelle, in der Benutzer die Spielverläufe der Bundesliga markieren konnten, wurden als funktionale Merkmale etwa die Anordnung auf einer Zeitschriftendoppelseite (zur Ausnutzung des Platzangebots) und die Ausführung durch zwei miteinander verklebte Kartonseiten (für die Stabilität) bewertet.[424] Als nicht rein funktional und damit potentiell urheberrechtsschutzfähig ordneten die Richter hingegen die treppenförmige Anordnung der Tabellenplätze ein sowie deren Farbgebung, die Abbildung eines Fußballstadions bei Tag und den Blickwinkel darauf.[425]

237 Im Hinblick auf eine Porzellanserie wurde der Henkel einer Tasse als „technisch" bzw. „von der Funktion vorgegeben" bezeichnet, da dieser dazu diene, die

---

421 BGH, Urteil vom 16.04.2015 – I ZR 225/12, *Goldrapper*, Rn. 60 ff., WRP 2015, 1507, 1512 f.

422 BGH, Urteil vom 16.04.2015 – I ZR 225/12, *Goldrapper*, Rn. 63, WRP 2015, 1507, 1513.

423 Ähnlich auch *Hartmann*, WRP 2016, 1327 (1334) Rn. 58.

424 OLG Nürnberg, Urteil vom 20.05.2014 – 3 U 1874/13, *Fußball-Stecktabelle*, Rn. 57, GRUR 2014, 1199 (1201).

425 OLG Nürnberg, Urteil vom 20.05.2014 – 3 U 1874/13, *Fußball-Stecktabelle*, Rn. 59, GRUR 2014, 1199 (1201).

Tasse anzuheben und zum Mund zu führen,[426] die Dicke einer Porzellan-Kaffeetasse als technisch, da diese gewählt worden sei, um eine gute *crema* zu erreichen und ein bequemes Trinken zu ermöglichen,[427] und ein seitlich versetzter Untertassenspiegel als technisch und dem Gebrauchszweck geschuldet, da dieser als „Löffel- und Gebäckablage" diene.[428] Mangels Darlegung künstlerisch-ästhetischer Gestaltungselemente durch den Designer wurde Urheberrechtsschutz für die Porzellanserie – trotz Auszeichnung mit einem Designpreis – abgelehnt.

Im Sinne des Ausschlusses technischer Alternativen vom Schutz beurteilte das OLG Schleswig es im Geburtstagszug-Fall als irrelevant, dass die Klägerin sich anstelle einer Magnet- für eine Hakenverbindung entschieden hatte, da es sich hierbei nur um technische Alternativen handele.[429] In Bezug auf den Entwurf eines Angelspiels argumentierten die Richter, die Teichumrandung diene nur der sicheren Ablage der Angeln und sei insoweit technisch bedingt. Die Wahl der Farben sei technisch eingeschränkt gewesen, da das Angelspiel aus Sperrholz gefertigt werden sollte, auf dem nur wenige Farben einen angenehmen Eindruck erzielten.[430] Der beklagte Spielwarenhersteller versuchte zudem zu argumentieren, dass eine Dekoration für den Geburtstagstisch eines Kindes in Form und Farbe nach kindlichem Geschmack ausgestaltet sein müsse (z.B. durch Wahl leuchtender, intensiver Farben) und die Form- und Farbwahl deshalb durch den Gebrauchszweck bedingt werde. Dies war erfolglos. Das OLG Schleswig nahm an, die ansprechende Gestaltung beeinflusse die Verkäuflichkeit eines Werkes, nicht aber dessen Gebrauchszweck.[431] 238

c. *Stellungnahme*

Der Schutzausschlussgrund der Bedingtheit durch Gebrauchszweck, Funktion und Technik folgt Grundprinzipien des intellektuellen Eigentums und baut auf 239

---

426 LG Köln, Urteil vom 27.03.2015 – 14 O 60/15, *Porzellanserie,* Rn. 20, BeckRS 2016, 12866.

427 LG Köln, Urteil vom 27.03.2015 – 14 O 60/15, Porzellanserie, Rn. 21, BeckRS 2016, 12866.

428 LG Köln, Urteil vom 27.03.2015 – 14 O 60/15, Porzellanserie, Rn. 22, BeckRS 2016, 12866.

429 OLG Schleswig, Urteil vom 11.09.2014 – 6 U 74/10, *Geburtstagszug II,* Rn. 42, BeckRS 2014, 17807.

430 OLG Schleswig, Urteil vom 11.09.2014 – 6 U 74/10, *Geburtstagszug II,* Rn. 35, BeckRS 2014, 17807.

431 OLG Schleswig, Urteil vom 11.09.2014 – 6 U 74/10, *Geburtstagszug II,* Rn. 52, BeckRS 2014, 17807.

etablierter deutscher und europarechtlicher Dogmatik auf. Damit ist dieser Schutzausschlussgrund grundsätzlich als taugliches Abgrenzungskriterium zu betrachten. Es ist bei der Anwendung im Einzelfall aber Vorsicht geboten, um eine ausufernde Schutzbegrenzung zu vermeiden.

240 Eine Einzeluntersuchung der Merkmale eines Designgegenstandes auf funktional-technische oder künstlerisch-ästhetische Wirkungen missachtet, dass die Urheberrechtsschutzfähigkeit im Wege einer Gesamtbetrachtung zu beurteilen ist. Es ist in der deutschen Rechtsprechung anerkannt, dass sich funktional-technische und künstlerische Gestaltungselemente nicht immer trennen lassen und ein Gestaltungsmerkmal sowohl eine technisch-funktionale als auch eine künstlerisch-ästhetische Wirkung entfalten kann. Überdies kann sogar die Kombination rein technisch-funktional bedingter Merkmale eine schützenswerte künstlerische Leistung darstellen. Ein „Aufsplitten" in Einzelmerkmale droht, den Blick für diese Zusammenhänge zu verstellen. Vor diesem Hintergrund hätte z.B. der Untertasse der oben erwähnten Porzellanserie in ihrer konkreten Formgebung eine künstlerisch-ästhetische Wirkung beigemessen werden können – unabhängig von ihrem Nutzwert als Keks- und Löffelablage.

241 Die Verpflichtung des Gestalters zur Darlegung der künstlerischen Gestaltungselemente ist geeignet, diese Entwicklung noch zu verstärken. Sein Prozessgegner wird versuchen, möglichst viele funktionale Gestaltungselemente zu benennen. Um diesen Vortrag wirksam zu bestreiten, wird der Gestalter regelmäßig auf einen Privatsachverständigen zurückgreifen müssen und diesen anhalten, alle genannten Einzelmerkmale und möglichst viele weitere auf ihre künstlerische Wirkung zu untersuchen. Dies kann zu einer versteckten Einzelbetrachtung führen. So ist es in dem Fall der Porzellanserie zu erklären, dass eine Untertasse plötzlich lebensfern zur reinen „Keksablage" degradiert wird, anstatt ihre vielleicht skulpturale Wirkung in Zusammenschau mit dem gesamten, aufeinander abgestimmten Porzellan-Service zu würdigen. Zudem treibt die Tendenz zum Sachverständigengutachten auch das Prozesskostenrisiko in die Höhe und entfaltet damit eine abschreckende und mittelbar schutzausschließende Wirkung auf den Gestalter. Der Verweis auf das Sachverständigengutachten bleibt jedoch richtig und notwendig, soweit der Maßstab der Gesamtbetrachtung beachtet wird und soweit den Richtern tatsächlich die ausreichende Sachkunde fehlt, um eine qualifizierte, möglichst objektive Abgrenzung zwischen funktionalen und künstlerischen Gestaltungselementen vorzunehmen. Zu begrüßen ist, dass die unbegründete Behauptung eigener Sachkunde oder ein pauschaler Schutzausschluss von Werken der funktionalen Ästhetik, in denen Form und Funktion verschmelzen, durch die Richter ohne Hören von Sachverständigen

in der Revision voraussichtlich erfolgreich als Verstoß gegen § 286 Abs. 1 Satz 1 ZPO geltend gemacht werden kann.

Zudem verkennt eine zu weite Definition der Schutzausschlussgründe „technisch bedingt“ und „dem Gebrauchszweck geschuldet“ die Reichweite des Schutzausschlussgrundes. Ähnlich wie beim Schutzausschluss technischer Erscheinungsmerkmale vom Designschutz gem. § 3 Abs. 1 Nr. 1 DesignG, ist nur die technische bzw. funktionale Wirkung eines Gestaltungsmerkmales vom Schutz ausgeschlossen, während die künstlerische Wirkung desselben Gestaltungsmerkmales für Urheberrechtsschutz in Betracht kommt.[432] So ist nicht ersichtlich, wieso es – wie es im Urteil Geburtstagszug II für das Angelspiel angenommen und es für den Geburtstagszug überlegt wurde – nicht urheberrechtsschutzfähig sein sollte, wenn durch die Farbgebung ein angenehmer Eindruck erzielt wird bzw. Kinder besonders angesprochen werden. Kunst wird nicht dadurch urheberrechtlich zur Nicht-Kunst, dass sie gefallen und kommerziell erfolgreich sein soll.[433] In diesem Zusammenhang zeigt sich die Schwäche der offenen, einzelfallbezogenen Definition von Gebrauchszweck als objektiv üblichem Verwendungszweck. Es ist geboten, diesen eng auszulegen und nur auf die unmittelbaren funktionalen Folgen für den Gegenstand abzustellen, um die künstlerische Freiheit der Designer nicht über Gebühr einzuschränken. Eine Farbgebung ist nach einer solchen engen Auslegung des Verwendungszwecks beispielsweise nur vom üblichen Verwendungszweck vorgegeben, wenn gerade die Farbgebung einen praktischen Zweck erfüllt, z.B. bei der schwarzen und weißen Färbung von Schachfiguren zur Unterscheidung der Spieler. Mittelbare Wirkungen wie die Verkäuflichkeit sollten hingegen außer Betracht bleiben. **242**

Zu Subsumtionsfehlern führt auch die pauschale Gleichsetzung technischer und funktionaler Gestaltungsmerkmale durch die Rechtsprechung. Der Ausschluss technischer Gestaltungsmerkmale vom Urheberrechtsschutz lässt sich systematisch und nach Sinn und Zweck damit rechtfertigen, dass der Stand der Technik ausschließlich nach den Voraussetzungen und für die Schutzdauer der technischen Schutzrechte (Patent und Gebrauchsmuster) monopolisiert werden sollte. Deshalb finden sich auch im Marken- und Designrecht Ausschlussgründe **243**

---

432 Vgl. *Kühne*, in: Eichmann/von Falckenstein/Kühne, DesignG, § 3 Rn. 7.

433 Ähnlich zur Farbgebung des Angelspiels im Urteil Geburtstagszug II: *Mroß*, Technische Funktionalität, Rn. 422: Technische Funktionalität sei nicht bereits bei jeder ästhetischen oder haptischen Wirkung anzunehmen, auch wenn diese technisch verursacht werde. Nachfolgend aber ebenso ungenau, es müsse auf das „Funktionieren“ des Gegenstandes abgestellt werden.

für technische Merkmale.[434] Diese Rechtfertigung lässt sich aber nicht immer auf den Ausschluss von Merkmalen übertragen, die dem Gebrauchszweck geschuldet sind. Nach der hier vertretenen Auffassung sind dies solche, die dazu dienen, dass der Gegenstand seinen üblichen Gebrauchszweck erfüllen kann. Zwar ist der Rechtsgedanke des freien Standes der Technik in gewissem Maße übertragbar: Die üblichen Gestaltungselemente, um einen Gebrauchsgegenstand herzustellen, sollten gemeinfrei bleiben – etwa sollte es nicht möglich sein, die übliche Formgebung des Ziffernblattes einer Uhr unter Urheberrechtsschutz zu stellen (z.B. große Striche zur Darstellung der Stunden, kleine zur Darstellung der Minuten). Es bestehen aber im Gegensatz zu den technischen Schutzrechten keine speziellen Schutzrechte für Gebrauchsgegenstände als solche mehr (Designschutz hat jetzt andere Schutzvoraussetzungen und greift nicht für jedes Werk, für das urheberrechtlicher Schutz abgelehnt wurde) und die Erwähnung von Werken der angewandten Kunst als Unterfall der Bildenden Kunst in § 2 Abs. 1 Nr. 4 UrhG stellt klar, dass der Gebrauchszweck als solcher nicht schutzausschließend wirkt. Eine pauschale Übertragung insbesondere der engen Auslegung der technischen Bedingtheit des BGH, der alle technischen Gestaltungsalternativen, nicht nur die zwingenden, vom Urheberrechtsschutz ausschließt, auf die funktionale Bedingtheit kann aber leicht dazu führen, dass ein Merkmal mit Doppelwirkung – ästhetischer und funktionaler – nicht ausreichend gewürdigt wird und zum Schutzausschluss führt. In Fällen beispielsweise, in denen nur in der Kombination eigentlich funktionaler Merkmale das Künstlerische liegt oder die funktionalen mit den künstlerischen Gestaltungsmerkmalen verschmelzen, muss eine Ausnahme vom Schutzausschluss nicht zwingend funktionaler Merkmale gemacht werden. Es ist eine Einzelfallbetrachtung geboten.

244 Diese besondere Sorgfalt bei der Abgrenzung technischer und bloß funktionaler Merkmale, für die eine Doppelwirkung in Betracht kommt, wird besonders relevant bei zweidimensionalem Design wie Gebrauchsgrafik. Deren Gestaltung ist nämlich nur in sehr geringem Maße (z.B. denkbar im Hinblick auf die technischen Möglichkeiten von Druckverfahren) durch technische Vorgaben bedingt. Der Gebrauchszweck jedoch durchdringt oft die ganze Gestaltung. Ein Beispiel hierfür sind etwa Werbeanzeigen und Logos. Es bietet sich eine Vielzahl von Gestaltungsmöglichkeiten, die nicht auf naturwissenschaftlichen, also technischen, Wirkungen beruht wie die Kombination von Formen, Farben, Bildern und Schriften. Legte man aber den Gebrauchszweck sehr eng aus (Auffallen, Werben, im Gedächtnis bleiben), könnte man sie fast vollständig vom

434 BGH, Urteil vom 12.05.2011 – I ZR 53/10, *Seilzirkus*, Rn. 21, GRUR 2012, 58 (60).

Urheberrechtsschutz ausschließen, obwohl die Gestaltung künstlerisch ist.[435] Da dieser neue Haupt-Schutzausschlussgrund bei sorgfältiger Anwendung deshalb folglich seltener bei zweidimensionalem Design greifen sollte als bei dreidimensionalem ist für zweidimensionales Design im Nachgang des Geburtstagszug-Urteils folglich ein stärkerer Schutz zu erwarten.[436]

2. *Widmung*

Als Schutzausschlussgrund diskutiert wird auch die Widmung eines Gebrauchs- **245**
gegenstandes als Unterfall des Gebrauchszwecks.[437] Gemeint ist hier wohl eine Widmung im Sinne der Bestimmung zu einem bestimmten Gebrauchszweck.[438] Übertragen auf den Geburtstagszug-Fall wurde die Widmung einer Holzeisenbahn für den Anlass Kindergeburtstag als Beispiel genannt.[439] Dieser Ausschlussgrund ist damit eng an den Ausschlussgrund für dem Gebrauchszweck geschuldete Merkmale angelehnt, nur mit dem Unterschied, dass der Gebrauchszweck in diesem Fall subjektiv und nicht objektiv bestimmt wird. Damit gelten die gegen eine zu weite Auslegung dieses Ausschlussgrundes angeführten Bedenken erst recht. Insbesondere besteht keine Rechtfertigung dafür, Werke aufgrund der mittelbaren Ziele, die mit ihrer Schöpfung verfolgt werden, vom Schutz auszuschließen, etwa wegen des Ziels, sie kommerziell (z.B. als Kinderspielzeug) zu vermarkten.

Ein Schutzausschluss ist hier eher über die Ausnahme des Ideenschutzes **246**
angezeigt. So kann die Idee, Kerzen, Ziffern und Buchstaben auf einer Holzeisenbahn zu befestigen, nicht urheberrechtlich geschützt werden. Schutzfähig ist jedoch die konkrete Formgebung eines solchen „Geburtstagszuges".

---

435 So auch für Logos mit Hinweis darauf, dass die einzig praktische Vorgabe die Wiedererkennbarkeit sei, alles über den Schriftzug eines Textlogos Hinausgehende aber frei gestaltbar: *Mezger*, Die Schutzschwelle für Werke der angewandten Kunst, 143.

436 Ähnlich *Hartmann*, WRP 2016, 1327 (1334), Rn. 58 f. m.w.N.

437 *Hahn/Glückstein*, ZUM 2014, 380 (381); OLG Schleswig GRUR-RR 2015, 1, Rn. 42; *Mroß*, Technische Funktionalität, Rn. 422.

438 Vgl. die allgemeinsprachliche Bedeutung von „widmen" u.a. als *„ausschließlich für jemanden oder zu einem gewissen Zweck bestimmen, verwenden"* unter: http://www.duden.de/rechtschreibung/widmen.

439 *Hahn/Glückstein*, ZUM 2014, 380 (381); OLG Schleswig, Urteil vom 11.09.2014 – 6 U 74/10, *Geburtstagszug II*, Rn. 42, BeckRS 2014, 17807; *Mroß*, Technische Funktionalität, Rn. 422.

3. *Vorbilder und Naturnachbildungen*

247 Wie in der nachfolgenden Rechtsprechungsübersicht dargelegt werden wird, wurde die Anlehnung an Vorbilder und die Natur im Nachgang zum Geburtstagszug-Urteil oft als Schutzausschlussgrund angeführt.

a. Auslegung

248 Die Versagung von Urheberrechtsschutz für Werke, die auf Vorbildern beruhen, geht auf bestehende Rechtsprechung zurück.[440] Sie steht im Spannungsfeld zwischen künstlerischer Inspiration und handwerklicher Imitation. Die Inspiration durch vorbekannte Werke oder die Natur hindert die Entstehung urheberrechtsschutzfähiger persönlicher geistiger Schöpfungen grundsätzlich nicht, sondern fördert sie. Bereits Newton äußerte: *"If I have seen farther, it is by standing on the shoulders of giants"* – heute oft verwendet als Aphorismus: „*Wir sind Zwerge, die auf den Schultern von Riesen stehen*".[441] Dieses Sprichwort drückt aus, dass ein wesentlicher Teil einer großen geistigen Leistung in dem Aufbau auf vorhandenen Werken und deren Weiterentwicklung besteht. Aus diesem Grund sind auch Stil, Methode und Trend nicht urheberrechtsschutzfähig.[442] Ein Möbeldesigner dürfte deshalb beispielsweise Möbel im Bauhaus-Stil entwerfen.

249 Voraussetzung für die Entstehung eines urheberrechtsschutzfähigen Werkes ist jedoch, dass der Urheber aus dieser Inspiration heraus eine persönliche geistige Leistung und Schöpfung vollbringt. Gemäß der ständigen Rechtsprechung zu § 24 Abs. 1 UrhG (freie Benutzung vorbekannter Werke) ist dies der Fall, wenn „*die Züge des benutzten Werkes hinter denjenigen des neuen Werkes verblassen*".[443] Es kann hingegen nicht mehr von einer „Schöpfung" gesprochen werden, wenn ein Werk bewusst – und ohne Hinzutreten einer persönlichen geistigen Leistung in Form einer freien Benutzung – von einem Vorbild kopiert wird.[444] Es kommt dabei auf die bewusste Kopie an, denn es schadet dem Urheberrechtsschutz grundsätzlich auch nicht, wenn ein Werk zwar objektiv, aber nicht subjektiv vorbekannt war. Solche „Doppelschöpfungen" sind theoretisch schutzfähig. Es stellt sich allerdings ein Beweisproblem für den Zweitschöpfer, da eine Anscheinsvermutung für die Übernahme des Erstwerkes anerkannt ist.[445]

---

440 Vgl. oben Rn. 97.

441 Näher zu Hinweisen auf Entstehung des Sprichwortes: *Ohly*, GRUR 2007, 731 (735).

442 Vgl. oben Rn. 62, 226.

443 Vgl. für viele: BGH, Urteil vom 01.04.1958 – I ZR 49/57, *Mecki-Igel I*, GRUR 1958, 500 (502); *Schulze*, in: Dreier/Schulze, UrhG, § 24 Rn. 1.

444 Vgl. oben Rn. 61.

445 Vgl. *Bullinger*, in: Wandtke/Bullinger, UrhG, § 23 Rn. 19 ff. m.w.N.

Eine besondere Fallgruppe bildet die Orientierung an naturalistischen Vorbildern, etwa die Fertigung von Schmuck in Form von Blumen- und Blattformen im Fall „*Silberdistel*". Grundsätzlich gilt diesbezüglich derselbe Maßstab, d.h. Naturnachbildungen sind urheberrechts-schutzfähig, wenn sie persönliche geistige Schöpfungen darstellen.[446] Legte man hier nur den Maßstab der freien Benutzung an, käme man dazu, dass hier durch die Übertragung der Naturform in eine vom Menschen geschaffene Form ein schöpferisches Werk naheliegt.[447] Eine Zurückhaltung bei der Schutzgewährung folgt jedoch aus der Theorie der Gestaltungshöhe, die unvermindert voraussetzt, dass eine urheberrechts-schutzfähige Leistung eine handwerkliche Durchschnittsleistung überragt und die durchschnittliche handwerkliche Geschicklichkeit – etwa eines Goldschmiedes bei der Nachbildung einer Blütenform – deshalb nicht ohne Weiteres als künstlerische Leistung gewertet wird.[448] **250**

b. Anwendung in der Rechtsprechung

In dem Fall, der dem Geburtstagszug-Urteil zu Grunde lag, war die Einschränkung des Gestaltungsspielraums durch Vorbilder bereits in den Vorinstanzen, dem LG Lübeck[449] und dem OLG Schleswig,[450] das wesentliche Argument, um den Entwürfen der Klägerin die Gestaltungshöhe abzusprechen. **251**

Unstreitig entwarf die Designerin den sogenannten „Geburtstagszug", eine Holzeisenbahn, auf die sich Ziffern, Buchstaben und Kerzen aufstecken lassen, und ein Angelspiel auf Veranlassung des Geschäftsführers eines Spielzeugherstellers, der ihr ähnliche Konkurrenzprodukte gezeigt hatte. Für den Geburtstagszug orientierte sie sich nach Feststellungen des OLG Schleswig zusätzlich an Holzeisenbahnen, die der Spielwarenhersteller bereits im Sortiment hatte. Dabei handelte es sich um einen sogenannten „Bummelzug" mit normalen Waggons und um einen sogenannten „Zahlenzug", auf den sich bereits Ziffern

---

446 Vgl. BGH, Urteil vom 28.11.1985 – I ZR 104/83, *Oberammergauer Passionsspiele I*, GRUR 1986, 458 (459); BGH, Urteil vom 22.06.1995 – I ZR 119/93, *Silberdistel*, Rn. 14, GRUR 1995, 581 (582).

447 Vgl. zur freien Benutzung bei Übertragung in andere Werkarten: *Schulze*, in: Dreier/Schulze, UrhG, § 24 Rn. 19.

448 Vgl. zum Ausschluss handwerklicher Leistungen eines Goldschmiedes vom Urheberrechtsschutz: BGH, Urteil vom 22.06.1995 – I ZR 119/93, *Silberdistel*, Rn. 14, GRUR 1995, 581 (582).

449 LG Lübeck, Urteil vom 01.12.2010, 2 O 356/09 (nicht veröffentlicht).

450 OLG Schleswig, Urteil vom 22.06.2012 – 6 U 74/10, *Geburtstagszug II*, BeckRS 2013, 15909.

aufstecken ließen. Beim Entwurf einer „Geburtstagskarawane“ aus Holztieren habe die Designerin den Auftrag gehabt, an das Konzept des Geburtstagszuges anzuknüpfen. Aufgrund dieser auftragsgemäßen Anlehnung erreichten die Entwürfe keine derart individuelle Ästhetik, dass sie die Bezeichnung „künstlerische Leistung“ verdienten. Einzig das Konzept einer Tierkarawane habe an kein direktes Vorbild angeknüpft, enthalte aber auch keine außergewöhnliche neue Grundidee.[451]

252 Als bewusste Nichtausnutzung eines möglicherweise vorhandenen Gestaltungsspielraumes bewertete es das Landgericht Köln, dass eine Grafikerin zur Erstellung von Wandtattoos mit einem Hundemotiv mithilfe eines Grafikprogramms aus Bildern einen *„bestmöglichen Vertreter der Rasse“* entworfen und abgezeichnet hatte. Zur Begründung verwiesen die Richter auf ein fehlendes Überragen der Durchschnittsgestaltung.[452]

253 In einer Entscheidung über den Urheberrechtsschutz der bekannten Kussmund-Grafik auf Aida-Kreuzfahrtschiffen, stellte das OLG Köln nochmals ausdrücklich klar, dass die Naturnachbildung (die Darstellung von Lippen) den Urheberrechtsschutz für die Gestaltung nicht ausschließe.[453]

254 Differenziert bewertete das LG Hamburg die urheberrechtliche Schutzfähigkeit von Salz- und Pfefferstreuern in Pferdeform. Urheberrechtsschutzfähig sei deren konkrete Formgebung, eine harmonisch geschwungene Form, die von naturalistischer Detailtiefe absehe. Sie weiche hinreichend von der Wirklichkeit ab. Die Formgebung sei auch nicht technisch bedingt. Es sei auch nicht schädlich, dass es bereits Salz- und Pfefferstreuer in der Form von abstrahierend dargestellten Tiere gäbe, da weder die Idee noch der Stil schutzfähig seien.[454]

c. *Stellungnahme*

255 Die Rechtsprechung im Nachgang zum Geburtstagszug-Urteil führt die bisherige Rechtsprechung zum Schutzausschluss von Vorbildern und rein naturalistischen Nachahmungen fort. Der Wegfall des Erfordernisses eines deutlichen Überragens der Durchschnittsgestaltung und die ausdrückliche Gleichstellung

---

451 OLG Schleswig, Urteil vom 11.09.2014 – 6 U 74/10, *Geburtstagszug II,* Rn. 51 ff., BeckRS 2014, 17807.

452 LG Köln, Urteil vom 30.04.2014 – 14 O 400/13, *Wandtattoos,* Rn. 27, zit. n. juris.

453 OLG Köln, Urteil vom 23.10.2015 – 6 U 34/15, *AIDA Kussmund,* Rn. 36, zit. n. juris.

454 LG Hamburg, Urteil vom 01.06.2016 – 308 O 281/15, *Salz- und Pfefferstreuer,* Rn. 25 ff., zit. n. juris.

des Schutzniveaus von angewandter und bildender Kunst hätte aber zu einer weitergehenden Anpassung des Schutzniveaus führen müssen.

Insbesondere ist zu hinterfragen, inwieweit naturalistische Gestaltungen tatsächlich nur auf handwerklichen Leistungen beruhen. Es ist schwer verständlich, wieso ein naturalistisches Hundemotiv, auf Leinwand gemalt statt direkt auf die Wand geklebt, Schutz als naturalistisches Gemälde erhalten kann und sogar ein Foto eines Hundes bei besonderer Gestaltung – etwa durch Auswahl eines bestimmten Blickwinkels oder durch eine spezielle Belichtung – urheberrechtsschutzfähig sein kann, ein Wandtattoo dieses Motivs aber nicht urheberrechtsschutzfähig sein soll. Ebenso wird auch bei Porträt-Gemälden nicht danach gefragt, ob die Darstellung der Lippen von dem natürlichen Vorbild abweicht. Bei einer Lippenzeichnung auf einem Schiff wirkt die Diskussion deshalb verfehlt. Insbesondere darf hier kein Werturteil über (angewandte) Kunst in dem Sinne gefällt werden, dass abstrakte Gestaltungen eher schutzfähig sind als naturalistische. 256

4. *Vorgaben durch Auftraggeber*

Im Geburtstagszug-Fall wurde auch diskutiert, ob der Auftrag des Spielwarenherstellers, bestimmtes Spielzeug zu entwerfen, den Gestaltungsspielraum der Designerin einschränkte. Das OLG Schleswig entschied jedoch zutreffend, dass ein Auftrag an sich keine Auswirkung auf die Werkqualität habe, da die konkrete Formgebung urheberrechtsschutzfähig sei. Soweit der Auftraggeber inhaltliche Vorgaben für die Formgebung mache, käme er als Miturheber in Betracht. Dies schließe aber nicht die Möglichkeit aus, dass die Designerin in Ausführung des Auftrags eine persönliche geistige Schöpfung erbringe.[455] 257

5. *Naheliegende Gestaltungen*

In Bezug auf den „Geburtstagszug" stellten die Richter fest, die Veränderungen des „Geburtstagszugs" im Verhältnis zu seinen Vorbildern „Bummelzug" und „Zahlenzug" seien durch den Gebrauchszweck als Tischdekoration bedingt gewesen. Dafür habe sich der Entwurf eines Zuges, in dem Bummel- und Zahlenzug kombiniert und Kerzen auf die Waggons gesteckt werden können, „geradezu aufgedrängt". Eine weitere Auseinandersetzung mit einem eventuellen schöpferischen Gehalt und der Reichweite des 258

---

455 OLG Schleswig, Urteil vom 11.09.2014 – 6 U 74/10, *Geburtstagszug II*, Rn. 53, BeckRS 2014, 17807.

Gestaltungsspielraums fehlt. Es wird nur, ohne klaren Bezug, auf die „dargelegten Gründe“ verwiesen, aus denen eine kreative schöpferische Leistung bestritten wird.[456] Dabei dürfte es sich um die Anlehnung an vorbekannte Formen handeln.

259 Auch bei diesem Schutzausschlussgrund ist Vorsicht geboten, um eine verbotene Qualitätskontrolle von Kunst zu vermeiden. Das Aufstecken von Kerzen auf einen Bummelzug ist eine Idee, die nicht urheberrechtsschutzfähig ist. Die konkrete Ausformung der Kerzen kann jedoch unabhängig davon schutzfähig sein.

II. Bewertung des Merkmals des Gestaltungsspielraums

1. Befürwortung des Merkmals

260 Für das Kriterium des Gestaltungsspielraumes spricht zum einen, dass es bereits in der deutschen und europäischen Rechtsprechung anerkannt ist, im deutschen Recht auch für wissenschaftliche Werke und Zweckbauten.[457]

261 Zudem bietet die negative Eingrenzung durch den Gestaltungsspielraum mehr Rechtssicherheit und Objektivität als eine Abgrenzung allein nach den unbestimmten Rechtsbegriffen „Gestaltungshöhe“ und „Kunst“. Ob technische, funktionale und sklavisch kopierte Vorbilder vorliegen, lässt sich nach objektiven Kriterien bestimmen.

2. Ablehnung des Merkmals

262 Das Kriterium des Gestaltungsspielraumes wirkt jedoch nur ergänzend, indem es nicht schutzfähige Gestaltungsmerkmale identifiziert. Die positive Bestimmung des Schutzbereichs bleibt der Theorie der Gestaltungshöhe überlassen. Nach dieser wird immer noch graduell abgegrenzt, nur nicht mehr zwischen Kunst und angewandter Kunst, aber zwischen Handwerk und angewandter Kunst.[458]

263 Zudem ist eine Trennung zwischen künstlerischen und nicht künstlerischen Gestaltungsmerkmalen oft nicht möglich. Hier gilt nach wie vor, dass sich keine klare, allgemeinverbindliche Grenze zwischen Kunst und Design ziehen lässt.[459]

---

456 OLG Schleswig, Urteil vom 11.09.2014 – 6 U 74/10, *Geburtstagszug II*, Rn. 43 f., BeckRS 2014, 17807.

457 Vgl. *Obergfell*, GRUR 2014, 621 (625) m.w.N.

458 Ähnlich *Lerach*, jurisPR-WettbR 3/2014, Anm. 1.

459 So auch *Lerach*, jurisPR-WettbR 3/2014, Anm. 1, der das Kriterium im Übrigen nicht für griffiger hält als die Abgrenzung nach der Stufentheorie.

Besonders bei Gestaltungen, bei denen sich schon der Gebrauchszweck nicht einfach bestimmen lässt, wie bei Schmuck.[460]

Bei einer Eingrenzung des Gestaltungsspielraumes durch die Identifizierung von nicht schutzwürdigen Einzelmerkmalen besteht auch immer die Gefahr, den Blick für eine Gesamtbetrachtung und möglicherweise mit technischen Elementen verschmolzene künstlerische Gestaltungsmerkmale zu verlieren, vor allem bei der sogenannten funktionalen Ästhetik.[461] Findet dies statt, so wird eine unzulässige qualitative Wertung von angewandter Kunst vorgenommen. 264

Dieses Wertungsproblem wird auch nicht durch die Inanspruchnahme von Sachverständigen gelöst.[462] Wie in der Geschichte mehrfach gezeigt, erfährt avantgardistische Kunst oft Ablehnung durch auf bisherige Kunstformen geschulte Experten. Zu erwarten ist, dass einzig etablierte Künstler Urheberrechtsschutz für funktionale Ästhetik zugesprochen bekommen. 265

3. Stellungnahme

Das Merkmal des Gestaltungsspielraumes sollte ergänzend zur negativen Abgrenzung des Schutzbereichs herangezogen werden, soweit eine Abgrenzung zu den technischen Schutzrechten oder eine Monopolisierung von Allgemeingut im Raum stehen. 266

Eine schematische Anwendung als faktisches Hauptkriterium ist aber abzulehnen. Es ist nicht zielführend, dass jeder Gebrauchsgegenstand, für den 267

---

460 So auch *Mezger*, Die Schutzschwelle für Werke der angewandten Kunst, 143 m.w.N. Dieser geht in einem ähnlichen Zusammenhang auf die Fallgruppen von Logos, Ziergegenständen und Schmuck ein. Je nachdem, wie weit diesbezüglich der Gebrauchszweck definiert werde, könne dies zu einem völligen Schutzausschluss oder zu einer Unanwendbarkeit des Ausschlussgrundes führen. Bei Logos könne man entweder annehmen, alles außer den evtl. Schriftzügen sei frei wählbar oder aber sie seien vollständig vom Gebrauchszweck „Wiedererkennbarkeit“ bestimmt. Ähnlich sei es bei Ziergegenständen, wenn man die Zierde als Gebrauchszweck definiere und bei Schmuck, je nachdem, ob man die Befestigung am Körper oder die Zierde als Gebrauchszweck definiere.

461 Ähnlich zu einer problematischen Bestimmung des Gestaltungsspielraumes für Gestaltungen der funktionalen Ästhetik: *Mroß*, Technische Funktionalität, Rn. 418: *Mezger*, Die Schutzschwelle für Werke der angewandten Kunst, 185 m.w.N; mit dem Argument, dass die Anpassung an technische Notwendigkeiten eine besondere schöpferische Leistung darstellen könne *Zentek*, ZUM 2012, 42 (45) mit Hinweis auf: Urteil des OLG Hamburg vom 03.05.2001– 3 U 130/00, *Move*, ZUM-RD 2001, 509.

462 Auf den zu erwartenden vermehrten Einsatz von Sachverständigen hinweisend: *Hahn/Glückstein*, ZUM 2014, 380 (381); *Zentek*, ZUM 2012, 42 (45).

Urheberrechtsschutz eingefordert wird, vor Gericht künstlich und detailliert in praktische und künstlerische Merkmale aufgespalten wird und jede Partei umfangreiche Sachverständigengutachten zu deren Darlegung einholen muss. Dies entspräche einer faktischen Trennungstheorie, die wegen der in Grenzfällen – wie solchen der sogenannten Funktionsästhetik – problematischen Trennung zwischen funktionalen und künstlerisch-ästhetischen Merkmalen abzulehnen ist. Zudem liefe es der gesetzlich festgeschriebenen und im Geburtstagszug-Urteil bereits im 1. Leitsatz ganz deutlich hervorgehobenen Gleichstellung von angewandter Kunst und bildender Kunst zuwider, den Urheberrechtsschutz im Zweifel abzulehnen, weil die Kunst zugleich einem Gebrauchszweck dient.

268 Es sollte deshalb sauber definiert und zwischen „technischer" und „funktionaler" Bedingtheit, subjektiver Widmung und objektivem Verwendungszweck, Nachahmung und Inspiration, Auftrag und konkreter Umsetzung unterschieden werden.

269 Abzulehnen sind die Prämissen, der Gebrauchszweck schließe die künstlerische Freiheit grundsätzlich aus oder abstrakte Gestaltungen seien im Zweifel schützenswerter als naturalistische.

B. Gestaltungshöhe

I. Auslegung

270 Bezüglich der Auslegung des Merkmals der Gestaltungshöhe verwiesen die Richter des Geburtstagszug-Urteils auf den Maßstab der bildenden Kunst sowie des literarischen und musikalischen Schaffens. Urheberrechtsschutz ist demnach begründet, wenn eine Gestaltung

> *„eine Gestaltungshöhe erreicht, die es nach Auffassung der für Kunst empfänglichen und mit Kunstanschauungen einigermaßen vertrauten Kreise rechtfertigt, von einer »künstlerischen« Leistung zu sprechen."*[463]

271 Die Anwendung dieser Formel auf angewandte Kunst ist nicht neu. Wie oben ausgeführt, wurde sie sogar für diese entwickelt[464] und erst später auf alle Werkarten übertragen. Es wird lediglich darüber hinaus kein „deutliches Überragen

463 Vgl. BGH, Urteil vom 13.11.2013 – I ZR 143/12, *Geburtstagszug,* Rn. 15, 26; BGHZ 199, 52 (58 mit Hinweis auf ständige Rechtsprechung zur rein bildenden Kunst, 62).
464 Vgl. oben Rn. 43 ff.

der Durchschnittsgestaltung" mehr verlangt.[465] Im Folgenden werden die Einzelmerkmale der Abgrenzungsformel näher untersucht.

1. *Grad der Gestaltungshöhe*

Eine graduelle Abstufung wird weiter vorgenommen – zwischen alltäglichen und handwerklichen Gestaltungen, die nicht dem Urheberrechtsschutz unterfallen und künstlerischen Gestaltungen, die dem Urheberrechtsschutz zugänglich sind. 272

Diese Unterscheidung erfolgt durch einen Vergleich des Gesamteindrucks des Originals mit seinen prägenden Gestaltungsmerkmalen mit der Gesamtheit der vorbekannten Gestaltungen[466] und am Maßstab der *„für Kunst empfänglichen und mit Kunstanschauungen einigermaßen vertrauten Kreise"*. Zu letzterem zählen sich die Fachsenate meist selbst und messen dem Urteil von Sachverständigen sowie dem Urteil des Gestalters nur indizielle Wirkung für die Feststellung einer künstlerischen Leistung bei.[467] 273

Dieses Unterelement des Werkbegriffs beinhaltet neben dem Abstecken des Gestaltungsspielraums eine zweite negative Abgrenzung. Als Kunstwerke scheiden alltägliche und sklavisch nachgeahmte Gestaltungen ohne ein Mindestmaß von Individualität und Aussagekraft für den Betrachter aus.[468] In Bildern gesprochen: Ist das Feld (der Gestaltungsspielraum) der urheberrechtsschutzfähigen Gestaltung abgesteckt, trennt sich jetzt die Spreu (das Alltägliche und Nachgeahmte) vom Weizen (das Urheberrechtsschutzfähige). 274

2. *Künstlerische Leistung*

Es besteht grundsätzliche Einigkeit darüber, dass "Kunstrichtertum" vermieden werden muss, Richter also nicht über einen vermeintlich höheren oder geringeren künstlerischen Wert einer Gestaltung urteilen sollten.[469] Im Urheberrecht behilft man sich mit der positiven Definitionsformel, „künstlerisch" im Sinne der Bildenden Kunst seien 275

---

465 Vgl. *Ahlberg*, in: Ahlberg/Götting, BeckOK, UrhG, § 2 Rn. 109 m.w.N.

466 *Bullinger*, in: Wandtke/Bullinger, UrhG, § 2 Rn. 23.

467 Vgl. oben Rn. 63.

468 OLG Schleswig, Urteil vom 11.09.2014 – 6 U 74/10, *Geburtstagszug II*, Rn. 8, BeckRS 2014, 17807, mit Hinweis auf: *Bullinger*, in: Wandtke/Bullinger, UrhG, 3. Aufl., § 2 Rn. 84.

469 Vgl. *Scholz*, in: Maunz/Dürig, GG, Art. 5 Abs. 3 Rn. 8 m.w.N.

„eigenpersönliche Schöpfungen eines Menschen, die mit den Darstellungsmitteln der Kunst durch formgebende Tätigkeit hervorgebracht und vorzugsweise für die ästhetische Anregung des Gefühls durch Anschauung bestimmt sind."[470]

276 Diese Formel ist tautologisch, weil sie wieder den Begriff „Kunst" und mit „eigenpersönliche Schöpfung eines Menschen" eine andere Formulierung des Begriffs „persönliche geistige Schöpfung" enthält.[471] Zudem wird der unbestimmte Begriff „ästhetisch" verwendet. Ersetzt man diese Definition durch die vorstehend definierten Inhalte dieser unbestimmten Rechtsbegriffe, ergibt sich (eingedenk der Varianz in den Definitionen) etwa folgende, genauere Definition:

auf einem Denkprozess (geistigem Werk) und gestaltender Tätigkeit beruhendes Werk eines Menschen (persönliche Schöpfung), das vorzugsweise dazu bestimmt ist, einen persönlichen Gedanken- oder Gefühlinhalt dieses Menschen (eine geistige Botschaft) durch Ansprache des Form- und Sehsinns (ästhetische Anregung des Gefühls durch Anschauung) zu übermitteln.

Die Verwendung von üblichen Gestaltungsmitteln eines Künstlers (in diesem Fall Designers) wie Grafik könnten als Indizien gewertet werden. Das wesentliche „künstlerische Element" scheint folglich die Übermittlung einer persönlichen „geistigen Botschaft" zu sein. Diese kann auch in der Kombination von Formelementen[472] oder in besonders klarer Linienführung[473] und der *„bewussten Reduktion auf das Wesentliche"*[474] liegen.

277 Die wesentliche schutzausschließende Wirkung des Kriteriums „künstlerisch" ist, dass die bloße ästhetische (auf die Sinne wirkende) Gestaltung nicht genügt. Das betrifft z.B. das sogenannte „schmückende Beiwerk" oder „Ornament".[475] Auch eine Gestaltung, die lediglich eine technische Lösung verkörpert, kann ästhetisch sein, d.h. auf den Sehsinn wirken (z.B. durch Verwendung eines glänzenden Materials). Allein Urheberrechtsschutz begründend soll es aber

470 Vgl. RG, Urteil vom 24.11.1886 – I 322/86, *Lithophanien*, RGZ 18, 102 (107); BGH, Urteil vom 27.11.1956 – I ZR 57/55, *Europapost*, Rn. 21, BGHZ 22, 209 (214); *Kaiser*, in: Erbs/Kohlhaas, Strafrechtliche Nebengesetze, § 2 UrhG Rn. 25; *Wiebe*, in: Spindler/Schuster, Recht der elektronischen Medien, § 2 UrhG Rn. 27.

471 Vgl. oben Rn. 24.

472 Vgl. KG, Urteil vom 17.2.2010 – 24 U 12/09, [Vorinstanz zu *Seilzirkus*], BeckRS 2011, 26405, im Hinblick auf Vorbilder: BGH, Urteil vom 19.01.1979 – I ZR 166/76, *Brombeerleuchte*, GRUR 1979, 332 (336).

473 BGH, Urteil vom 27.11.1956 – I ZR 57/55, *Europapost*, BGHZ 22, 209 (215) m.w.N.

474 OLG Düsseldorf, Urteil vom 30.05.2002 – 20 U 81/01, *Breuer-Hocker*, ZUM-RD 2002, 419 (423).

475 Vgl. Rn. 45.

sein, wenn innerhalb des Gestaltungsspielraums ein *„durch eine künstlerische Leistung geschaffener ästhetischen Gehalt“* verbleibt.[476] Dabei nimmt der BGH in Kauf, *„dass ein Werk der angewandten Kunst, das eine ebenso große ästhetische Wirkung ausübt wie ein Werk der zweckfreien Kunst, anders als dieses keinen Urheberrechtsschutz genießt.“*[477] Es wird beklagt, dadurch werde, *„manchem kunstgewerblichen Kitsch, wie zB Schlüsselanhänger in Hufeisen- oder Elefantenform Urheberrechtsschutz eher zugebilligt [...] als zB dem funktionalen Design von Feuerzeugen, Rasierapparaten oder Küchenmaschinen“*.[478] Ob dies in der Praxis der Fall ist, wird im Folgenden untersucht.

3. *Auswirkungen auf das Schutzniveau*

Reaktionen auf das Geburtstagszug-Urteil zeigen, dass Rechtsunsicherheit herrscht, 278 inwieweit die Aufgabe der Stufentheorie bei gleichzeitiger Beibehaltung des Schutzkriteriums der Gestaltungshöhe praktisch zu einer Absenkung, Beibehaltung oder Erhöhung der Schutzschwelle führt. Im Folgenden soll das jetzige Schutzniveau im Vergleich zur alten Rechtslage deshalb näher untersucht werden.

a. *Argumente für eine erhebliche Absenkung der Schutzschwelle*

Auf den ersten Blick führt die Aufgabe der Stufentheorie zu einer grundsätz- 279 lichen Absenkung des Schutzniveaus. Ein *„deutliches Überragen der Durchschnittsgestaltung“* ist nach dem 1. Leitsatz des Geburtstagszug-Urteils nicht mehr erforderlich.

Dies äußert sich in der nachfolgenden Rechtsprechung dadurch, dass einige 280 Gerichte keine ausführliche Prüfung mehr vornehmen, ob eine Gestaltung eine gewisse Gestaltungshöhe erreicht, sondern einfach unterstellen, dass die Gestaltung nach Aufgabe der Stufentheorie urheberrechtlichen Schutz genieße.[479]

---

476 BGH, Urteil vom 12.05.2011 – I ZR 53/10, *Seilzirkus*, Rn. 22, GRUR 2012, 58 (60) m.w.N.

477 BGH, Urteil vom 12.05.2011 – I ZR 53/10, *Seilzirkus*, Rn. 36, GRUR 2012, 58 (62).

478 Vgl. *Schulze*, in: Dreier/Schulze, UrhG, § 2 Rn. 159, sich anschließend an LG Köln, Urteil vom 01.07.2009 – 28 O 42/09, *Weißbiergläser*, ZUM-RD 2009, 613 (614) mit Rechtsprechungsnachweisen für die Beispiele.

479 LG München, Urteil vom 18.07.2014 – 21 O 12546/13, Rn. 40, BeckRS 2014, 16896, hinsichtlich einer Brosche mit dem Hinweis, dass die Brosche nach Aufgabe der Stufentheorie aufgrund ihrer eigenschöpferischen Gestaltung durch den Künstler ohne weiteres Schutz genieße; LG Hamburg, Urteil vom 29.08.2014 – 310 O 13/12, Rn. 30, BeckRS 2014, 119878, bezüglich eines Kaffeezubereiters; OLG Frankfurt a.M., Urteil vom 27.05.2014 – 11 U 117/12, ZUM-RD 2014, 632 (636), für gezeichnete Bildmotive

Nach diesem Verständnis wird dem Kriterium einer *„künstlerischen Leistung“* keine Ausschlusswirkung beigemessen. Es wird deshalb vorgeschlagen, stattdessen von einer *„gestalterischen Leistung“* zu sprechen, um Missverständnisse zu vermeiden.[480]

281 Andere Entscheidungen sprechen Urheberrechtsschutz zu, sobald ästhetische Merkmale innerhalb eines Gestaltungsspielraumes ausgemacht werden können. Bei der Beurteilung eines Grafitti-Logos wurde eine *„verspielt-schwungvolle Ästhetik“* angenommen, die *„über einen etablierten Graffiti-Stil* [...] *hinausgeht“*.[481] Die ästhetischen Merkmale wurden in der Vorinstanz auch dargelegt als *„die Neigung der Buchstaben, der ‚verlängerte‘ Buchstabe ... und die ‚Schlaufe‘ am Ende des Logos“*, sowie als Indiz für den Gestaltungsspielraum gewertet, *„dass der Beklagte unstreitig das Logo in 50 verschiedenen Varianten zu Papier gebracht hat“*.[482]

282 Das OLG Köln beurteilte nach ähnlichen Kriterien eine sogenannte „Designer-Urne“, auf die im Grafitti-Stil mit Airbrush-Technik ein weidender Hirsch vor neongrünem Hintergrund aufgebracht worden war. Zunächst grenzte das Gericht den Gestaltungsspielraum nach den Kriterien „Naturnachbildungen“ und „Vorbilder“ ab. Das Gericht befand, dass es sich bei dem Motiv *„nicht um naturalistisch gestaltete Naturnachbildungen handelt mit lediglich marginalen Verfremdungen.“*[483] Insbesondere entspreche der neongrüne Hintergrund nicht der Wiedergabe von Polarlichtern oder der Mitternachtssonne *„wie es Mitgliedern des Senats aus eigener Anschauung bekannt“* sei.[484] Es handele sich auch nicht um die bloße Neukombination vorbekannter Werke, es sei keine vom Gesamteindruck vergleichbare Darstellung vorgelegt worden.[485] Ein künstlerisches Gestaltungselement sahen die Richter darin, dass das Motiv *„einerseits phantasievoll*

---

von Babys und Kleinkindern; OLG Frankfurt a.M., Urteil vom 20.01.2015 – 11 U 101/12, Rn. 107, GRUR-RR 2015, 242 (244) in Bezug auf eine Wasserpfeife; OLG Frankfurt a.M., Urteil vom 30.06.2015 – 11 U 56/15, Rn. 12, ZUM-RD 2015, 589 (590) bezüglich eines Tapetenmusters.

480 *Schulze*, NJW 2014, 469 (475).

481 OLG München, Beschluss vom 16.07.2014 – 29 U 4823/13, *Grafitti-Logo*, ZUM-RD 2015, 190.

482 LG München I, Urteil vom 26.11.2014 – 37 O 28164/13, *K1X Logo in Form eines Graffitis*, Rn. 96, ZUM 2015, 423 (428).

483 OLG Köln, Urteil vom 20.02.2015 – 6 U 131/14, *Airbrush-Urnen*, Rn. 28, zit. n. juris; nicht rechtskräftig, die Nichtzulassungsbeschwerde wird beim BGH unter Az. I ZR 56/15 geführt.

484 OLG Köln, Urteil vom 20.02.2015 – 6 U 131/14, *Airbrush-Urnen*, Rn. 31, zit. n. juris.

485 OLG Köln, Urteil vom 20.02.2015 – 6 U 131/14, *Airbrush-Urnen*, Rn. 30, zit. n. juris.

und farbintensiv gestaltet, andererseits zugleich bei der Wahl der hierzu eingesetzten Stilmittel stark reduziert" worden sei. Bei der Würdigung wurde der Text eines Sachverständigen-Gutachtens übernommen, der hier als Beispiel für einen solchen Text wiedergegeben wird:

> *„[D]as zentrale Hirschmotiv [ist] scherenschnittartig hervorgehoben, was zusätzlich noch dadurch betont wird, dass die Umrisse des Hirsches und der Grasfläche durch eine zierliche helle Farbgebung dezent konturiert worden sind, wodurch zugleich der Lichteinfall der tief stehenden Sonne angedeutet werden soll. Im Hintergrund der Darstellung verliert sich die nur in zwei Hügelketten angedeutete Landschaft in der Ferne, wobei die Tiefenwirkung durch unterschiedliche Grau- bzw. Farbabstufungen erreicht wird. Über dieser Landschaft befindet sich ein Himmel, der zentral von der angedeuteten hellstrahlenden Sonne beherrscht wird, die wiederum von einem von links nach rechts horizontal verlaufenden grausilbrigem doppelten Wolkenband teilweise verdeckt wird. Der ganze Motivhintergrund ist schließlich eingetaucht in eine kräftige hellgrüne Grundfarbe, die dem ganzen eine ruhige zugleich aber auch von natürlichen Vorbildern deutlich entfernte Atmosphäre verleiht."*[486]

Eine mit einem ähnlichen Motiv bemalte Urne der Beklagten bewertete das Gericht hingegen als Nachahmung. Beide Gestaltungen riefen den gleichen Gesamteindruck hervor. Die Unterschiede „*Haltung des Tieres, Gestaltung der Landschaft, Vorhandensein einer zweiten Lichtquelle, Erstreckung der Darstellung auf den Deckel*" fielen nicht ins Gewicht.[487] 283

Das Urteil greift damit alle neuen Beurteilungskriterien auf, entlarvt jedoch eine letztlich qualitative Wertung, indem es feststellt, die Gestaltung der Beklagten sei „*künstlerisch [nicht] wesentlich gehaltvoller als die der Klägerin*".[488] 284

Ein Beispiel für Ästhetik durch Reduzierung auf das Wesentliche erkannte das Landgericht Hamburg in sogenannten „minimalistischen Bierflaschen." Die Gestaltung folge zwar einem bekannten Stil. Schutzwürdig sei aber dessen Anwendung auf die konkrete Formgebung. Die Richter zogen keine Sachverständigen hinzu und verlangten keinen Parteivortrag zu den konkreten künstlerischen Gestaltungsmerkmalen, da sie sich zum einschlägigen Verkehrskreis der Biertrinker gehörig rechneten. Eine hinreichende Gestaltungshöhe des Bierflaschendesigns ergebe sich durch deren „*klare, reduzierte Anmutung, durch Beschränkung auf die zweifarbige Gestaltung*" und den Verzicht auf ‚*verschnörkelte*' *Bedruckung*" sowie „*durch die Aufteilung der Designs in drei ‚Blöcke'* ". Ein 285

486 OLG Köln, Urteil vom 20.02.2015 – 6 U 131/14, *Airbrush-Urnen*, Rn. 28, zit. n. juris.
487 OLG Köln, Urteil vom 20.02.2015 – 6 U 131/14, *Airbrush-Urnen*, Rn. 36, zit. n. juris.
488 OLG Köln, Urteil vom 20.02.2015 – 6 U 131/14, *Airbrush-Urnen*, Rn. 36, zit. n. juris.

Designpreis für die Gestaltung wurde als Indiz für dessen Gestaltungshöhe gewertet.[489]

b. Argumente für eine mögliche Anhebung der Schutzschwelle

286 Gegen die Gleichsetzung einer „künstlerischen" mit einer „gestalterischen" Leistung spricht, dass der BGH im Geburtstagszug-Urteil darlegt, es sei geboten, *„für den urheberrechtlichen Schutz eine nicht zu geringe Gestaltungshöhe zu fordern"*[490] und im Seilzirkus-Urteil betonte, Urheberrechtsschutz sei nicht allein schon dann zu bejahen, wenn technisch nicht zwingende Gestaltungsmerkmale verwendet würden. Darüber hinaus müsse eine „künstlerische" Leistung erkennbar sein.[491] Daraus leiten einige Autoren ab, die Beurteilung am Maßstab der Kunst könne sogar zu einer Erhöhung der urheberrechtlichen Schutzschwelle für Designobjekte führen, wenn das Kriterium „künstlerisch" streng ausgelegt werde.[492]

287 In diese Richtung geht ein Urteil des Landgerichts Köln im Nachgang des Geburtstagszug-Urteils. Die Richter versagten in dieser Entscheidung einer Porzellanserie mangels erkennbarer *„künstlerischer Leistung"* Urheberrechtsschutz, obwohl diese mit einem Designpreis ausgezeichnet worden war. Für Urheberrechtsschutz sei es nicht ausreichend, wenn eine Gestaltung eine ästhetische Wirkung erziele, solange sie lediglich eine technische und keine künstlerische Lösung verkörpere. Es seien nur technische Gestaltungselemente dargelegt worden (Dicke der Tasse für bessere Ergonomie und besseren Geschmack, Keksablage auf der Untertasse etc.).[493]

c. Argumente für eine faktische Beibehaltung der Schutzschwelle

288 Eine dritte Auslegungsart kommt zu dem Ergebnis, dass die neuen Auslegungskriterien so variabel sind, dass die urheberrechtliche Schutzschwelle für urheberrechtlichen Schutz nach Belieben festgelegt werden kann und erwartet eine

---

489 LG Hamburg, Urteil vom 07.07.2016 – 310 O 212/1, *Minimalistische Bierflaschen*, BeckRS 2016, 13769; nicht rechtskräftig, anhängig beim OLG Hamburg unter Az. 5 U 149/16.

490 Vgl. *Schack*, JZ 2014, 207 f. und BGH, Urteil vom 13.11.2013 – I ZR 143/12, *Geburtstagszug*, Rn. 40, BGHZ 199, 52 (68).

491 Vgl. *Mezger*, Die Schutzschwelle für Werke der angewandten Kunst, 143; *Klawitter*, GRUR-Prax 2014, 30 (32).

492 *Mezger*, Die Schutzschwelle für Werke der angewandten Kunst, 140 f.; *Ritscher/Schramm*, sic! 2014, 303 (306).

493 LG Köln, Urteil vom 27.03.2015 – 14 O 60/15, Rn. 18 ff., BeckRS 2016, 12866.

Angleichung der Rechtsprechung an die bisherige Kasuistik.[494] So weisen *Nordemann und Czychowski* darauf hin, dass

> *„wohl nur solche Gestaltungen aus dem Bereich der angewandten Kunst wirklich auch künstlerisch gestaltet sein werden, bei denen die Gestaltungsleistung den Durchschnitt vielleicht nicht deutlich, aber doch zumindest maßgeblich überragt."*[495]

Diese Wertung klingt in einem anderen Urteil des Landgerichts Köln an, in dem es heißt: **289**

> *„insbesondere ist auch im Rahmen des urheberrechtlichen Schutzes der so genannten kleinen Münze die Durchschnittsgestaltung nicht geschützt, auch wenn ein deutliches Überragen der künstlerischen Leistung nicht (mehr) erforderlich ist."*[496]

Bezeichnend ist auch, dass beispielsweise in der Folgeentscheidung des OLG Schleswig zum Geburtstagszug-Urteil noch von *„besonderer Gestaltungshöhe"* die Rede ist, anstatt dass vor dem Hintergrund der gerade abgesenkten Schutzschwelle auf dieses missverständliche Vokabular verzichtet wird.[497] **290**

II. Kritik

1. Ablehnung einer Anknüpfung am Merkmal „künstlerisch"

Gegen das Kriterium der „künstlerischen" Gestaltungsleistung und seine Auslegung wird eingewandt, alle Definitionsversuche litten unter der Undefinierbarkeit von Kunst. Da der Kunstbegriff nicht definierbar sei, gelte dies zudem logisch auch für den mit Kunstanschauungen einigermaßen vertrauten Kreis.[498] **291**

---

494 *Nordemann/Czychowski*, in: Hasselblatt, MAH, GewRs, § 44 Rn. 229 erwarten im Hinblick auf den angelegten Grad an Gestaltungshöhe *„alten Wein in neuen Schläuchen"*; *Nordemann*, in: Fromm/Nordemann, Urheberrecht, § 2 UrhG Rn. 150 b äußert Zweifel an Veränderungen für die große Mehrheit der Gestaltungen. Allenfalls sei eine Schutzfähigkeit für Schmuck denkbar, wo die Funktion die Form weniger vorgibt. Weiterhin nur geschmacksmusterrechtlich schutzfähig sei jedoch die „bloß handwerkliche Gebrauchsgrafik"; *Hoeren*, MMR 2014, 333 (338) geht davon aus, dass die Gerichte die Möglichkeit hätten, Urheberrechtsschutz abzulehnen, indem sie „pingelig" Gebrauchszweck und ästhetische Wirkung bei Design unterschieden.

495 *Nordemann/Czychowski*, in: Hasselblatt, MAH, GewRs, § 44 Rn. 229.

496 LG Köln, Urteil vom 30.04.2014 – 14 O 400/13, *Wandtattoos*, Rn. 27, zit. n. juris.

497 Ähnlicher Hinweis auch bei *Hartmann*, WRP 2016, 1327 (1331), Rn. 33 und bei *Zentek*, WRP 2014, 1289 (1297); OLG Schleswig, Urteil vom 11.09.2014 – 6 U 74/10, *Geburtstagszug II*, Rn. 13, BeckRS 2014, 17807.

498 *Ahlberg*, in: Ahlberg/Götting, BeckOK, UrhG, § 2 Rn. 110, mit Verweis auf: *Elmenhorst*, ZUM 2013, 898 f.

Besonders die positive Auslegungs-formel des Urheberrechts sei nicht zielführend, da sie selbst erneut den Begriff „Kunst“[499] und die unbestimmten Rechtsbegriffe „Schöpfung“ und „ästhetische Wirkung“[500] enthalte. Das Merkmal der „künstlerischen Gestaltungshöhe“ sei deshalb nichts weiter als

> *„eine ‚Hintertür‘, durch die im Einzelfall subjektive Kunstbegriffe und die persönlichen ästhetischen Vorstellungen der jeweils Urteilenden ungehindert in die Entscheidung eingebracht werden könnten“.*[501] Dies führe zu *„emotionalen Urteilen“.*[502]

292 Ebenso undefinierbar sei der Begriff der Ästhetik. Selbst wenn nicht die künstlerische Qualität beurteilt werde, sei die Beurteilung, ob Kunst oder Ästhetik als solche vorlägen, immer mit einer subjektiven Wertung verbunden. Gerade neue künstlerische Formen liefen Gefahr, nicht als Kunst akzeptiert zu werden. Die positive Abgrenzungsformel wird deshalb als wenig trennscharf und avantgardefeindlich kritisiert.[503]

293 Im Vergleich mit der an quantitativen Maßstäben orientierten Stufentheorie, unter deren Geltung geprüft wurde, inwieweit Gestaltungen durchschnittliche, rein handwerkliche Gestaltungen (quantitativ) deutlich überragen, wird der Maßstab einer „künstlerischen Gestaltung“ als schwieriger kalkulierbar und damit als Quelle von Rechtsunsicherheit gewertet.[504]

2. *Befürwortung des Kriteriums der Gestaltungshöhe*

294 Für das Kriterium der „künstlerischen Leistung“ spricht der Wortlaut von § 2 Abs. 1 Nr. 4 („*Werke der bildenden Künste einschließlich der Werke* [...] *der angewandten Kunst*“), wonach angewandte Kunst einen Unterfall der Werke der bildenden Kunst darstellt.[505]

295 Darüber hinaus wird das Kriterium einer „künstlerischen“ Leistung als nach Sinn und Zweck des Urheberrechts wichtiges Korrektiv zum Ausschluss von

---

499 Vgl. oben Rn. 24 zum Hinweis auf eine tautologische Definition.

500 Vgl. *Ahlberg*, in: Ahlberg/Götting, BeckOK, UrhG, § 2 Rn. 111 mit Hinweis auf die Gesetzesbegründung, die kein ästhetisches, sondern nur ein „neues und eigentümliches“ Werk fordere (BT-Drucks. IV/270, 38) und auf den Ausschluss ästhetischer Kriterien im EU-Recht m.w.N.

501 *Maaßen*, Kunst oder Gewerbe?, Rn. 200.

502 *Maaßen*, Kunst oder Gewerbe?, Rn. 536 m.w.N.

503 *Ahlberg*, in: Ahlberg/Götting, BeckOK, UrhG, § 2 Rn. 76; 110 m.w.N.

504 Vgl. *Klawitter*, GRUR-Prax 2014, 30 (32).

505 *Nordemann*, in: Fromm/Nordemann, Urheberrecht, § 2 UrhG Rn. 150 b.

alltäglichen[506] und rein handwerklichen[507] Gestaltungen vom Urheberrechtsschutz gewertet, für die das Urheberrecht mit seiner langen Schutzdauer, strafbewehrten Ansprüchen und Sonderregeln für Verträge unpassend erscheint.

3. *Stellungnahme*

Das Merkmal „künstlerisch“ ist im deutschen Urheberrecht zweifach angelegt. **296** Zunächst im formellen Werkbegriff, der aber zum Avantgardeschutz möglichst weit ausgelegt wird, aber auch im Element der „Schöpfung“ des materiellen Werkbegriffs. Demnach ist die künstlerische Gestaltung ein Tatbestandsmerkmal für den Urheberrechtsschutz. Es geht nach traditioneller Auslegung im Merkmal der „Gestaltungshöhe“ auf, die zusätzlich noch eine graduelle Abstufung von alltäglichen und sklavisch nachgeahmten Werken beinhaltet, was als wichtiges Korrektiv vor Überprotektionismus durch das Urheberrecht verstanden wird.

Wie die Rechtsprechungsauswertung zeigt, ist es aber ein so wertungsoffenes **297** Merkmal, dass trotz Absenkung der Anforderung an die Gestaltungshöhe auf das Maß der rein bildenden Kunst inhaltlich ähnliche Entscheidungen getroffen werden oder im Einzelfall auch höhere oder deutlich niedrigere Anforderungen an die urheberrechtliche Schutzschwelle für angewandte Kunst gestellt werden als vor dem Urteil Geburtstagszug. Es sind aber sowohl „Pauschalurteile“ zur Absenkung oder Absenkung des Urheberrechtsschutzes nach den Grundsätzen des § 286 ZPO nicht geboten, also auch eine reine Suche nach „ästhetischen“ Merkmalen ohne Ermittlung, ob eine „persönliche geistige Botschaft“ damit verbunden ist. Wie die Kritik des Schrifttums zeigt, kommt diese Botschaft aber oft nicht bei den Richtern „an“, etwa nicht bei Werken der funktionalen Ästhetik und des Industriedesigns im Verhältnis zu Ziergegenständen.

Der geforderte Grad der Gestaltungshöhe müsste eigentlich – wie vom **298** Geburtstagszug-Urteil vorgesehen – auf der Schwelle der rein bildenden Kunst liegen und damit gegenüber den ursprünglichen, erhöhten Anforderungen an die Gestaltungshöhe leicht abgesenkt sein.

Im fünften Kapitel[508] wird näher untersucht werden, ob sich dieses Merkmal **299** zur Abgrenzung von bildender Kunst und angewandter Kunst eignet.

---

506 Vgl. *Szalai*, ZUM 2014, 231 (232).

507 Vgl. *Klawitter*, GRUR-Prax 2014, 30 (32).

508 Vgl. Rn. 420 ff., 427 ff. zu Vorschlägen aus der Rechtswissenschaft, das Merkmal „der Schöpfungshöhe“ bzw. das Merkmal „künstlerisch“ für den urheberrechtlichen Werkbegriff aufzugeben.

C. Begrenzung des Schutzumfangs

I. Auslegung

300 Durch die Formel, je geringer die Gestaltungshöhe sei, desto geringer sei auch das urheberrechtliche Schutzniveau, wird der Schutzbereich für angewandte Kunst nicht prinzipiell begrenzt. Die Formel gibt vielmehr nur eine Fallgruppe in Abgrenzung zur „freien Benutzung" vor. Hat eine Gestaltung nur wenige individuelle, künstlerische Merkmale, so wird sie schon bei kleinen Abänderungen dieser Merkmale „verblassen", während individuellere Merkmale auch bei leichten Variationen durch einen Nachahmer noch „durchscheinen". Die Schwierigkeit, in Einzelfällen die Gestaltungshöhe und die eventuelle „freie Benutzung" zu beurteilen, bleibt bestehen.[509] Es sind noch keine Folgeentscheidungen des Geburtstagszug-Urteils ersichtlich, in denen dieses Schutzkriterium ausschlaggebend war.

II. Auswirkungen auf das Schutzniveau

301 Die Theorie, eine geringere Gestaltungshöhe führe zu einem engeren Schutzbereich ist nicht neu, sondern bereits ständige deutsche Rechtsprechung[510] und deshalb nicht geeignet, das Schutzniveau im Nachgang des Geburtstagszug-Urteils zu verändern.

III. Kritik

302 Es besteht nach der „Je-Desto-Formel" kein Automatismus, dass angewandter Kunst immer nur eine geringe Gestaltungshöhe und damit ein geringer Schutzumfang zugesprochen werden dürfte.[511] Eine pauschale Schutzverringerung für

---

509 Zur Schwierigkeit der Abgrenzung zwischen unfreier Bearbeitung und freier Benutzung auch: *Barudi*, KUR 2014, 11 (15).

510 BGH, Urteil vom 13.11.2013 – I ZR 143/12, *Geburtstagszug*, Rn. 41, BGHZ 199, 52 (68), mit Hinweis auf: BGH, Urteil vom 20.11.1986 – I ZR 160/84, *Werbepläne*, GRUR 1987, 360 (361); BGH, Urteil vom 28.02.1991 – I ZR 88/89, *Explosionszeichnungen*, GRUR 1991, 529 (530) m.w.N.; BGH, Urteil vom 01.06. 2011 – I ZR 140/09, *Lernspiele*, Rn. 63, GRUR 2011, 803 (808); vgl. auch BGH, Urteil vom 16.04.1975 – I ZR 16/74, *Gemäldewand*, GRUR 1976, 261 (263); BGH, Urteil vom 24.09.1987 – I ZR 142/85, *Messergriff*, GRUR 1988, 369 (370); BGH, Beschluss vom 01.06.1988 – I ZR 22/866, *Hufeisen-Uhren*, GRUR, 1988, 907 (908).

511 So befürchtet etwa von *Mroß*, Technische Funktionalität, Rn. 437.

angewandte Kunst wäre eine unzulässige Schutzbegrenzung.[512] Bedeutung hat diese Einschränkung zudem nur bei Nachahmungen, aber z.B. Ansprüche auf nachträgliche Vertragsanpassung gem. § 32a UrhG werden durch dieses Kriterium nicht beschränkt.[513]

D. Ergebnis des 3. Kapitels

Der BGH hat folglich keine völlig neuen urheberrechtlichen Schutzkriterien festgelegt, sondern hält weiterhin an der Lehre von der Gestaltungshöhe als „ästhetischem Überschuss" fest. Der Verweis auf den EuGH im Zusammenhang mit dem Spielraum-Begriff kann nicht so verstanden werden, dass sich der BGH doch dem europäischen Werkbegriff angeschlossen hätte. Wie oben dargelegt, knüpft dieser nämlich nicht an ästhetischen Kriterien an. Einzig aufgegeben hat der BGH die besondere Erhöhung der urheberrechtlichen Schutzschwelle für angewandte Kunst. Dadurch ist es nicht mehr möglich, rein statistisch zwischen Werken zu unterscheiden, die „überdurchschnittlich" oder „weit überdurchschnittlich" sind, und Urheberrechtsschutz erst ab einem „weit überdurchschnittlichen" quantitativen Maß an Individualität zu gewähren. 303

Da es jedoch schutzentscheidend bleibt, ob ein Werk „künstlerisch" und „ästhetisch" ist, können trotz Absenkung der Anforderung an die Gestaltungshöhe inhaltlich ähnliche Entscheidungen getroffen werden. Im folgenden Kapitel wird untersucht, wie sich diese neue Schutzschwelle praktisch auswirkt und im letzten Kapitel werden Vorschläge zur Reform dieser Abgrenzungskriterien erörtert. 304

---

512 So auch: OLG Köln, Urteil vom 20.02.2015 – 6 U 131/14, *Airbrush-Urnen*, Rn. 36, zit. n. juris.

513 Vgl. *Mezger*, Die Schutzschwelle für Werke der angewandten Kunst, 193, mit Hinweis auf Urheberpersönlichkeitsrechte, Verwertungsrechte und die lange urheberrechtliche Schutzdauer.

4. Kapitel: Auswirkung des Geburtstagszug-Urteils

A. Rechtsprechungsübersicht nach Fallgruppen

Etwa fünf Jahre nach dem Geburtstagszug-Urteil kann die Bilanz gezogen werden, dass die erwartete „Prozessflut“[514] ausgeblieben ist.[515] Deshalb ist es auch nicht möglich, anhand der veröffentlichten Urteile gesicherte Aussagen zu treffen, ob sich die Gewährung von Urheberrechtsschutz für bestimmte Designkategorien grundlegend geändert hat. Die Entwicklung geht – abseits der Theorie, wonach auch ein erhöhter oder gleichbleibender Schutz möglich wäre – tatsächlich aber in Richtung der Absenkung der Schutzschwelle, wobei Tendenzen der ursprünglichen Fallgruppen erhalten bleiben. Um die Schutzfähigkeit einer Gestaltung einzuschätzen, kann auf diese Schutztendenzen sowie die bisherigen[516] und die im vorstehenden Kapitel dargelegten neuen Abgrenzungskriterien der Rechtsprechung zurückgegriffen werden. 305

Die Praxis, Schmuck[517] und den als museumsreif anerkannten Bauhaus-Möbeln[518] Urheberrechtsschutz zu gewähren, hält weiter an. Die Schutzgewährung für die Zeichnung auf einer Urne[519] oder auf Bierflaschen-Etiketten[520] sowie Salz- und Pfefferstreuer in Pferdeform[521] kann man den Fallgruppen „Zeichnungen“ und „Figuren“ zuteilen, für die bereits vor Aufgabe der Stufentheorie tendenziell Urheberrechtsschutz zugesprochen wurde. Auch die Ablehnung von Urheberrechtsschutz für Gebrauchsgrafik in Form einer Fußball-Stecktabelle[522] und Industriedesign in Form einer Porzellanserie[523] passt zu der ursprünglichen 306

---

514 *Hoeren*, MMR 2014, 333 (338): *„Prozessflut wird kommen“*.

515 So auch bereits: *Hartmann*, WRP 2016, 1327, Rn. 1.

516 Vgl. oben Rn. 97.

517 Vgl. LG München, Urteil vom 18.07.2014, 21 O 12546/13, Rn. 40, zit. n. juris in Bezug auf eine Brosche.

518 Vgl. BGH, Urteil vom 05.11.2015 – I ZR 76/11, *Wagenfeld-Leuchte II*, GRUR 2016, 487; BGH, Urteil vom 05.11.2015, I ZR 91/11 – *Marcel-Breuer-Möbel II*, GRUR 2016, 490.

519 Vgl. OLG Köln, Urteil vom 20.02.2015 – 6 U 131/14, *Airbrush-Urnen*, zit. n. juris.

520 Vgl. LG Hamburg, Urteil vom 07.07.2016 – 310 O 212/1, *Minimalistische Bierflaschen*, BeckRS 2016, 13769; anhängig beim OLG Hamburg unter Az. 5 U 149/16.

521 Vgl. LG Hamburg, Urteil vom 01.06.2016 – 308 O 281/15, zit. n. juris.

522 Vgl. OLG Nürnberg, Urteil vom 20.05.2014 – 3 U 1874/13, *Fußball-Stecktabelle*, GRUR 2014, 1199 (1201).

523 Vgl. LG Köln, Urteil vom 27.03.2015 – 14 O 60/15, *Porzellanserie*, BeckRS 2016, 12866.

Grob-Einteilung der Fallgruppen. Abweichend von der früheren Tendenz, nach der Urheberrechtsschutz für diese Formen der Gebrauchsgrafik abgelehnt worden wäre, wurden jedoch einem Tapetenmuster,[524] einer Website[525] und einem Logo[526] Urheberrechtsschutz gewährt sowie – abweichend vom früher eher unwahrscheinlichen Urheberrechtsschutz für Produktdesign – Wasserpfeifen[527] und einem Kaffeezubereiter[528] Urheberrechtsschutz zugesprochen.

B. Folgen für Designer und Design-Nutzer

307 Im Folgenden soll aufgezeigt werden, wie sich der Verzicht auf die Stufentheorie hauptsächlich praktisch auf den Urheber- und Designschutz auswirkt.

I. Urheberrechte

1. *Urheberpersönlichkeitsrechte*

308 Nach Aufgabe der Stufentheorie besteht die Möglichkeit, dass Urheber, deren Werke früher aufgrund ihrer für durchschnittlich befundenen Schöpfungshöhe vom Urheberrechtsschutz ausgeschlossen waren, von den Urheberpersönlichkeitsrechten profitieren. Diese werden nicht durch die Begrenzung des Schutzumfangs nach einer Je-desto-Formel („*je geringer die Schöpfungshöhe, desto geringer der Schutzumfang*") erfasst.

309 Da es sich beim Urheberrecht um ein ungeprüftes Recht handelt, das *ipso jure* im Zeitpunkt der Werkschöpfung entsteht, und keine festen Fallgruppen für die Einordnung von Design als angewandte Kunst existieren,[529] bietet es sich an, in Verträgen mit Designern bereits Vereinbarungen über das gemeinsame Verständnis der Persönlichkeitsrechte zu treffen, um spätere Streitfälle zu vermeiden.[530]

---

524 Vgl. OLG Frankfurt a.M., Urteil vom 30.06.2015 – 11 U 56/15, *Tapetenmuster*, ZUM-RD 2015, 589 (590).

525 Vgl. FG Köln, Urteil vom 30.10.2014 – 15 K 3326/11, BeckRS 2015, 94192.

526 Vgl. OLG München, Beschluss vom 16.07.2014 – 29 U 4823/13, *Graffiti-Logo*, ZUM-RD 2015, 190; LG München I, Urteil vom 26.11.2014 – 37 O 28164/13, *K1X Logo in Form eines Graffitis*, ZUM 2015, 423 (428).

527 Vgl. OLG Frankfurt a.M., Urteil vom 20.01.2015 – 11 U 101/12, *Wasserpfeifen*, GRUR-RR 2015, 242 (244).

528 LG Hamburg, Urteil vom 29.08.2014 – 310 O 13/12, BeckRS 2014, 119878.

529 Vgl. oben Rn. 87 ff.

530 So auch: *Hahn/Glückstein*, ZUM 2014, 380 (382); *Ludwig*, K&R 2014, 106 (111).

Dies hat Bedeutung für das Urhebernennungsrecht aus § 13 Satz 2 UrhG, während die anderen Urheberpersönlichkeitsrechte – das Erstveröffentlichungsrecht gem. § 12 UrhG,[531] das Recht auf Anerkennung als Designer[532] und das Änderungs- und Entstellungsverbot gem. §§ 14, 39 UrhG[533] – Designern bereits im Rahmen des Allgemeinen Persönlichkeitsrechts gewährt werden. 310

Im Unterschied zu § 10 DesignG, wonach ein Designer nur das Recht hat, im Verfahren vor dem Deutschen Patent- und Markenamt und im Register als Entwerfer benannt zu werden, gewährt § 13 Satz 2 UrhG das Recht zu bestimmen, ob das Werk mit einer Urheberbezeichnung zu versehen und welche Bezeichnung zu verwenden ist. In Rechtsprechung und Lehre ist anerkannt, dass dieses Urheberpersönlichkeitsrecht – ggf. zusammen mit dem Allgemeinen Persönlichkeitsrecht und dem Recht auf Anerkennung der Urheberschaft aus § 13 Satz 1 UrhG – so auszulegen ist, dass über das Urhebernennungsrecht auf Werkstücken eine generelle Verpflichtung besteht, den Urheber bei jeder körperlichen oder unkörperlichen Nutzung seines Werkes zu benennen.[534] Es wird davon ausgegangen, dass der Urheber diese Rechte geltend macht.[535] Ein stillschweigendem Verzicht des Urhebers auf diese Rechte wird nur bei Branchenüblichkeit oder bei Unzumutbarkeit aufgrund technischer Schwierigkeiten[536] angenommen. Dazu muss aber beweisen werden, dass diese bestehen und den Betroffenen bekannt waren. Die Berufung auf eine Branchenübung kann auch scheitern, wenn diese als „Unsitte“ gewertet wird.[537] Zudem kann ein unberechtigter Nutzer, der gar keine – auch keine stillschweigende – Vereinbarung mit dem Urheber getroffen 311

531 Vgl. zur bisherigen Gewährung: *Kühne*, in: Eichmann/von Falckenstein/Kühne, DesignG, Systematik des Designrechts A. Allgemeines zum Designrecht Rn. 23.

532 Vgl. zur bisherigen Gewährung: BGH GRUR 78, 583 (585) – *Motorkettensäge*; *Kühne*, in: Eichmann/von Falckenstein/Kühne, DesignG, Systematik des Designrechts A. Allgemeines zum Designrecht Rn. 22.

533 Vgl. zur bisherigen Gewährung: BGH GRUR 78, 583 (585) – *Motorkettensäge*; *Kühne*, in: Eichmann/von Falckenstein/Kühne, DesignG, Systematik des Designrechts A. Allgemeines zum Designrecht Rn 24. Das urheberrechtliche Recht zum Rückruf wegen gewandelter Überzeugung gem. § 42 UrhG tritt jedoch hinzu. Dies lässt sich nicht vertraglich abbedingen, vgl. *Spautz/Götting*, in: Ahlberg/Götting, BeckOK, UrhG, § 42 Rn. 14. Zur vorherigen Nichtgewährung vgl.: *Kühne*, in: Eichmann/von Falckenstein/Kühne, DesignG, Systematik des Designrechts A. Allgemeines zum Designrecht Rn. 25.

534 Vgl. ausführlich dazu: *Schulze*, in: Dreier/Schulze, UrhG, § 13 Rn. 3 ff. m.w.N.

535 Vgl. *Schulze*, in: Dreier/Schulze, UrhG, § 13 Rn. 8.

536 Vgl. *Kroitzsch/Götting*, in: Ahlberg/Götting, BeckOK, UrhG, § 13 Rn. 6 m.w.N.

537 So *Hahn/Glückstein*, ZUM 2014, 380 (383) m.w.N.

hat, sich nicht durch die Berufung auf eine Verkehrssitte entlasten.[538] Im Zweifel wird für den Urheber entschieden.[539]

312 Es ist jedoch nicht zu erwarten, dass auf jedem Werkstück – etwa einem Möbel- oder Schmuckstück – nunmehr der Designer benannt werden muss. Es gilt als anerkannte Branchenübung, dass eine Urhebernennung auf Vervielfältigungsstücken der angewandten Kunst nicht erforderlich ist.[540] Zu erwarten wäre jedoch eine Nennung in der Werbung oder auf der Verpackung.[541] Sollte dies nicht gewollt sein, empfiehlt es sich, ausdrückliche vertragliche Regelungen über die Ausübung und den Umfang des Urhebernennungsrechts und des Rechts auf Anerkennung der Urheberschaft bei möglichem Urheberrechtsschutzes für Design zu treffen. Dabei ist jedoch zu beachten, dass ein Urheber nicht pauschal[542] und nicht auf den Kern seines Urheberpersönlichkeitsrechts verzichten kann.[543] Es gilt zudem die sogenannte Zweckübertragungslehre, wonach der Urheber im Zweifel nur so viele Nutzungsrechte einräumt, wie unbedingt nötig.[544] Deshalb sollte die vertragliche Reglung möglichst detailliert auf konkrete Fälle der Urhebernennung (z.B. auf dem Werkstück, in der Werbung etc.) eingehen.

2. Vergütungsregeln nach Urhebervertragsrecht

313 Eine weitere Folge von urheberrechtlichem Schutz – unabhängig von der Schöpfungshöhe – ist das Eingreifen zwingender Vergütungsregeln des sogenannten „Urhebervertragsrechts" gem. §§ 31a, 32 ff., 36 f. UrhG.

314 §§ 32, 32 a UrhG i.V.m. § 242 BGB gewähren Urhebern den Anspruch, von Inhabern eines Nutzungsrechts an ihren Werken die Einwilligung in eine

538 Vgl. *Schulze*, in: Dreier/Schulze, UrhG, § 13 Rn. 26 m.w.N.

539 So auch *Schulze*, in: Dreier/Schulze, UrhG, § 13 Rn. 28 m.w.N.

540 Ausführlich dazu: *Hahn/Glückstein*, ZUM 2014, 380 (383) m.w.N.

541 So *Hahn/Glückstein*, ZUM 2014, 380 (383) m.w.N., die zusätzlich nach werkbezogenen und nicht werkbezogenen Nutzungen differenzieren. Während bei ersteren (z.B. Werbekatalogen) eine Nennung zu erwarten wäre, sei bei Letzteren (z.B. Spielfilmen) eher die Branchenüblichkeit der Nicht-Nennung oder ein Eingreifen der Schrankenregelung aus § 57 UrhG (unwesentlichen Beiwerk) zu erwarten.

542 Vgl. *Schulze*, in: Dreier/Schulze, UrhG, § 13 Rn. 25: m.w.N., dass ein genereller Verzicht oder eine Klausel, wonach dem Urheber bei fehlender Urhebernennung keine gesonderten Ansprüche zustehen, unwirksam sind.

543 Vgl. *Schulze*, in: Dreier/Schulze, UrhG, § 13 Rn. 24.

544 Vgl. ausführlich zur Zweckübertragungslehre: *Schulze*, in: Dreier/Schulze, UrhG, § 31 Rn. 110 ff. m.w.N.

nachträgliche Vergütungsanpassung zu verlangen, wenn die ursprünglich vereinbarte Vergütung in einem auffälligen Missverhältnis zu den Erträgen und Vorteilen aus der Nutzung des Werkes steht (sog. „Bestsellerparagraf").

Diese Ansprüche waren Gegenstand des Leiturteils „Geburtstagszug". Die klagende Designerin hatte einem Spielzeughersteller gegen ein Entgelt von insgesamt 1902 DM und 54 Euro Nutzungsrechte an vier Design-Entwürfen aus den Jahren 1998-2002 eingeräumt. Die darauf basierenden Produkte wurden unstreitig zu Bestsellern. Die Designerin betrachtete vor diesem Hintergrund eine nachträgliche Vergütungsanpassung auf fünf Prozent des vereinnahmten Nettoerlöses (mind. 160.000 Euro) und auf einen mindestens ebenso hohen Anteil des zukünftigen Nettoverkaufspreises als angemessen. 315

Designern ist eine Überprüfung ihrer Lizenzverträge auf Angemessenheit zu empfehlen.[545] Aufgrund des zwingenden Charakters der Vergütungsansprüche, können solche Nachforderungen nicht vertraglich ausgeschlossen werden. Es ist aber möglich, im Vertrag festzuhalten, welche Überlegungen der Vergütungsregel zu Grunde liegen, um spätere Auslegungsschwierigkeiten zu vermeiden.[546] 316

3. *Durchsetzbarkeit der urheberrechtlichen Ansprüche*

Im Geburtstagszug-Urteil und den Vor- und Nachinstanzen ging es auch wesentlich um die Frage, ob die Vergütungsansprüche noch durchsetzbar oder aber verjährt sind. Für die Verjährung von Urheberrechtsansprüchen gelten gem. § 102 Satz 1 UrhG die §§ 194 ff. BGB. Die regelmäßige Verjährungsfrist gem. §§ 195, 199 BGB beträgt drei Jahre und beginnt mit dem Schluss des Jahres, in dem der Anspruch entstanden ist und der Gläubiger von den anspruchsbegründenden Umständen und der Person des Schuldners (d.h. seiner ladungsfähigen Anschrift) Kenntnis erlangt hat oder ohne grobe Fahrlässigkeit hätte erlangen müssen. 317

Nach den Feststellungen des OLG Schleswig hatte die Klägerin spätestens im Jahr 2003 Kenntnis davon, dass Geburtstagszug und Geburtstagskarawane sich 318

545 So auch *Strauß*, GRUR-Prax 2014, 17.

546 Ähnlich *Strauß*, GRUR-Prax 2014, 17, der empfiehlt, etwa festzuhalten, dass die Vergütungsregel unter „Berücksichtigung der gesamten Beziehungen" der Parteien erfolge. Diese Formulierung dürfte jedoch keinen Bestand haben, wenn eine nachträgliche Veränderung der Umstände eintritt (z.B. ein ungeahnter Verkaufserfolg) und wäre außerdem zu unkonkret, so dass sie im Rahmen der Zweckübertragungslehre immer zu Gunsten des Urhebers ausgelegt würde.

zu Bestsellern entwickelt hatten.[547] Stichtag für den Verjährungsbeginn urheberrechtlicher Ansprüche in Bezug auf angewandte Kunst ist laut BGH aber der Schluss des Jahres 2014, in dem das Urteil „*Geburtstagszug I*" veröffentlicht wurde. Vorher sei eine Klageerhebung aufgrund der zweifelhaften Rechtslage nicht zumutbar gewesen.[548]

319 Zudem dürfe bei neu entstandenen Ansprüchen auf Vergütungspassung gem. § 32a Abs. 1 Satz 1 UrhG (etwa durch fortgesetzte Nutzungshandlungen) nicht mit einer fiktiven Vergütungsanpassung gerechnet werden, sondern mit der tatsächlichen Vergütung zum streitgegenständlichen Zeitraum.[549] Es widerspreche dem Sinn und Zweck des § 32a UrhG – die faire Beteiligung des Urhebers zu verbessern – wenn die Unterstellung einer nicht erfolgten Vergütungsanpassung Sperrwirkung für neu entstehende Ansprüche entfaltet.[550]

320 Lagen diese Umstände alle bereits vor 2014 vor, so konnten Ansprüche noch bis Ende des Jahres 2017 geltend gemacht werden. Entstand der Anspruch vor Ende des Jahres 2014, trat die Kenntnis oder grob fahrlässige Unkenntnis aber gar nicht oder erst nachträglich ein, können sie noch zehn Jahre ab Entstehung (laut BGH am Ende des Jahres 2014), also bis Ende des Jahres 2024 geltend gemacht werden gem. § 199 Abs. 3 Nr. 1 bzw. Abs. 4 BGB. Für Schadensersatzansprüche, die vor Ende des Jahres 1994 entstanden sind, ist die – dann kürzere – dreißigjährige Verjährungshöchstdauer gem. § 199 Abs. 3 Satz 1 Nr. 2, Satz 2 BGB maßgeblich. Es gelten zudem die Verjährungshemmungsgründe gem. § 203 BGB.[551]

4. *Schranken*

321 Nutzer von Design sehen sich damit konfrontiert, dass mit der Aufgabe der Stufentheorie auch durchschnittliches Design als angewandte Kunst schutzfähig sein kann. Es stellt sich die Frage, inwieweit das Urheberrecht damit Nutzungshandlungen an Alltagsgegenständen verbietet.

322 Sollte keine Erlaubnis des Urhebers vorliegen, ist entscheidend, wie die urheberrechtlichen Schrankenregelungen in Bezug auf angewandte Kunst ausgelegt

---

547 OLG Schleswig, Urteil vom 11.09.2014 – 6 U 74/10, *Geburtstagszug II*, Rn. 57, BeckRS 2014, 17807.

548 BGH, Urteil vom 16.6.2016 – I ZR 222/14, *Geburtstagskarawane*, Rn. 42 ff., zit. n. juris, m.w.N.

549 BGH, Urteil vom 16.6.2016 – I ZR 222/14, *Geburtstagskarawane*, Rn. 53, zit. n. juris.

550 BGH, Urteil vom 16.6.2016 – I ZR 222/14, *Geburtstagskarawane*, Rn. 55, zit. n. juris, mit Hinweis auf: BGH, Urteil vom 22.09. 2011 – I ZR 127/10, *Das Boot*, Rn. 58 BGH, GRUR 2012, 496 (501).

551 Ähnlich auch *Reber*, in: Ahlberg/Götting, BeckOK, UrhG, § 102 Rn. 2.

werden. Von einer Schranke spricht man, wenn das Urheberrecht im Allgemeininteresse nur beschränkt gewährt wird.[552] Die im Deutschen Urheberrecht geltenden Schranken sind in den §§ 44a ff. UrhG abschließend aufgezählt.[553]

Eine vollumfängliche Kommentierung würde den Rahmen dieser Arbeit 323 sprengen. Es soll nur darauf aufmerksam gemacht werden, welche Besonderheiten für Werke der angewandten Kunst gelten und wie die Aufgabe der Stufentheorie sich im Rahmen der Schrankenregelungen auswirkt. Vertiefter soll nur auf §§ 51, 53, 57, 59, 62, 63 UrhG eingegangen werden, da diese für den Allgemeingebrauch von Werken der angewandten Kunst besonders relevant sind.

a. Zitat, § 51 UrhG

Gem. § 51 Abs. 1 Satz 2 Nr. 1 UrhG ist es zulässig, einzelne veröffentlichte Werke 324 der angewandten Kunst – z.B. Grafiken – ohne Zustimmung des Urhebers in ein selbstständiges wissenschaftliches Werk aufzunehmen (und damit zu vervielfältigen, zu verbreiten und öffentlich wiederzugeben), wenn dies zur Erläuterung des Inhalts geschieht (wissenschaftliches Großzitat).[554] Zudem gestattet es § 51 Abs. 1 Satz 2 Nr. 2 UrhG, Stellen eines veröffentlichten Werkes in ein selbstständiges Sprachwerk aufzunehmen (Kleinzitat).[555] Es werden jedoch hohe Anforderungen an die einzelnen Tatbestandsmerkmale gestellt.

Das Zitat, in das ein Werk aufgenommen werden kann, ist grundsätzlich ein 325 Sprachwerk. Eine analoge Anwendung auf Filmwerke ist anerkannt.[556] Ferner muss es sich um ein „selbstständiges Werk“ handeln, das bereits ohne das Zitat urheberrechtlichen Werkcharakter hätte. Eine „Kollage“ fremder Inhalte ohne persönliche geistige Schöpfung wäre unzulässig.[557] Ebenso reichte es nicht aus, wenn das eigene Werk nur durch ein Leistungsschutzrecht geschützt wäre, etwa bei einer Alltagsfotografie, die ein Lichtbild i.S.d. § 72 UrhG darstellt.[558] Das Zitatrecht lässt zwar grundsätzlich nur das Zitat einzelner „Stellen“ eines Werkes zu. In Literatur und Rechtsprechung ist aber anerkannt, dass der Zitatzweck

---

552 Vgl. dazu näher: *Dreier*, in: Dreier/Schulze, UrhG, Vorbemerkung zu Abschnitt 6 Rn. 1 ff.

553 Zum abschließenden Charakter der Aufzählung vgl. BGHZ 154, 260 (266) – *Gies-Adler*; *Schack*, Urheber- und Urhebervertragsrecht Rn. 537 m.w.N.

554 Vgl. zur Terminologie: *Schulz*, in: Ahlberg/Götting, BeckOK, UrhG, § 51 Rn. 15.

555 Vgl. zur Terminologie: *Schulz*, in: Ahlberg/Götting, BeckOK, UrhG, § 51 Rn. 18.

556 Vgl. *Lüft*, in: Wandtke/Bullinger, UrhG, § 51 Rn. 17 m.w.N.

557 Vgl. *Schulz*, in: Ahlberg/Götting, BeckOK, UrhG, § 51 Rn. 11.

558 Vgl. *Dreier*, in: Dreier/Schulze, UrhG, § 51 Rn. 9.

insbesondere bei Werken der bildenden Kunst rechtfertigen kann, das gesamte Werk zu übernehmen.[559]

326 Das Zitat muss zudem nach Art und Umfang vollständig vom Zitatzweck gedeckt sein, d.h. ein fremdes Werk darf nur zu den durch die Schranke gestatteten Zwecken und nur soweit zitiert werden, wie dies unbedingt erforderlich ist, um die Erörterungs- oder Belegfunktion zu erfüllen.[560] Beim Großzitat erfordert eine „Erläuterung des Inhalts" eine konkrete inhaltliche, wissenschaftliche Auseinandersetzung mit dem Werk. Es muss zum Beleg oder zur Erörterung eigener geistiger Inhalte verwendet werden.[561] Dabei genügt ein populärwissenschaftlicher Ansatz.[562] Die Verwendung zur Dekoration[563] oder zu Werbezwecken[564] wäre hingegen nicht ausreichend. Nicht umfasst wäre auch die Wiedergabe einer Grafik in sogenannten *thumbnails* von Internet-Suchmaschinen, da diese nur der Auffindbarkeit des Werkes dienen, nicht seiner Erläuterung.[565] Bei vielen Alltagsnutzungen wird es am erforderlichen wissenschaftlichen Zitatzweck fehlen. Ein sogenanntes „Kleinzitat" erfordert zwar keine wissenschaftliche Zwecksetzung, aber ebenfalls eine geistige Auseinandersetzung mit dem Werk. Diese kann aber über eine Erläuterung des Inhalts hinausgehen, etwa in Form einer *hommage*, zur Verdeutlichung einer Stimmung oder als Parodie.[566] Insgesamt wird diese Schranke wegen der erforderlichen geistigen Auseinandersetzung schwerlich bei unbedachten Alltagsnutzungen greifen.

559 Vgl. BGH, Urteil vom 30.11.2011 – I ZR 212/10, *Blühende Landschaften*, GRUR 2012, 819; *Lüft*, in: Wandtke/Bullinger, UrhG, § 51 Rn. 15 m.w.N.

560 *Schulz*, in: Ahlberg/Götting, BeckOK, UrhG, § 51 Rn. 12 ff.

561 Vgl. *Schulz*, in: Ahlberg/Götting, BeckOK, UrhG, § 51 Rn. 17.

562 Vgl. *Schulz*, in: Ahlberg/Götting, BeckOK, UrhG, § 51 Rn. 16.

563 So: OLG Köln, Urteil vom 13.08.1993 – 6 U 142/92, *Filmausschnitt*, GRUR 1994, 47 (48).

564 So: KG, Urteil vom 13.01.1970 – 5 U 1457/69, *Eintänzer*, GRUR 1970, 616 (617); LG München I, Urteil vom 12.02.2014 – 21 O 7543/12, ZUM 2014, 596 (601); *Schulz*, in: Ahlberg/Götting, BeckOK, UrhG, § 51 Rn. 16; *Dreier*, in: Dreier/Schulze, UrhG, § 51 Rn. 3.

565 So: BGH, Urteil vom 29.04.2010 – I ZR 69/08, *Vorschaubilder*, GRUR 2010, 628 (630); *Obergfell*, in: Ulmer-Eilfort, VerlagsR, 1. Teil. Allgemeiner Teil Kapitel G. Schranken des Urheberrechts Rn. 33.

566 So *Dreier*, in: Schulze/Dreier, UrhG, § 51 Rn. 15 mit Hinweis u.a. auf: OLG Brandenburg, Urteil vom 19.03.2013 – 6 U 14/10, ZUM-RD 2013, 376; OLG Brandenburg, Urteil vom 09.11.2010 – 6 U 14/10, *Literarische Collage*, GRUR 2011, 141; OLG Hamburg, Urteil vom 26.02.2008 – 7 U 61/07, ZUM 2008, 690.

b. Quellenangabe, § 63 UrhG

Im Zusammenhang mit der Schrankenregel für Zitate ist die Pflicht zur Quellenangabe gem. § 63 UrhG zu beachten. Nach dieser Vorschrift kann der Urheber über sein aus dem Urheberpersönlichkeitsrecht folgendes Urhebernennungsrecht hinaus ein Recht auf weitere Quellenangaben haben. Dieses erfordert neben der Nennung des vollen Namens des Urhebers bei Werken der bildenden Kunst – worunter auch Werke der angewandten Kunst fallen – im Einzelfall etwa die Angabe eines möglichen Werktitels,[567] des Schöpfungsjahrs und des Aufstellungsorts. Bei Downloads aus dem Internet ist als Fundstelle die entsprechende URL anzugeben.[568] 327

Im Fall von achtlosen Nutzungen fremder Werke der angewandten Kunst dürfte es an diesen erforderlichen Quellenangaben meist fehlen. § 63 Abs. 2 UrhG enthält aber eine ausdrückliche Einschränkung dieser Pflicht zur Quellenangabe bei abweichender Verkehrssitte. Zudem entfällt die Verpflichtung zur Quellenangabe gem. § 63 Abs. 1 Satz 3 UrhG, wenn die Quelle nicht auf dem Werkstück genannt noch dem Nutzer bekannt ist, wobei zumutbare Nachforschungen verlangt werden.[569] 328

c. Vervielfältigungen zum eigenen Gebrauch, § 53 UrhG

Im Rahmen des § 53 UrhG sind Vervielfältigungen eines Werkes ohne Zustimmung des Urhebers erlaubt. Privilegiert sind private, nichtgewerbliche Nutzungen durch natürliche Personen gem. Abs. 1 und sogenannte sonstige eigene Nutzungen natürlicher oder juristischer Personen zu bestimmten Zwecken (z.B. für die Wissenschaft, Bildung oder Information über das Tagesgeschehen) gem. Abs. 2, 3. Umfasst sind sowohl Kopien zweidimensionaler Designs als auch der Nachbau dreidimensionaler Designs. Insbesondere ist der Nachbau von Werken angewandter Kunst nicht von § 53 Abs. 7 UrhG untersagt; der Wortlaut differenziert hier und nimmt nur den Nachbau von Werken der Baukunst von der Privilegierung aus. 329

Im Rahmen des § 54 UrhG erheben Verwertungsgesellschaften eine Vergütung von Herstellern typischer Kopiergeräte und Speichermedien. Der Nutzer muss sich also grundsätzlich um nichts kümmern – einige Kopiervorgänge wie 330

567 Vgl. OLG Hamburg, Urteil vom 27.09.1973 – 3 U 38/73, *Gartentor*, GRUR 1974, 165 (167); *Bullinger*, in: Wandtke/Bullinger, UrhG, § 63 Rn. 14.

568 So auch *Schulze*, in: Dreier/Schulze, UrhG, § 63 Rn. 12 m.w.N.

569 Vgl. zur Nachforschungspflicht: OLG Hamburg, Urteil vom 05.06.1969 – 3 U 21/69, *Heintje*, GRUR 1970, 38 (40).

Nachbauten werden sogar entgeltfrei bleiben, da sie (falls nicht gerade 3D-Drucker verwendet werden sollten) ohne typische Kopiergeräte erfolgen, von deren Herstellern die Vergütung erhoben wird.

331 Zu beachten sind jedoch die Grenzen der Vervielfältigungsschranke. So ist der Umfang stets darauf beschränkt, dass die Vervielfältigung zum privilegierten Zweck geboten ist und es greifen zahlreiche Ausnahmen. Zudem ist nur die Vervielfältigung erlaubt, nicht auch ihre Verbreitung oder öffentliche Wiedergabe. Zum Beispiel ist gem. § 53 Abs. 6 UrhG das Einstellen von Privatkopien in *file-sharing*-Börsen als Unterfall der öffentlichen Wiedergabe gem. § 15 Abs. 2, 19a UrhG untersagt.[570] Es dürfen z.B. auch sog. „Selfie-Fotografien" von Privatpersonen mit Werken der angewandten Kunst für den Privatgebrauch hergestellt werden. Nicht gedeckt wäre aber z.B. deren öffentliche Zugänglichmachung im Netz oder ihre kommerzielle Vermarktung.

d. Unwesentliches Beiwerk, § 57 UrhG

332 Zu Rechtfertigung von Alltagsnutzungen kommt vielmehr vor allem die Schranke des § 57 UrhG in Betracht, die Vervielfältigungen, Verbreitungen und öffentliche Wiedergaben[571] von Werken der angewandten Kunst erlaubt, soweit diese im Verhältnis zum Hauptgegenstand dieser Verwertungshandlungen nur als „unwesentliches Beiwerk" anzusehen sind.

333 Der BGH hat in einer neueren Entscheidung[572] ausführlich Stellung zur streitigen Auslegung des Begriffs „unwesentliches" Beiwerk genommen. Demnach sei zunächst im Einzelfall der Hauptgegenstand der Verwertungshandlung zu bestimmen. Beurteilungsmaßstab sei dabei die Sicht eines objektiven Durchschnittsbetrachters.[573] Bei Möbelkatalogen etwa solle die einzelne Abbildung entscheidend sein,[574] bei Filmwerken komme es nicht auf das einzelne Standbild, sondern auf die jeweilige Filmszene an.[575] Ein unwesentliches Beiwerk liegt laut BGH vor,

---

570 So *Lüft*, in: Wandtke/Bullinger, UrhG, § 53 Rn. 44.

571 Mitumfasst davon soll auch die öffentliche Zugänglichmachung im Sinne von § 19a UrhG sein, so BGH, Urteil vom 17.11.2014 – I ZR 177/13, *Möbelkatalog* 1. Leitsatz, Rn. 15, GRUR 2015, 667 (668).

572 BGH, Urteil vom 17.11.2014 – I ZR 177/13, *Möbelkatalog*, GRUR 2015, 667.

573 So BGH, Urteil vom 17.11.2014 – I ZR 177/13, *Möbelkatalog*, Rn. 21, GRUR 2015, 667 (669) m.w.N.

574 BGH, Urteil vom 17.11.2014 – I ZR 177/13, *Möbelkatalog*, Rn. 23, GRUR 2015, 667 (669).

575 So: *Hahn/Glückstein*, ZUM 2014, 380 (385).

> *„wenn es zum einen im Verhältnis zum Hauptgegenstand weggelassen oder ausgetauscht werden kann, ohne dass dies dem durchschnittlichen Betrachter auffällt oder ohne, dass die Gesamtwirkung des Hauptgegenstands in irgendeiner Weise beeinflusst wird"* und zum anderen, *„wenn es durch seine Zufälligkeit und Beliebigkeit in keiner auch noch so geringfügigen inhaltlichen Beziehung zum Hauptgegenstand der Verwertung steht."*

Eine derart nebensächliche Bedeutung könne,

> *„dem mitverwerteten Werk regelmäßig nicht mehr zugewiesen werden, sobald es erkennbar stil- oder stimmungsbildend oder eine bestimmte Wirkung oder Aussage unterstreichend in das Hauptwerk oder den eigentlichen Gegenstand der Verwertung einbezogen wird, einen dramaturgischen Zweck[576] erfüllt oder sonst – etwa für eine Film- oder Theaterszene – charakteristisch ist."*[577]

Damit kombiniert der BGH zwei in der Rechtsprechung und Lehre vertretene enge Auslegungen miteinander, nämlich, dass ein Beiwerk nur unwesentlich sei, wenn es die Wirkung des Hauptverwertungs-gegenstandes auch nicht nur im Geringsten verändere[578] und wenn es ohne Beeinträchtigung der Gesamtwirkung des Hauptgegenstandes ausgetauscht werden könnte.[579] Durch die objektive Auslegung von Hauptverwertungsgegenstand und Unwesentlichkeit des Beiwerks erteilt der BGH jedoch der Auslegung eine Absage, wonach bereits jede absichtliche Darstellung der Annahme eines unwesentlichen Beiwerks entgegensteht.[580] Zudem folgt der BGH nicht der Rechtsprechung, wonach es bereits einen inhaltlichen Zusammenhang des Beiwerks mit dem Hauptverwertungsgegenstand darstellen soll, wenn dieses sich harmonisch in diesen einfügt.[581] 334

576 Vorher vertreten durch *Hahn/Glückstein*, ZUM 2014, 380 (385 f.), mit Hinweis auf die Gesetzesbegründung, BT-Dr. IV/270, 75.

577 BGH, Urteil vom 17.11.2014 – I ZR 177/13, *Möbelkatalog* 4. Leitsatz, Rn. 27, GRUR 2015, 667 (670).

578 *Nordemann*, in: Fromm/Nordemann, 10. Aufl., § 57 Rn. 2.

579 OLG München, Urteil vom 09.06.1988 – 6 U 4132/87, NJW 1989, 404; OLG München, Urteil vom 13. März 2008 – 29 U 5826/07, ZUM-RD 2008, 554; *Dreier*, in: Dreier/Schulze, UrhG, § 57 Rn. 2; *Vogel*, in: Schricker/Loewenheim, § 57 Rn. 6.

580 So vormals bereits: OLG München, Urteil vom 13. März 2008 – 29 U 5826/07, ZUM-RD 2008, 554 (555); OLG München, Urteil vom 09.06.1988 – 6 U 4132/87, NJW 1989, 404; für die subjektive Auslegung: *Vogel*, in: Schricker/Loewenheim, § 57 Rn. 10; *Nordemann*, in: Fromm/Nordemann, 10. Aufl., § 57 Rn. 2.

581 So vormals OLG München, Urteil vom 09.06.1988 – 6 U 4132/87, NJW 1989, 404, ablehnend für ein in einem Möbelprospekt im Hintergrund abgebildetes Gemälde, weil es sich harmonisch einfüge und so zur positiven Gesamtwirkung des Prospektfotos beitrage; abgelehnt in BGH, Urteil vom 17.11.2014 – I ZR 177/13, *Möbelkatalog*

335 In der Literatur wird diese Auslegung teilweise als zu restriktiv gewertet, um mit dem Phänomen umzugehen, dass viele potentiell urheberrechtsschutzfähige Designgegenstände als Gebrauchsgegenstände zum Beispiel Bestandteil von Fotos oder Filmen über die Lebenswirklichkeit werden.[582] Dies müssten die Urheber von Designgegenständen hinnehmen, da deren Verwendung als Gebrauchsgegenstände mit ihrem Wissen und Wollen geschehe. Ein „unwesentliches Beiwerk" soll ein Gebrauchsgegenstand deshalb grundsätzlich sein, wenn er nach seinem typischen Verwendungszweck eingesetzt wird, es sei denn, er stehe bei der Verwertung visuell oder dramaturgisch so im Vordergrund, dass er nicht mehr als unwesentlich für die Verwertung angesehen werden könne.[583]

336 Die höchstrichterliche Auslegung verdient Zustimmung, soweit sie zu einer klaren analytischen Trennung zwischen Hauptverwertungs-gegenstand und Beiwerk beiträgt, durch die objektive Auslegung nicht jede bewusste Einbeziehung bereits als wesentlich wertet und mit dem Merkmal „charakteristisch" einen guten Anhaltspunkt für die Beurteilung der Wesentlichkeit im Einzelfall bietet. Es wäre unrealistisch, etwa eine Filmszene gedanklich in lauter einzeln zu beurteilende Standbilder zu unterteilen. Ebenso würde es lebensfern die Anwendung dieser Schrankenregelung auf jedes professionell erstellte Foto oder Filmwerk ausschließen, wenn bereits die absichtliche Aufnahme zu einem Schutzausschluss führen würde.[584] Zudem widerspräche dies bereits dem Begriff „Bei-Werk", wonach auch dieses bewusst ins geistige Werk einbezogen wird. Zu begrüßen ist auch das Abstellen auf einen charakteristischen inhaltlichen Zusammenhang mit dem Hauptverwertungszweck, denn es geht im Kern der Schranke darum, ob sich der Nutzer das fremde Werk wirtschaftlich zu eigen macht, indem es eine wesentliche Rolle bei der Verwertung spielt.

Rn. 28, GRUR 2015, 667 (670): vorher vertreten durch *Hahn/Glückstein*, ZUM 2014, 380 (385).

582 Als Beispiele genannt werden etwa Autos bei verfilmten Verfolgungsjagden, Blumenvasen auf Bildern oder in Filmszenen und Modeschöpfungen, die Schauspieler als Kostüme tragen, vgl. *Mezger*, Die Schutzschwelle für Werke der angewandten Kunst, 198; *Hahn/Glückstein* ZUM 2014, 380 (384 ff.); *Cornels*, Die Schranken des Designrechts, 69, 74.

583 *Hahn/Glückstein* ZUM 2014, 380 (385 f.); von *Metzger*, Die Schutzschwelle für Werke der angewandten Kunst, 199, wohl so verstanden, dass ein unwesentliches Beiwerk ohne Einschränkung bei jedem Alltagsgebrauch vorliegen solle.

584 So auch *Hahn/Glückstein*, ZUM 2014, 380 (385).

Widersprüchlich ist jedoch die Kombination der sehr engen und der engen Auslegung mit dem Merkmal „charakteristisch". Auch ein für die Hauptverwertung uncharakteristisches Beiwerk kann die Gesamtwirkung des Hauptgegenstands *„in irgendeiner Weise beeinflussen"* oder eine *„geringfügige inhaltliche Beziehung zum Hauptgegenstand der Verwertung entfalten"*. Die erste Auslegung ist zu eng, da jedes wahrnehmbare Werk die Gesamtwirkung irgendwie beeinflusst. Als geistiges Werk ist es schließlich darauf angelegt, eine geistige Wirkung zu erzielen. Aus demselben Grund kann auch ein unwesentliches Beiwerk jedem Durchschnittsbetrachter auffallen. Es ist aber nicht davon auszugehen, dass die Schranke keinen wirklichen Anwendungsbereich haben soll.[585] Nach dem Wortlaut „unwesentliches Beiwerk" erscheint es auch zu eng ausgelegt, jede *„noch so geringfügige inhaltliche Beziehung zum Hauptverwertungszweck"* vom Schutz auszunehmen, da damit noch keine Wesentlichkeitsschwelle überschritten wird. Ebenso erscheint es nicht gerechtfertigt, nur zufällige Mitverwertungen in die Schranke einzubeziehen, da auch Unwesentliches bewusst miteinbezogen werden kann. Dafür spricht, wie bereits in Rechtsprechung[586] und Literatur angemerkt,[587] auch die Gesetzesbegründung,[588] wonach etwa die Aufnahme von Gemälden anlässlich einer Filmszene oder die Aufnahme von zufällig ertönender Musik beim Filmen eines Reiseberichts als Regelbeispiele für ein „unwesentliches Beiwerk" angeführt werden, obwohl etwa die Musik zwangsläufig den Gesamteindruck der Szene mitbestimmt und inhaltlich etwas über die in der Szene vorkommenden Menschen aussagt. Auch eine generelle freie Verwertung von Alltagsgegenständen kann nicht gewollt sein, da diese als angewandte Kunst ausdrücklich urheberrechtsschutzfähig sind. 337

Auf den Grad der visuellen oder dramaturgischen Bedeutung für die Hauptverwertung abzustellen, deckt sich jedoch mit der sinnvollen Auslegung des BGH, auf die inhaltliche Charakteristik des Beiwerks für die Hautverwertung abzustellen. 338

Nach diesen Grundsätzen wird hier, in Abänderung der Leitsätze des BGH, folgende Auslegung des Begriffs „unwesentliches Beiwerk" vertreten: Ein unwesentliches Beiwerk liegt vor, wenn das mitverwertete Werk im Verhältnis zum 339

585 So auch: OLG Köln, Urteil vom 23.08.2013 – 6 U 17/13, ZUM-RD 2014, 102 (103); *Hahn/Glückstein*, ZUM 2014, 380 (385).

586 OLG Köln, Urteil vom 23.08.2013 – 6 U 17/13, GRUR-RR 2014, 58 (59).

587 Vgl. etwa: *Grübler*, in: Ahlberg/Götting, BeckOK, UrhG, § 57 Rn. 6 m.w.N. auch für die Negierung dieses gesetzgeberischen Willens; Anmerkung *Stang* zu BGH, Urteil vom 17.11.2014 – I ZR 177/13, *Möbelkatalog*, GRUR 2015, 667 (671).

588 Begr. BT-Drucks. IV/270, 75 f.

Hauptgegenstand aus Sicht eines objektiven durchschnittlichen Betrachters nebensächlich und beliebig ist. Beliebig ist ein mitverwertetes Werk, das weggelassen oder ausgetauscht werden kann, ohne dass dies die Gesamtwirkung des Hauptverwertungs-gegenstands in charakteristischer Weise beeinflusst. Nebensächlich ist ein Werk, wenn es in keiner charakteristischen inhaltlichen Beziehung zum Hauptgegenstand der Verwertung steht. Eine derart nebensächliche Bedeutung kann dem mitverwerteten Werk regelmäßig nicht mehr zugewiesen werden, sobald es erkennbar stil- oder stimmungsbildend oder eine bestimmte Wirkung oder Aussage unterstreichend inhaltlich in das Hauptwerk oder den eigentlichen Gegenstand der Verwertung einbezogen wird, einen dramaturgischen Zweck erfüllt oder sonst – etwa für eine Film- oder Theaterszene – charakteristisch ist.

e. Panoramafreiheit, § 59 UrhG

340 Gem. § 59 UrhG ist es zulässig, Werke der angewandten Kunst, die sich bleibend an öffentlichen Wegen, Straßen oder Plätzen befinden, mit Mitteln der Malerei oder Grafik, durch Lichtbild oder durch Film zu vervielfältigen, zu verbreiten und öffentlich wiederzugeben. Demnach ist es z.B. gestattet, ein Werk, das sich auf diese Weise in der Öffentlichkeit befindet, zu fotografieren und das Foto kommerziell zu verwerten.[589]

341 Diese Schranke wurde nach Aufgabe der Stufentheorie durch die „Aida-Kussmund-Urteile" großzügiger ausgelegt. Wurde früher der Begriff „bleibend" so verstanden, dass die Schranke nicht auf bewegliche Gegenstände anwendbar war,[590] definiert der BGH diesen Begriff jetzt als *„aus Sicht der Allgemeinheit dazu bestimmt* [...], *für längere, meist unbestimmte Zeit an öffentlichen Orten zu bleiben.*"[591] Laut BGH befindet sich ein Werk auch bereits *„ ‚an' öffentlichen Wegen, Straßen oder Plätzen, wenn es von öffentlichen Wegen, Straßen oder Plätzen aus wahrgenommen werden kann.*"[592] Es wird nicht mehr auf die öffentliche Zugänglichkeit des Werkes abgestellt. Zudem wird die Nennung von „Wegen, Straßen und Plätzen" nicht als abschließend betrachtet. Es sollen auch Werke „auf" und nicht nur „an" diesen Orten (wie ein Schiff auf einer Wasserstraße)

---

589 Vgl. BGH, Urteil vom 27.04.2017 – I ZR 247/15, *Aida Kussmund*, Rn. 16, GRUR 2017, 798 m.w.N.

590 *Dreier*, in: Dreier/Schulze, UrhG, § 59 Rn. 1.

591 BGH, Urteil vom 27.04.2017 – I ZR 247/15, *Aida Kussmund* 5. Leitsatz, GRUR 2017, 798.

592 Vgl. BGH, Urteil vom 27.04.2017 – I ZR 247/15, *Aida Kussmund*, Rn. 22, GRUR 2017, 798 (800) m.w.N.

erfasst werden. Geblieben ist die Einschränkung auf Orte unter freien Himmel, so dass z.B. Museumsinnenräume nicht im Anwendungsbereich der Schranke liegen sollen.[593] Zudem wird darauf abgestellt, was ohne Hilfsmittel (Leitern, um über Hecken zu fotografieren etc.) aus dem öffentlichen Raum heraus wahrgenommen werden kann.[594] Ein Urheber, der Werke für den öffentlichen Raum schaffe, müsse damit rechnen, dass diese an öffentlichen Orten wahrgenommen werden.[595]

Die Schranke erfasst damit bereits einen großen Teil der Gebrauchsgegen- **342**
stände, die sich im öffentlichen Raum befinden und für die bei einer zu weiten Auslegung des Urheberrechtsschutzes ungebührliche Nutzungsbeschränkungen drohten. Die unterschiedliche Behandlung des öffentlichen Außen- und Innenbereichs überzeugt jedoch nicht, da auch bei Nutzungen von Gebrauchsgegenständen im Innenbereich ähnliche Zielkonflikte bestehen können wie im Außenbereich. Wieso sollte der Designer einer Kaffeemaschine weniger damit rechnen müssen, dass sie auf einer Café-Homepage in der Bilder-Galerie gezeigt wird als ein Autodesigner, dessen Design auf der Straße fotografiert wird?

In der neueren Literatur wird deshalb die Einführung einer sog. „Abbildungs- **343**
freiheit" gefordert. Sie soll für alle dreidimensionalen Werke der angewandten Kunst gelten, unabhängig davon, ob sich diese im Außen- oder Innenbereich befinden und generell deren Vervielfältigung, Verbreitung oder öffentliche Wiedergabe erlauben. Diese wird als neue Urheberrechtsschranke verstanden. Sie soll sich auf dreidimensionale Werke beschränken, da diese als Alltagsgegenstände Teil des täglichen Lebens seien, und will vor allem dem Phänomen der „Selfie-Kultur" gerecht werden, in deren Rahmen Privatleute Bilder ihres alltäglichen Lebens in kommerziellen sozialen Medien veröffentlichen.[596]

Dieser Ausweitung der Panoramafreiheit, auch in öffentliche Innenräume **344**
hinein, ist zuzustimmen. Es ist nicht generell davon auszugehen, dass Gebäude die Öffentlichkeit ausschließen sollen und mit der Verwertung der in ihnen befindlichen, wenn auch alltäglichen Werken der angewandten Kunst nicht zu rechnen wäre. Einer neuen Urheberrechtsschranke bedarf es jedoch nach der

593 Vgl. BGH, Urteil vom 27.04.2017 – I ZR 247/15, *Aida Kussmund*, Rn. 24, GRUR 2017, 798 (800).

594 Vgl. BGH, Urteil vom 27.04.2017 – I ZR 247/15, *Aida Kussmund*, Rn. 35, GRUR 2017, 798 (801) m.w.N.; BGH, Urteil vom 05.06.2003 – I ZR 192/00, *Hundertwasser-Haus*, GRUR 2003, 1035 (1037).

595 Vgl. BGH, Urteil vom 27.04.2017 – I ZR 247/15, *Aida Kussmund*, Rn. 29, GRUR 2017, 798 (801).

596 Vgl. *Mezger*, Die Schutzschwelle für Werke der angewandten Kunst, 201 ff.

hier vertretenen Auffassung nicht, da der Wortlaut des § 59 UrhG „öffentlich" hinreichend offen ist, um auch Werke im Innenbereich erfassen zu können. Auch eine pauschale „Zwei-Klassen"-Einteilung in ein- und zweidimensionale angewandte Kunst erscheint nicht gerechtfertigt. Vielmehr sollten bei der Auslegung der Panoramafreiheit, wie der BGH in der Aida-Kussmundentscheidung nochmals hervorgehoben hat, die Interessen des Urhebers und die durch die Schrankenbestimmung geschützten Interessen der Allgemeinheit bei deren Auslegung jeweils im Einzelfall gewichtet werden.[597] Es würde dem Zweck des Urheberrechtsschutzes für angewandte Kunst widersprechen, jede, auch kommerzielle Verwertung von Gebrauchskunst zu gestatten. Es bedarf der Einschränkung, dass diese für die Verwendung in der Öffentlichkeit bestimmt ist und deshalb mit ihrer Verwertung zu rechnen ist.

f. Erweiterung der urheberrechtlichen Schranken

345 Neben den gesetzlich gewährten Schranken kommen nach der in Deutschland geltenden Rechtsprechung auch folgende erweiterte Beschränkungen des Urheberrechts in Betracht:

aa. Analoge Gewährung

346 Die Schranken wurden zum Teil analog gewährt. Beispielsweise wurde die Katalogbildfreiheit gem. § 58 UrhG, die früher ausdrücklich nur für Werke der bildenden Kunst galt, durch Gerichtsentscheidungen auch auf Lichtbildwerke erstreckt,[598] bevor diese durch eine Gesetzänderung ausdrücklich in den Anwendungsbereich der Schranke aufgenommen wurden.[599] Eine solche Analogie wäre auch im Hinblick auf andere Schranken oder die angewandte Kunst denkbar.

---

597 Vgl. BGH, Urteil vom 27.04.2017 – I ZR 247/15, *Aida Kussmund*, Rn. 17, GRUR 2017, 798 (800).

598 BGH, Urteil vom 04.05.2000 – I ZR 256/97, *Parfumflakon*, BGHZ 144, 232 (235) m.w.N.; *Schulze* in: Dreier/Schulze, UrhG, vor § 44a Rn. 7; *Schack*, Urheber- und Urhebervertragsrecht, Rn. 533; EuGH, Urteil vom 04.11.1997 – C-337/95, *Dior/Evora*, GRUR Int. 1998, 140; OLG Düsseldorf, Urteil vom 15.04.2008 – 20 U 143/07, *Schaufensterdekoration*, GRUR-RR 2009, 45 (46 f.).

599 Durch das Gesetz zur Regelung des Urheberrechts in der Informationsgesellschaft vom 10.9.2003, BGBl. I 1774.

bb. Berufung auf andere Grundrechte

Über die gesetzlichen Schranken hinaus wurden Urheberrechte in der Vergangenheit auch durch die Berufung auf andere Grundrechte wie die Meinungs-[600] und Pressefreiheit[601] eingeschränkt. Daran wurde Kritik aufgrund des abschließenden Charakters der Schranken geübt.[602] Es kann aber im Rahmen der Grundrechtskollision und der verfassungskonformen Auslegung des Urheberrechts nach der höchstrichterlichen Rechtsprechung im Einzelfall zulässig sein.[603] Eine Berufung auf die Kunst- und Eigentumsfreiheit bzw. den Gleichbehandlungsgrundsatz wäre also im Rahmen der Nutzung angewandter Kunst im Einzelfall denkbar. **347**

cc. Dreistufentest

Im Rahmen der europarechtskonformen Auslegung ist bei allen Schrankenerweiterungen der sogenannte „Dreistufentest“ gem. Art. 5 Abs. 5 der Infosoc-Richtlinie durchzuführen. Demnach müssen die Einschränkungen drei Voraussetzungen genügen: Erstens muss es sich um Sonderfälle der Verwertung handeln, die zweitens die normale Verwertbarkeit des Werkes nicht beeinträchtigen, und drittens dürfen die Urheberrechtsinteressen nicht unzumutbar beeinträchtigt werden. **348**

5. Änderungsverbot, § 62 UrhG

Die Schranken lassen andere Erfordernisse des Urheberschutzes nicht entfallen. Beispielsweise darf das im Zuge der Schranken zulässig genutzte Werk gem. §§ 14, 62 UrhG nicht unerlaubt verändert oder gar entstellt werden. § 62 Abs. 3 UrhG gestattet jedoch *„die Übertragungen des Werkes in eine andere Größe und solche Änderungen, die das für die Vervielfältigung angewendete Verfahren mit sich bringt“.* **349**

---

600 Vgl. OLG Stuttgart, Beschluss vom 22.07.2003 – 4 W 32/03, *Sexfilmvorführung auf Pressekonferenz,* NJW-RR 2004, 619 (621 f.).

601 Vgl. BVerfG, Beschluss vom 29.06.2000 –1 BvR 825/98, MMR 2000, 686.

602 *Schack*, Urheber- und Urhebervertragsrecht, Rn. 537.

603 Vgl. BGH, Urteil vom 20.03.2003 – I ZR 117/00, *Gies Adler,* BGHZ 154, 260 (265 ff.); BGH, Urteil vom 24.01.2002 – I ZR 102/99, *Verhüllter Reichstag,* BGHZ 150, 6, (8 f.); BGH, Urteil vom 11.07.2002 – I ZR 285/99, *Zeitungsbericht als Tagesereignis,* GRUR 2002, 1050 (1051).

6. *Schutzfristen*

350 Ein grundsätzlicher Unterschied zwischen Design – und Urheberrecht sind die unterschiedlichen Schutzfristen.[604] In diesem Zusammenhang wird es bei Rechtverletzungen nach Ablauf der Schutzfrist eines angemeldeten Designs interessant, eine Rechtsdurchsetzung über das Urheberrecht zu versuchen.

II. Schutzrechtsverletzungen

351 Durch den Umstand, dass Urheberrechtsschutz bereits *ipso iure* eintritt, während der Designschutz in Deutschland die Anmeldung voraussetzt, wäre es möglich, dass Designanmeldungen Urheberrechtsverletzungen von bereits geschaffen Werken darstellen.

352 Kann eine Urheberrechtverletzung nachgewiesen werden, greift der designrechtliche Nichtigkeitsgrund der unerlaubten Verwendung eines urheberrechtlich geschützten Werkes gemäß § 33 Abs. 2 Nr. 1 DesignG bzw. gemäß Art. 25 Abs. 1 lit. f GGV.[605]

353 Bereits die bloße Rechtswidrigkeit kann gem. §§ 97 Abs. 1 Satz 1, 98 Abs. 1 UrhG einen Unterlassungs- und ggf. einen Rückruf- und Vernichtungsanspruch zur Folge haben. Letzterer umfasst aber nach § 98 Abs. 4 UrhG eine Verhältnismäßigkeitsprüfung.

354 Ein Schadensersatzanspruch gem. § 97 Abs. 2 Satz 1 UrhG und eine strafrechtliche Verfolgung gem. § 106 UrhG erfordern zusätzlich Vorsatz oder Fahrlässigkeit. Fahrlässigkeit setzt ein Kennen oder Kennenmüssen der Urheberrechtsschutzfähigkeit voraus. Im Lichte der ungeklärten Rechtslage zum Urheberrechtsschutz seit der Geschmacksmuster-Reform von 2004, über das In-Zweifel-Ziehen der Stufentheorie mit dem „*Seilzirkus*"-Urteil[606] bis zu deren Aufgabe mit dem „*Geburtstagszug-Urteil*" und dessen Veröffentlichung ist zweifelhaft, ab wann ein solches Kennenmüssen angenommen werden kann. Hier wird man wie das abschließende Urteil im Fall „*Geburtstagszug*" feststellt, auf den Schluss des Jahres 2014 abstellen müssen, in dem das Urteil „*Geburtstagszug I*" veröffentlicht wurde,

---

604 Vgl. oben Rn. 216 Fn. 389.

605 Eine wachsende Bedeutung dieser Vorschrift vermutete bereits *Lerach*, jurisPR-WettbR 3/2014, Anm. 1, 4 f. mit Hinweis auf: EuGH, Urteil vom 23.10.2013 – T-566/11, T-567/11, *Tasse mit Untertasse*, GRUR Int. 2014, 488.

606 Für ein Abstellen auf dessen Veröffentlichung OLG Köln, Urteil vom 20.02.2015 – 6 U 131/14, *Airbrush-Urnen*, zit. n. juris.

da erst dieses Urteil die erforderliche Rechtssicherheit über die Aufgabe der Stufentheorie gewährte.[607]

III. Designanmeldungen

Nach der Aufgabe der Stufentheorie wurde die Befürchtung erhoben, der kostenpflichtige Designschutz werde unterlaufen, da nunmehr ein weitgehender Designschutz durch das Urheberrechtsgesetz bestehe.[608] Ein direkter Rückgang war jedoch nicht zu verzeichnen. Im Jahr des Geburtstagszug-Urteils, 2013, gab es laut Statistik des DPMA 54.605 Designanmeldungen, in den Jahren danach sogar noch mehr, nämlich 57.957 im Jahr 2014 und 55.032 im Jahr 2015.[609] 355

Der Hauptgrund dafür, dass Designer selbst bei möglichem Urheberrechtsschutz kostenpflichtig ihr Design registrieren, ist vor allem, dass Ihnen diese Registrierung mehr Rechtssicherheit bietet. Bei einem registrierten Design gilt die Neuheitsvermutung. Das heißt, eine Verletzungsklage wird Erfolg haben, solange der Beklagte nicht beweisen kann, dass sein Design das frühere war.[610] Deshalb ist auch erklärlich, dass in Staaten, deren Urheberrechtssystem schon lange keine erhöhten Anforderungen an den Designschutz stellt, wie in Frankreich, trotzdem die kostenpflichtige Designregistrierung in Anspruch genommen wird.[611] 356

C. Ergebnis des 4. Kapitels

Die Aufgabe der Stufentheorie hat nicht zu der erwarteten Prozessflut geführt. Die Rechtsprechung nach der neuen Schutzschwelle für angewandte Kunst tendiert zu einer leichten Absenkung der Anforderungen, insbesondere für zweidimensionale Gestaltungen und Industriedesign, wobei die ursprünglichen Schutztendenzen für einzelne Designkategorien erhalten bleiben. Da es 357

607 BGH, Urteil vom 16.6.2016 – I ZR 222/14, *Geburtstagskarawane*, Rn. 42 ff., zit. n. juris mit Hinweis auf: BGH, Urteil vom 24.09.2013 – I ZR 187/12, *Verrechnung von Musik in Werbefilmen*, Rn. 41, GRUR 2014, 479 (482); BGH, Urteil vom 28.10.2014 – XI ZR 348/13, BGHZ 203, 115 Rn. 35 m.w.N.

608 *Hoeren*, MMR 2014, 333 (338).

609 Vgl. https://www.dpma.de/dpma/veroeffentlichungen/statistiken/designs/index.html.

610 So auch *von Gamm*, Die Problematik der Gestaltungshöhe im deutschen Urheberrecht, 91 m.w.N.

611 *Eichmann* in: Eichmann/von Falckenstein/Kühne, DesignG, A. Rn. 35 m.w.N; mit Hinweis auf die erhöhte Rechtssicherheit der Eintragung: *Obergfell*, GRUR 2014, 621 (626 f.).

aber nach wie vor keine festen Fallgruppen für den urheberrechtlichen Schutz angewandter Kunst gibt, sondern nur Schutztendenzen, empfiehlt es sich für Gestalter und Nutzer, sich generell auf einen möglichen alternativen Urheberrechtsschutz für die Gestaltung einzustellen.

358 Beispielsweise ist zu empfehlen, in Design-Lizenzverträge konkrete Regelungen über die Ausübung und den Umfang des Urhebernennungsrechts aus § 13 Satz 2 UrhG aufzunehmen und festzuhalten, welche Überlegungen der Vergütung zu Grunde liegen, um spätere Auslegungsschwierigkeiten zu vermeiden. Ansprüche auf nachträgliche Vergütungsanpassung wegen gut verkäuflicher Designs gem. §§ 32, 32 a UrhG i.V.m. § 242 BGB aus der Zeit vor dem Geburtstagszug-Urteil können in Einzelfällen noch bis Ende des Jahres 2024 gerichtlich geltend gemacht werden.

359 Es besteht die Möglichkeit, dass unbedachte Alltagsnutzungen von Design nach dem Geburtstagszug-Urteil in stärkerem Maße als Urheberrechtsverletzungen gewertet werden. Die Rechtsprechung zeigt zwar die Bereitschaft, die urheberrechtlichen Schranken, insbesondere die Panoramafreiheit für die Nutzung von Fotos und Filmen von Designs im öffentlichen Raum, großzügiger auszulegen, aber beispielsweise an das Zitat- und Privatkopierecht oder die Nutzung als Beiwerk werden unverändert hohe Anforderungen gestellt. Urheberrechtsverletzungen könnten etwa die ungenehmigte Aufnahme von Designs in andere Werke zur bloßen Illustration oder Stimmungsbildung darstellen oder das Upload eigener Fotos aus Innenräumen ins Internet.

360 Aufgrund der damit verbundenen Beweiserleichterungen bei dem Vorgehen gegen Schutzrechtsverletzungen empfiehlt sich auch weiterhin die Registrierung eines gewerblichen Designs. Vor Anmeldung sollte aber nicht nur eine Überprüfung der registrierten Designs auf Ähnlichkeit erfolgen, sondern auch der unregistrierten, die im einschlägigen Verkehrskreis bekannt sind, um Urheberrechtsverletzungen zu vermeiden, die etwa zur Löschung der Registrierung, Vernichtung der Designwerke und Schadensersatzansprüchen führen können. Ist eine Registrierung unterblieben oder abgelaufen, kommt eine alternative Rechtsdurchsetzung durch Berufung auf das Urheberrecht in Betracht.

5. Kapitel: Alternative Abgrenzung

Angesichts der in den vorstehenden Kapiteln dargelegten Kritik an den derzeitigen Auslegungskriterien und der mit diesen noch verbundenen Rechtsunsicherheit soll im folgenden Kapitel untersucht werden, ob geeignete Alternativen für eine Abgrenzung von Urheber- und Designrecht zur Verfügung stehen. **361**

A. Anregungen aus der Rechtsvergleichung

Alle EU-Mitgliedsstaaten mussten aufgrund der Harmonisierung des gewerblichen Designschutzes eine Neuabgrenzung von Design- und Urheberrecht vornehmen und zudem auf die EuGH-Rechtsprechung zum „europäischen Werkbegriff" eingehen. Eine Rechtsvergleichung verspricht deshalb Aufschluss über alternative Abgrenzungskriterien und eine mögliche weitere Harmonisierung des Werkbegriffs. **362**

Dabei beschränkt sich die Untersuchung auf einen Vergleich mit den Rechtsentwicklungen in Großbritannien und Frankreich. Diese Rechtsordnungen haben den Designschutz in Europa wesentlich geprägt. Zudem steht Großbritannien repräsentativ für das System des *common-law* im Unterschied zu dem kontinentaleuropäischen *civil law.*[612] Während in Großbritannien lange eine restriktive Abgrenzung vorgenommen und in den letzten Jahren intensiv über die Abgrenzung von Urheberrecht und gewerblichem Designschutz diskutiert wurde, gilt in Frankreich konstant der Grundsatz der Einheit der Kunst (« *l'unité de l'art* »), d.h. die gewollte Kumulierung von gewerblichem Designschutz und Urheberrechtsschutz. Der Vergleich mit der britischen und französischen Rechtsordnung erlaubt damit eine Einschätzung, welche Auswirkungen ein Mehr oder Weniger an Urheberrechtsschutz für angewandte Kunst hat und dient zudem der Bewertung der europäischen Harmonisierung im Bereich des Werkbegriffs. **363**

I. Großbritannien

1. Historischer Überblick über den Designschutz

Großbritannien hat innerhalb der Europäischen Union eine Vorreiterrolle im Designschutz inne. Dabei verlief die Entwicklung des Designschutzes in einer **364**

---

612 Vgl. *Schwintowski*, Juristische Methodenlehre, 128 f.

Wellenbewegung. Phasen von besonders intensivem Designschutz riefen Gegenbewegungen hervor, die den Designschutz beschränkten. Aus den Auswirkungen dieser Phasen lassen sich Schlüsse für die Vor- und Nachteile eines Mehr oder Weniger an Designschutz ziehen.

365 Die *Statue of Anne* begründete bereits 1710 ersten Urheberrechtsschutz.[613] In den Jahren 1787 und 1794 wurden mit den *Calico Printers Acts* Gesetze zum Schutz von Textilmustern erlassen, die in den Jahren 1839[614] und 1842 um allgemeine Designschutzregeln erweitert wurden.[615]

366 Schon früh wurde Design in England auch als Kunst anerkannt. Dies vertrat z.B. die einflussreiche *Arts and Crafts Exhibition Society*, die 1887 gegründet wurde.[616] Angeregt von der Berliner Revision der RBÜ,[617] wurden bereits durch den *Copyright Act 1911*, dem ersten modernen Urheberrechtsgesetz in Großbritannien, *works of artistic craftsmanship* unter Schutz gestellt. Zusätzlich gab es einen Musterschutz nach dem *Registered Designs Act 1949* (im Folgenden: RDA). Die Schutzkriterien des Designrechts unterschieden sich von Anfang an von denen des Urheberrechts. Vorausgesetzt war ein Design, das „neu" im Sinne des Standes der Technik war.[618]

367 In dieser Phase des britischen Designschutzes (1911–1968),[619] wurde zwischen gewerblichem Designschutz und urheberrechtlichem Schutz für works of *artistic craftsmanship* getrennt. Industriell produzierte Designs waren vom Urheberrechtsschutz ausgeschlossen.[620]

368 Vor allem auf Protest der Spielzeug- und Schmuckhersteller, wurde dies durch den *Copyright Act* von 1968 geändert, der den ohne Registrierung eingreifenden Urheberrechtsschutz auch für industriell produziertes Design öffnete.[621] Dieser parallele Urheberrechtsschutz führte aber zu einem extremen Anstieg der Gerichtsprozesse. Es wurde Kritik aus Industrie und Justiz laut, dass dies zu großen Wettbewerbsverzerrungen führe.[622] Vor allem stand in der Kritik, dass

---

613 Vgl. *Bently/Sherman*, Intellectual Property Law, 33, Primärquelle online abrufbar unter: http://www.copyrighthistory.org.

614 Copyright of Designs (Registrations Act) 1839.

615 Vgl. *Sauer*, Neue Wege im Designschutz, 7 m.w.N.; *Bently/Sherman*, Intellectual Property Law, 686.

616 Vgl. *Sauer*, Neue Wege im Designschutz, 141.

617 Vgl. *Bently/Sherman*, Intellectual Property Law, 686.

618 Vgl. *Cornish*, GRUR Int. 1998, 368 (369).

619 Vgl. *Cornish*, GRUR Int. 1998, 368 (369) für die zeitliche Festlegung der Phase.

620 *Cornish*, GRUR Int. 1998, 368 (369).

621 *Cornish*, GRUR Int. 1998, 368 (369); *Sauer*, Neue Wege im Designschutz, 142 m.w.N.

622 So *Sauer*, Wege im Designschutz, 142 m.w.N.

es im Unterschied zum Designrecht im britischen Urheberrecht damals keinen Ausschluss für rein technisch bedingte Gestaltungen gab und diesen damit die lange urheberrechtliche Schutzfrist zugutekam (damals bis 50 Jahre nach dem Tode des Urhebers, während der Schutz als registriertes Design nur 15 Jahre währte).[623]

Mit dem *Copyright, Designs and Patent Act* von 1988 (im Folgenden: CDPA) **369**
sollten Design- und Urheberrecht wieder klarer voneinander abgegrenzt werden.[624] Der urheberrechtliche Schutz wurde auf zweidimensionale gestalterische Leistungen sowie auf Erzeugnisse des Kunsthandwerks beschränkt. Dreidimensionale Design-Gegenstände, die einem praktischen Gebrauchszweck dienten (in Deutschland also der Werkkategorie der angewandten Kunst unterfallen könnten), wurden hingegen bewusst vom urheberrechtlichen Schutz ausgeschlossen.[625] Ein urheberrechtlicher Schutz war nur noch bei Einordnung in die Werkkategorie „Skulptur" möglich, wie nachfolgend erläutert wird. Zudem wurde die urheberrechtliche Schutzfrist für industriell hergestellte Gestaltungen[626] durch Sec. 52 CDPA auf 25 Jahre nach Veröffentlichung auf dem Markt begrenzt.[627] Stattdessen wurde für dreidimensionale Designgegenstände in Teil III CDPA Sec. 213 ff. ein unregistriertes Designrecht mit einer Schutzdauer von zehn Jahren eingeführt.[628] Während der Schutz dieses nicht eingetragenen "*design rights*" nicht an ästhetische Aspekte anknüpfte,[629] war dies für das "*registered design*" der Fall. Dieses musste "*eye appeal*" haben, d.h. *„ein gewisses, optisch wahrnehmbares Maß an Eigenart und Besonderheit gegenüber anderen Gestaltungen*".[630] Dieses Kriterium schaffte also ähnlich wie das der „Gestaltungshöhe" eine Abgrenzung zu *„primär funktionellen bzw. alltäglichen gestalterischen Leistungen*", die vom Designschutz ausgeschlossen waren.[631]

---

623 *Cornish*, GRUR Int. 1998, 368 (369).

624 So *Sauer*, Neue Wege im Designschutz, 142 m.w.N.

625 *Sauer*, Neue Wege im Designschutz, 148 f. m.w.N.

626 Als industriell hergestellt galten nicht handgefertigte Waren, von denen über 50 Stück hergestellt wurden; ausgenommen waren „primär literarisch oder künstlerische" Artikel wie Werke der Bildhauerei, Drucksachen wie Buchumschläge und Kalender, die per Verordnung vom Anwendungsbereich des Ausschlussgrundes ausgenommen waren, Art. 2, Copyright (Industrial Process and Excluded Articles) (Nr. 2) Order 1989 (SI 1989/1070) (Copyright Order).

627 Vgl. für viele: *Cornish*, GRUR Int. 1998, 368 (369).

628 *Sauer*, Neue Wege im Designschutz, 142; *Cornish*, GRUR Int. 1998, 368 (370).

629 *Sauer*, Neue Wege im Designschutz, 143.

630 *Sauer*, Neue Wege im Designschutz, 145 f. m.w.N.

631 *Sauer*, Neue Wege im Designschutz, 146.

370 Unmittelbar in Folge der europarechtlichen Harmonisierung des Designrechts wurde dies nicht geändert. Erst auf eine Petition der populären Design- und Innenarchitekturzeitschrift « *elle decoration* » hin, die eine "*Equal Rights for Design*"-Kampagne startete und das EuGH-Urteil *Flos/Semeraro*[632] wurde in England lebhaft über die Wertschätzung des Designers als Künstler und den wirksamen Nachahmungsschutz diskutiert. Diese Kampagne war erfolgreich: Im Jahr 2012 wurde der *Enterprise and Regulatory Reform Act 2013 (ERRA)* erlassen, der am 25. April 2013 die königliche Zustimmung erhielt. § 74 ERRA sieht vor, die Schutzfrist für industrielle hergestellte Designs durch Änderung von § 52 CDPA an die normale urheberrechtliche Schutzfrist – bis 70 Jahre nach dem Tod des Urhebers – anzupassen. Diese Regelung blieb aber weiter umstritten. Letztlich wurde sie erst am 18. Mai 2016 in Kraft gesetzt, mit einer Übergangsfrist bis 28. Januar 2017.[633] Die jeweiligen Schutzvoraussetzungen von Urheber- und Designrecht sind heute die folgenden:

2. Urheberrechtlicher Schutz

371 Die traditionelle urheberrechtliche Schutzschwelle in Großbritannien ist streng zweistufig. In einem ersten Schritt muss ein Werk anhand eines abschließenden Werkkatalogs kategorisiert werden. Dies ist für die vorliegend in Rede stehenden Gestaltungen in § 1 Abs. 1 lit. a CDPA geregelt, der "*original literary, dramatic, musical or artistic works*" schützt, sowie in § 4 CDPA, der näher bestimmt, welche Werkarten von der Kategorie "*artistic works*" umfasst sind. In einem zweiten Schritt wird untersucht, ob das Werk materiell die notwendige Originalität besitzt.

a. Formeller Werkbegriff (abgeschlossener Werkkatalog)

372 Der abgeschlossene Werkkatalog führte im britischen Urheberrecht traditionell zu Schutzbeschränkungen für Design. Die als abschließend verstandenen Werkarten für die vorliegend in Rede stehenden Gestaltungen lauten für die Kategorie "*artistic works*" gem. § 4 Abs. 1 CDPA 1988: "*graphic work, sculpture or collage, irrespective of artistic quality, works of artistic craftsmanship*" (frei übersetzt: „Grafik, Skulpturen oder Kollagen, unabhängig von ihrer künstlerischen Qualität, sowie Kunsthandwerk").

---

632 EuGH, Urteil vom 27.01. 2011 – C-168/09, *Flos/Semeraro.*, GRUR 2011, 216; auf den Einfluss hinweisend: *Bently/Sherman*, Intellectual Property Law, 770.

633 Durch die *Enterprise and Regulatory Reform Act 2013* (Commencement No. 10 and Saving Provisions), Order 2016 (SI 2016/593).

aa. Schutz als Grafik

Zweidimensionales Design war dem Schutz als Grafik zugänglich.[634] 373

bb. Schutz als Skulptur bei "*visual appeal*"

Nachdem die Werkkategorie „Skulptur" teilweise sehr großzügig auf dreidimensionales Design erstreckt worden war (ein Holzmodell zur Frisbee-Herstellung wurde als Skulptur bewertet),[635] hat sich seit der Bewertung von Spielzeug-Nachbildungen der sog. "*Stormtrooper*"-Soldatenhelme aus den "*Starwars*"-Science-Fiction-Filmen eine restriktive Auslegung durchgesetzt. Nicht jede dreidimensionale Gestaltung sei eine Skulptur. Entscheidend sei der Zweck der Formgebung. Rein funktionale, nicht auch beabsichtigt dekorativ gestaltete Gestaltungen seien keine Skulpturen. Entscheidend sei eine visuelle Wirkung in dem Sinne, dass die Gestaltung – unabhängig von sonstigen Verwendungsmöglichkeiten – auch zum rein visuellen Genuss bestimmt sei. Auf die künstlerische Qualität komme es dabei jedoch nicht an.[636] 374

cc. Schutz als Kunsthandwerk bei "*artistic quality*"

Die formale Kategorisierung als "*work of artistic craftsmannship*" setzt ebenfalls ein qualitatives Element voraus, nämlich "*real artistic or aestetic quality*" (frei übersetzt: „wirkliche künstlerische oder ästhetische Qualität").[637] Die Auslegung dieses Merkmals ist nicht uniform,[638] wurde aber insbesondere im Fall *Hensher* 375

---

634 Vgl. *Bently/Sherman*, Intellectual Property Law, 74 ff. und *König*, Der Werkbegriff in Europa, 109 z.B. mit Hinweis auf zweidimensionale Entwürfe für dreidimensionale Designs, typografische Gestaltungen, und Icons auf Computerbildschirmen.

635 *Wham-O Manufacturing v. Lincoln Industries* [1985] RPC 127, 157 (New Zealand Court of Appeal).

636 Originalzitat: "*Ultimately, the determinative factor seems to be the purpose of the process. A purely functional item, not intended to be at all decorative, would not be a sculpture. It is: […] of the essence of a sculpture that it should have, as part of its purpose, a visual appeal in the sense that it might be enjoyed for that purpose alone, whether or not it might have another purpose as well. That purpose is that of the creator. An artist (in the realm of the visual arts) creates something because it has visual appeal which he wishes to be enjoyed as such. He may fail, but that does not matter (no judgments are to be made about artistic merit). It is the underlying purpose that is important.*" (Lucasfilm Ltd v. Ainsworth [2009] FSR (2) 103, 153, [118]; vgl. auch: Bently/Sherman, Intellectual Property Law, 77.

637 *Bently/Sherman*, Intellectual Property Law, 80 mit Hinweis auf: *Cuisenaire v. Reed* [1963] VR 719, 730; *Merlet v Mothercare plc* [1986] RPC 115; *Bonz Group v. Cooke* 81994] 3 NZLR 216, 222.

638 Vgl. *König*, Der Werkbegriff in Europa, 112, m.w.N.

v Restawile[639] herausgebildet. Ähnlich wie vom BVerfG für das deutsche Recht vorgegeben, soll kein subjektives Werturteil der Richter über die künstlerische Qualität gefällt werden.[640] Wie bei Prüfung der Gestaltungshöhe muss aber ein gewisses *„Niveau an künstlerischer Leistung oder die Absicht dazu zum Ausdruck kommen"*.[641] Die sich in den Folgeentscheidungen durchsetzenden Hauptabgrenzungs-kriterien waren die Absicht, ein Kunstwerk zu schaffen und ob das Ergebnis noch als solches bewertet werden konnte.[642] Die Mehrheit der Richter im Fall *Hensher v Restawile* betonte, dass bei dieser Definition auch Sachverständigengutachten und das Verkehrsverständnis zu berücksichtigen seien.[643] Beim Verkehrsverständnis könne es auch eine Rolle spielen, ob ein signifikanter Anteil der Öffentlichkeit das Werk aufgrund seines Aussehens bewundert.[644] *Lord Simon of Glaisdale* betonte aber, dass nach britischer Tradition auch Werke der funktionalen Ästhetik geschützt sind und deshalb keine Trennung zwischen funktionalen und ästhetischen Gestaltungselementen vorgenommen werden dürfe.[645]

dd. Weitere formelle Schutzkriterien

376 Copyright gilt in Großbritannien ab 1912 *ipso iure* ohne Registrierungserfordernis.[646] Für künstlerische Werke gilt, anders als für Literatur, Musik oder Bühnenwerke auch nicht das Erfordernis einer bestimmten Form (*fixation/recording*). Nur für Gemälde stellte die Rechtsprechung das Erfordernis einer „Oberfläche" (*surface*) auf.[647] Erforderlich ist eine nachgewiesene Verbindung des Werkes zu

---

639 *Hensher v Restawile* [1975] R.P.C.31; Urteilsdiskussion bei *Cornish/Llewelyn/Aplin*, Intellectual Property, Rn. 11-17 ff.

640 Vgl. *König*, Der Werkbegriff in Europa, 111, m.w.N, insbesondere auch auf Lord Simon in *Hensher v Restawile* [1975] AC 64, 69.

641 Vgl. *Cornish/Llewelyn/Aplin*, Intellectual Property, Rn. 11-19 mit Hinweis auf *Hensher v Restawile* [1975] R.P.C.31 (53, 56), deutsche Übersetzung durch *König*, Der Werkbegriff in Europa, 112, m.w.N.

642 Vgl. *Cornish/Llewelyn/Aplin*, Intellectual Property, Rn. 11-19.

643 Vgl. *Cornish/Llewelyn/Aplin*, Intellectual Property, Rn. 11-20 m.w.N.

644 Vgl. *Cornish/Llewelyn/Aplin*, Intellectual Property, Rn. 11-18 mit Hinweis auf *Lord Reid* in *Hensher v Restawile* [1975] R.P.C.31, 54; *Cuisenaire v Reed* [1963] V.R. 719; *Cuisenaire v Sourth West Imports* [1968] 1 Ex. C.R. 493.

645 *Hensher v Restawile* [1975] R.P.C.31, 65 ff., vgl. auch: Besprechung bei *Cornish/Llewelyn/Aplin*, Intellectual Property, Rn. 11-1.

646 Vgl. *Bently/Sherman*, Intellectual Property Law, 91 f.

647 Vgl. *Bently/Sherman*, Intellectual Property Law, 92 mit Hinweis auf *Merchandising Corporation v. Harpbond* [1983] FSR 32, 46.

Großbritannien (*qualification*), sei es durch den Autor, den Ort der ersten Veröffentlichung oder den Ort der Wahrnehmung.[648] Es gelten Schutzausschlussgründe nach Erwägungen des Gemeinwohls, etwa für obszöne, blasphemische oder sonst als unmoralisch eingeordnete Werke (*public policy exclusions*).[649]

b. Materieller Werkbegriff ("originality")

Der traditionelle britische Test für Originalität ist der "*skill, labour and judgment test*" [frei übersetzt: „Können, Aufwand und Urteilsvermögen"].[650] Dieser niedrigschwellige Test ist traditionellerweise erfüllt, sobald das Werk nicht die Kopie eines anderen Werkes darstellt.[651] Kreativität setzt dieser Test nicht voraus.[652] Die Feststellung von Originalität ist jedoch eine Einzelfallentscheidung, feste quantitative oder qualitative Schwellen sind weder legal definiert noch von Rechtsprechung und Lehre vorgegeben.[653] Wie vorstehend beschrieben, variieren die Anforderungen an die einzelnen Werktypen.[654] Es wird zudem eine ähnliche „Je-desto-Formel" wie vom BGH angelegt: "*artistic works*", für die keine "*artistic quality*" erforderlich ist, wird nur ein enger Schutzbereich gegen Nachahmungen zugesprochen.[655] 377

c. Die Rezeption der EuGH-Rechtsprechung

In Urteilen zum „europäischen Werkbegriff" hat der EuGH Elemente des traditionellen britischen Werkbegriffs abgelehnt. Der EuGH hat im BSA-Urteil eine Kategorisierung von Werken nicht für notwendig befunden und einen abgeschlossenen Werkkatalog im Nintendo-Urteil abgelehnt. Im Football Dataco-Urteil entschied der EuGH überdies, dass der "*skill and labour test*" nicht im Einklang mit der Definition der "eigenen geistigen Schöpfung" („kreativer Freiraum", „persönlicher Einschlag" und „kreative Auswahl") stehe, da dieser keine Kreativität voraussetze. 378

---

648 Vgl. *Bently/Sherman*, Intellectual Property Law, 118 ff.

649 Vgl. *Bently/Sherman*, Intellectual Property Law, 122 f.

650 Vgl. für st. Rspr.: Lord Devlin in: *Ladbroke (Football) Ltd v William Hill (Football) Ltd* [1964] 1 W.L.R. 272 HL at 289.

651 *Peterson J.* in: *University of London Press Ltd v University Tutorial Press Ltd* [1916] 2 Ch. 601 Ch D at 608–609.

652 Vgl. *Rahmatian*, IIC, 2013, 4 (5) mit Hinweis auf: CDPA 1988, Sec. 4(1)(a) for artistic works: "*irrespective of artistic quality*".

653 Vgl. näher *Bently/Sherman*, Intellectual Property Law, 97.

654 Vgl. näher *Cornish/Llewelyn/Aplin*, Intellectual Property, Rn. 11-14.

655 Vgl. *Cornish/Llewelyn/Aplin*, Intellectual Property, Rn. 11-14, 12-13 f.

379 Die EuGH-Rechtsprechung zum europäischen Werkbegriff wurde in der britischen rechtswissenschaftlichen Literatur zum Teil als verbindlicher Standard für alle Werkarten anerkannt und im Hinblick auf die Werkkategorie „Skulpturen" teilweise so ausgelegt, dass die Zweckbestimmung nur noch insoweit entscheidend sei, als sie den kreativen Gestaltungsspielraum einschränke und es nicht mehr auf die Bestimmung zur „visuellen Anschauung" ankomme. Nach diesen Grundsätzen würde der "*Stormtrooper*"-Helm wahrscheinlich Urheberrechtsschutz erhalten.[656]

380 Dennoch wandten britische Gerichte im Nachgang dieser EuGH-Rechtsprechung weiterhin den traditionellen Originalitäts-Test an und vertraten die Auffassung, dass dieser mit der Terminologie der „eigenen geistigen Schöpfung" in Einklang stehe.[657] Beispielsweise legte das Gericht im Meltwater-Urteil dar, die Terminologie „geistige Schöpfung" nehme eindeutig Bezug auf den Ursprung des Werkes anstatt auf dessen Neuheit oder Qualität. Deshalb habe das Infopaq-Urteil keinen Einfluss auf den britischen Test.[658] Man muss sich jedoch vergegenwärtigen, dass dieses Urteil am 27. Juli 2011 gesprochen wurde, so dass das Gericht zwar Kenntnis vom Infopaq-Urteil und vom BSA-Urteil haben konnte, nicht aber vom nachfolgenden, die Auslegung des EuGH weiter präzisierenden Fallrecht. Zudem betraf der entschiedene Fall Auszüge aus Zeitungen auf die, je nach Auslegung (da es sich nicht um Fotografien, Datenbanken oder Software handelt), nicht alle oben dargelegten Fälle übertragbar sind.

381 Im Jahr 2013 räumte das Berufungsgericht von England und Wales (*Court of Appeal*) ein, dass der EU-Test möglicherweise nicht ganz dem britischen Recht entspreche und dass – sollte die Informationsgesellschaft den traditionellen Test beeinflusst haben – dieses die Schutzschwelle im Vergleich zum britischen Recht eher angehoben habe.[659] Trotzdem benutzte ein Richter am Landgericht (District Court) danach im Fall *Taylor v Maguire*[660] die Terminologie "*skill and judgment test*" und setzte kein kreatives Element voraus.

---

656 Vgl. *Bently/Sherman*, Intellectual Property Law, 79, 99.

657 *University of London Press v. University Tutorial Press* [1916] 2 Ch 601, at 609-610, per *Peterson J; Ladbroke (Football) v. William Hill (Football)* [1964] 1 WLR 273; *Independent Television Publications Ltd. v. Time Out Ltd.* [1984] FSR 64.

658 *Newspaper Licensing Agency v Meltwater Holding BV* [2011] EWCA Civ 890; [2012] Bus. L.R. 53.

659 *SAS Institute Inc. v World Programming Ltd* [2013] EWCA Civ 1482 per Lewison L.J. at [36] and [37].

660 111. *Taylor v Maguire* [2013] EWHC 3804 (IPEC); [2014] E.C.D.R. 4 at [6] and [8].

Britische Rechtswissenschaftler identifizierten Elemente des *civil law*, wie den „Ausdruck der Persönlichkeit“ und Kreativität im „europäischen Werkbegriff“.[661] Dies werteten sie aber nicht als Erfordernis für künstlerische Elemente, da auch nicht-künstlerische Werke wie Computerprogramme Urheberrechtsschutz genießen. Es bedeute aber mehr als eine Wahlfreiheit bei der Entscheidung. Es müsse eine bewusste menschliche Entscheidung in individuellen Gestaltungsmerkmalen zum Ausdruck kommen (“*conscious human choice*“...*result has certain distincitive features*”). Dies sei beispielsweise nicht der Fall, wenn zwar ein Gestaltungsspielraum für die Schöpfung bestehe, aber eine sehr naheliegende oder willkürliche Wahl getroffen werde. Es sei ein gewisses quantitatives Maß an solchen persönlichen Entscheidungen erforderlich, entweder durch viele, aber nur beschränkt persönliche oder einige wenige aber höchstpersönliche.[662] Sie identifizierten Fallgruppen zu Abweichungen zwischen dem britischen und dem „europäischen Werkbegriff“. Zum Beispiel seien bloßer Aufwand und Geschick nach dem „europäischen Werkbegriff“ anders als nach britischem Recht in bestimmten Werkkategorien nicht ausreichend. Andererseits lasse der „europäische Werkbegriff“ auch keine höheren Anforderungen als „Kreativität“ zu, wie sie das britische Recht z.B. an Skulpturen stelle.[663] **382**

3. *Gewerblicher Schutz*

Der britische gewerbliche Designschutz gewährt einen Alternativschutz zum Urheberrecht für unregistriertes, „funktionales“ Design. Dieses setzt gem. § 213 Abs. 1 CDPA ebenso “*originality*” voraus. Zudem gibt es ein registriertes gewerbliches Designrecht, das der europäischen Harmonisierung unterliegt. Im Hinblick auf die EU-Harmonisierung wurden mit großer Verspätung kleinere Reformen durch den *Intellectual Property Act 2014*[664] eingeführt. Das Grundkonzept des britischen gewerblichen Designschutzes änderte sich dadurch aber nicht. **383**

4. *Zwischenergebnis*

Die Analyse des britischen Rechts verdeutlicht, dass in diesem wie im deutschen Recht die Anforderungen an den Werkbegriff je nach Werkart variieren und an für Designs in Frage kommende Werkarten höhere Anforderungen gestellt **384**

661 Vgl. *Bently/Sherman*, Intellectual Property Law, 100; *Rahmatian*, IIC, 2013, 4 (5).
662 Vgl. *Bently/Sherman*, Intellectual Property Law, 100 f.
663 Vgl. *Bently/Sherman*, Intellectual Property Law, 102 ff.
664 Vgl. zu den Änderungen *Bently/Sherman*, Intellectual Property Law, 690.

werden. Insbesondere industriell produzierte und dreidimensionale Designs werden durch das Urheberrecht nur selten geschützt. Stattdessen wird ein Alternativschutz durch das unregistrierte Designrecht geboten. Einige Abgrenzungskriterien wie "*artistic or aestetic quality*" weisen große Ähnlichkeit mit dem deutschen Recht auf.

385 Auch britische Gerichte sehen aber keine Veranlassung für eine Vorlage der Frage nach Verbindlichkeit des „europäischen Werkbegriffs" an den EuGH und interpretieren stattdessen die Anforderungen des traditionellen britischen Tests in den Begriff „eigene geistige Schöpfung" hinein.

II. Frankreich

1. Historischer Überblick über den Designschutz

386 Frankreich hat traditionell einen sehr starken Designschutz. Besonders die französische Textilbranche forderte früh Designschutzregelungen, wie die Ordonanzen der Lyoner Seidenfabrikanten von 1466, 1711 und 1737, ein. Im Zuge der Französischen Revolution wurde das Privilegienwesen der berufsständischen Organisationen abgeschafft und bereits 1793 ein Gesetz zur Gewährung individuellen Urheberrechtsschutzes erlassen.[665] Es war streitig, ob der Schutz der „schönen Künste", die dieses Gesetz gewährte, sich auch auf angewandte Kunst – besonders die Produkte der Lyoner Seidenindustrie – bezog.[666] In Reaktion darauf wurde 1806 ein erstes französisches Designgesetz erlassen,[667] zunächst nur für Textilmuster, nach baldigen Reformen für alle Muster und Modelle.[668]

387 Durch die beiden Schutzregime kam es zu Grundsatzdiskussionen über das Verhältnis des Designschutzes zum Urheberrechtsschutz. Es wurden einige Abgrenzungstheorien entwickelt, etwa nach manueller oder mechanischer Fertigung, nach gewerblichen Zwecken oder Ausstellungszwecken, nach notwendigem Bestandteil oder Zubehör, nach Selbstverständnis des Gestalters und im 19. Jahrhundert schließlich nach dem künstlerischen Wert, den die Richter einem Werk im Einzelfall beimaßen.[669]

665 *Zech*, Der Schutz von Werken der angewandten Kunst, 11 m.w.N.

666 *Zech*, Der Schutz von Werken der angewandten Kunst, 12.

667 *Sauer*, Neue Wege im Designschutz, 7 m.w.N.; *Koschtial*, Die Einordnung des Designschutzes, 257.

668 *Zech*, Der Schutz von Werken der angewandten Kunst, 12 m.w.N.

669 Für einen ausführlichen Überblick vgl. *Zech*, Der Schutz von Werken der angewandten Kunst, 13 ff.

Der Rechtswissenschaftler *Pouillet* hielt diese subjektive Abgrenzung nach dem, was die Richter subjektiv als „schön" empfanden, für grundlegend verfehlt, zum einen, da dieses „Kunstrichtertum" die Freiheit der Kunst bedrohe,[670] und zum anderen, da man versuche, *„zwei Sachen voneinander zu trennen, die dazu bestimmt sind, ineinander überzugehen und sich zu vereinigen, nämlich Kunst und Industrie.*"[671] Er forderte deshalb die „Einheit der Kunst" (franz. « *unité de l'art* ») anzuerkennen und ein einheitliches Gesetz für alle Werke zu schaffen, *„die an Kunst grenzen oder aus ihr, von weit oder nah, kommen.*" Dieser Vorschlag wurde umgesetzt. Zunächst wurde das Urheberrechtsgesetz 1902 für angewandte Kunst geöffnet, in Art. 1 umschrieben als *„das gleiche Recht gebührt den Skulpteuren und Zeichnern von Ornamenten, unabhängig vom Wert und von der Bestimmung ihres Werkes.*"[672] **388**

Unklar blieb aber das Verhältnis zum Designgesetz. Mit einer Gesetzesreform im Jahr 1909 wurde, unter Fortführung des Gedankens der „Einheit der Kunst", ausdrücklich ein kumulativer Schutz durch Urheber- und Designrecht festgelegt.[673] Dies bedeutete jedoch mehr, als dass die Gesetze nebeneinander anwendbar waren, ohne sich gegenseitig auszuschließen. Vielmehr wurde durch die französische Rechtsprechung die sogenannte vollständige Kumulation (franz. « *cumul absolu* ») festgelegt. Das bedeutete, dass jedem registrierten Design automatisch Urheberrechtsschutz gewährt wird.[674] **389**

Trotzdem wurde ein Bedürfnis nach eigenständigem gewerblichen Designschutz neben dem Urheberrecht gesehen. Mit einer Reform des Designgesetzes 1953[675] wurde sogar ein unregistriertes Schutzrecht speziell für Mode geschaffen.[676] Im Designschutz wurde auf die ästhetische Neuheit (*nouveauté esthétique*) abgestellt.[677] Seit 1992 werden Urheberrecht und Designrecht jedoch einheitlich **390**

---

670 *Koschtial*, Die Einordnung des Designschutzes, 264.

671 *Zech*, Der Schutz von Werken der angewandten Kunst, 18; *Pouillet*, dessins et modèles, 49.

672 *Zech*, Der Schutz von Werken der angewandten Kunst, 19, *Pouillet*, dessins et modèles, 49 ff.

673 *Zech*, Der Schutz von Werken der angewandten Kunst, 20 m.w.N.

674 C. Cass. Crim., Ann. 1932, 324 (328); C. Cass. Crim., D. 1938, JP, 324 (325); C. Cass. Crim., JCP 1961 II, 12242; *Zech*, Der Schutz von Werken der angewandten Kunst, 23, 31.

675 Loi n. 52-300 relative aux créations des industries saisonnières de l'habillement et de la parure vom 12.03.1952.

676 *Zech*, Der Schutz von Werken der angewandten Kunst, 45.

677 *Koschtial*, Die Einordnung des Designschutzes, 258.

in einem Gesetzbuch geregelt, dem *Code de la Propriété Intellectuelle* (im Folgenden „CPI“).[678]

2. Urheberrechtlicher Schutz

391 Der materielle Werkbegriff des französischen Urheberrechts setzt gem. Art. L112-1 CPI ein geistiges Werk (franz. « *oeuvre de l'esprit* ») voraus. Dieser Begriff wird jedoch nicht legaldefiniert. Nach ständiger französischer Rechtsprechung und Lehre wird darunter Originalität (franz. « *originalité* ») im Sinne eines „Ausdrucks der Persönlichkeit des Urhebers“ (franz. « *empreinte de la personnalité de l'auteur* ») verstanden.[679] Eine Gestaltungshöhe wie im deutschen Recht wird nicht vorausgesetzt.[680] Ebenso dürfen Ästhetik und künstlerisches Niveau keine Rolle spielen.[681] Die Originalität eines Werkes soll gem. Art. L112-1 CPI unabhängig von der Art, der Ausdrucksform, des Wertes oder der Bestimmung des Wertes sein (« *quels qu'en soient le genre, la forme d'expression, le mérite ou la destination* »). Das Merkmal der „Einheit der Kunst“ wird durch diese negativen Voraussetzungen des Originalitätsmerkmals verwirklicht.[682] Vor Gericht wird das Vorliegen des Merkmals der Originalität oftmals vermutet.[683]

392 Wie im deutschen Urheberrecht unterstützt im französischen Urheberrecht ein offener Werkkatalog[684] gem. Art. L. 112-2 CPI die formale Einordnung als urheberrechtlich geschütztes Werk. Anders als im deutschen Recht werden Werke der angewandten Kunst[685] nicht als Unterkategorie von Werken der

---

678 Urheberrecht Buch I und III, Designrecht in Buch V, *Zech*, Der Schutz von Werken der angewandten Kunst, 25

679 Vgl. für st. Rspr. Cour de Cassation, Civile, Chambre Commerciale, Urteil vom 05.04.2018 – 13-21.001, abrufbar unter: https://www.legifrance.gouv.fr/affichJuriJudi.do?oldAction = rechJuriJudi&idTexte = JURITEXT000036829493&fastReqId = 1199607460&fastPos = 1; *Bernault/Clavier*, Dictionnaire de droit de la propriété intellectuelle, Rn. 377.

680 *Mezger*, Die Schutzschwelle für Werke der angewandten Kunst, 222 f.; *Zech*, Der Schutz von Werken der angewandten Kunst, 68 f.

681 *Mezger*, Die Schutzschwelle für Werke der angewandten Kunst, 171; *Knöbl*, Die „kleine Münze“, 192; *Zech*, Der Schutz von Werken der angewandten Kunst, 46.

682 So *Zech*, Der Schutz von Werken der angewandten Kunst, 47.

683 *König*, Der Werkbegriff in Europa, 189.

684 *Mezger*, Die Schutzschwelle für Werke der angewandten Kunst, 221 m.w.N.

685 Vgl. *Mezger*, Die Schutzschwelle für Werke der angewandten Kunst, 220 zur Einordnung von Design auch als grafische und typografischen Werke und Illustrationen.

bildenden Kunst betrachtet, sondern als eigenständige Werkkategorie.[686] Die französische Lehre definiert diese als *„Geisteswerke mit Gebrauchszweck oder kommerziellem Zweck"*.[687] Eigene Werkkategorien bilden auch Mode, Stoffmuster und Schmuck (« *créations des industries saisonnières de l'habillement et de la parure* »).

393 Trotz dieses weitreichend klingenden Schutzes der angewandten Kunst gibt es Schutzeinschränkungen für den Urheberrechtsschutz von Design. Vor allem wurde Industriedesign vor der Umsetzung der EU-Geschmacksmusterrichtlinie gem. Art. L. 511-3 (2) CPI a.F. nicht durch das Urheber-, sondern durch das Patentrecht geschützt, soweit technische und künstlerische Gestaltungsmerkmale nicht unterschieden werden konnten.[688] Heute gilt in Umsetzung des EU-Rechts gem. Art. L. 511-8 Nr. 1 CPI ein Schutzausschluss für Gestaltungselemente, die ausschließlich von der technischen Funktion bestimmt werden. Insofern bedarf es einer ästhetischen Formgebung und eines Gestaltungsspielraums, durch den der Schöpfer seine Persönlichkeit zum Ausdruck bringen kann.[689]

394 Die Rechtsprechung des EuGH zum Werkbegriff wird überwiegend als übereinstimmend mit dem französischen Urheberrecht gewertet.[690]

3. *Gewerblicher Schutz*

a. *Gewerblicher Schutz vor der europäischen Harmonisierung*

395 Durch den Grundsatz der „Einheit der Kunst" wurde die geschmacks-musterrechtliche Neuheit (« nouveauté ») gem. Art. L.511-3 CPI a.F. parallel zur urheberrechtlichen Originalität ausgelegt. So bedürfte es einer „schöpferische Anstrengung", die den „Stempel der Persönlichkeit" tragen musste. Zusätzliche Schutzvoraussetzung war ein schmückender Charakter (« caractère ornamentale »).[691] Die Neuheit musste zwar zeitlich und räumlich absolut sein. Es genügte aber jede geringfügige Unterscheidung von Vorbekanntem.[692] Vom *ipso iure*

686 *Mezger*, Die Schutzschwelle für Werke der angewandten Kunst, 220; *Zech*, Der Schutz von Werken der angewandten Kunst, 51.

687 *Zech*, Der Schutz von Werken der angewandten Kunst, 51 m.w.N.

688 Vgl. *Mezger*, Die Schutzschwelle für Werke der angewandten Kunst, 172 f.; *Zech*, Der Schutz von Werken der angewandten Kunst, 39 ff., 63 f. m.w.N.

689 *Mezger*, Die Schutzschwelle für Werke der angewandten Kunst, 25; *Zech*, Der Schutz von Werken der angewandten Kunst, 41 f.; *König*, Der Werkbegriff in Europa, 213;

690 Vgl. *König*, Der Werkbegriff in Europa, 257 f m.w.N.

691 *Knöbl*, Die „kleine Münze", 203; *Zech*, Der Schutz von Werken der angewandten Kunst im Urheberrecht Frankreichs und Deutschlands, 26 f.

692 *Zech*, Der Schutz von Werken der angewandten Kunst, 26 f.

einsetzenden Urheberrechtsschutz unterschieden den Geschmacksmusterschutz jedoch die formellen Erfordernisse der Anmeldung bzw. Hinterlegung gem. Art. L. 511-5 CPI.

b. Gewerblicher Designschutz nach der europäischen Harmonisierung

396 Durch die europarechtliche Harmonisierung des Designschutzes hat sich diese Grundorientierung nicht geändert, obwohl jetzt Fälle denkbar sind, in denen Designs entweder dem französischen Designschutz oder dem französischen Urheberrechtsschutz unterfallen, weil diese jetzt nicht mehr an dieselben Schutzvoraussetzungen anknüpfen.[693]

397 Im Juli 2001 wurde das französische Designrecht an die europäische Richtlinie angepasst. Damit fiel die an der urheberrechtlichen Dogmatik orientierte Schutzvoraussetzung des ästhetischen Gehalts weg. Zudem greift der Designschutz nicht mehr – gleichzeitig mit dem Urheberrechtsschutz – ab Werkschaffung, sondern erst ab formeller Eintragung.[694] Die Schutzdauer für den gewerblichen Designschutz wurde deutlich abgesenkt und beträgt jetzt zunächst fünf Jahre, die viermal auf maximal 25 Jahre verlängert werden können. Zuvor war eine initiale Schutzdauer von 25 Jahren gewährt worden, die grundsätzlich einmal auf 50 Jahre verlängert werden konnte, wobei durch geschickte Ausnutzung des Verhältnisses zum Urheberrecht eine Schutzdauer von bis zu 120 Jahren erreicht werden konnte.[695]

4. Zwischenergebnis

398 Selbst nach französischem Recht, in dem der Grundsatz der Kumulation von Urheber- und Designschutz besteht, werden also spezielle urheberrechtliche Schutzanforderungen für Designs gestellt. Vor allem für Mode und die Textilbranche wurde immer das Bedürfnis nach einem eigenen gewerblichen Schutzsystem gesehen. Im Fall der Mode wurde auch ein designrechtlicher Auffangschutz ohne Registrierung eingeführt. Als Grundgedanke für einen

---

693 Vgl. *Koschtial,* Die Einordnung des Designschutzes, 263 (265 f.).

694 *Koschtial,* Die Einordnung des Designschutzes, 259: (Fn. 833: Ordonnance No 2011-670 du 25 Juillet 2001).

695 *Koschtial,* Die Einordnung des Designschutzes, Fn. 836: Zudem konnte durch Ausnutzung des Verhältnisses von Urheberrecht und Geschmacksmusterrecht eine Schutzdauer von bis zu 120 Jahren erreicht werden, vgl. *Benabou,* « les nouveaux critères de protection des dessins et modéles: une protection « sur mesure »? », Droit et patrimoine, 2002, 43 (46).

Ausschluss vom Urheberrechtsschutz war auch vor Einfluss des EU-Rechts der Ausschluss technischer bedingter Merkmale anerkannt. Das französische Urheberrecht betont jedoch jeden Ausschluss eines "Kunstrichtertums". Der urheberrechtliche Werkbegriff setzt deshalb keine Gestaltungshöhe voraus und lässt für die „Originalität" stattdessen genügen, dass die Werke Ausdruck der Persönlichkeit des Urhebers sind.

B. Änderungsvorschläge aus der Literatur

Der folgende Überblick erhebt nicht den Anspruch, jede Literaturmeinung in der über hundert Jahre andauernden rechtswissenschaftlichen Diskussion über die urheberrechtliche Schutzschwelle für angewandte Kunst in Deutschland wiederzugeben. Vielmehr soll ein Überblick über die aktuell und im Nachgang des Urteils Geburtstagszug noch vertretenen Auffassungen in der deutschen rechtswissenschaftlichen Literatur gegeben werden. **399**

Die Vorschläge für eine Anpassung der urheberrechtlichen Schutzschwelle **400** lassen sich grob in drei Gruppen einteilen. Die erste Gruppe fordert, die urheberrechtliche Schutzschwelle für angewandte Kunst zu Gunsten anderer Schutzformen wieder anzuheben. Die zweite Gruppe spricht sich für einen einheitlichen und noch weiter abgesenkten Schutz der „kleinen Münze" aller Werkarten aus. Eine dritte Gruppe stimmt den vom BGH genannten Schutzkriterien auf dem Niveau der rein bildenden Kunst grundsätzlich zu, schlägt aber einzelne Anpassungen vor, sei es beim Werkbegriff oder in anderen Bereichen wie der urheberrechtlichen Schutzdauer oder den urheberrechtlichen Schranken.

I. Vorschläge für eine Anhebung der Schutzschwelle

Diese Vorschläge lassen sich wiederum in zwei Gruppen einteilen: Die erste **401** Gruppe von Rechtswissenschaftlern geht von einer Absenkung der urheberrechtlichen Schutzschwelle für angewandte Kunst durch das Geburtstagszug-Urteil aus und fordert eine Rückkehr zum Schutzniveau der Stufentheorie in der Ausprägung der besonders erhöhten Schutzschwelle für angewandte Kunst – nicht notwendig zu dieser selbst.

Die zweite Gruppe plädiert für eine noch weitere Absenkung des Urheberrechtsschutzes für angewandte Kunst, etwa durch Ausklammerung ganzer Gestaltungsformen.

1. Rückkehr zum Schutzniveau der Stufentheorie

a. Darstellung

402 Den folgenden Auffassungen ist gemein, dass sie eine Rückkehr zu erhöhten Anforderungen an den urheberrechtlichen Werkbegriff für angewandte Kunst fordern, jedoch keine neuen, erhöhten Anforderungen vorschlagen. Es ist deshalb davon auszugehen, dass sie die frühere Auslegung der Stufentheorie vertreten und nur „*deutlich überdurchschnittliches*" Design als angewandte Kunst schützen würden.

403 Vertreter dieser Auffassung gehen davon aus, dass die bisherigen Argumente für die erhöhte Schutzschwelle trotz der Geschmacksmusterreform Bestand haben, namentlich das Vorhandensein alternativer Schutzsysteme und die teleologische Reduktion zur Vermeidung einer Monopolisierung von Durchschnittsgestaltungen durch das Urheberrecht. Sie verweisen entweder erneut auf den gewerblichen Designschutz, insbesondere auch auf das nicht einzutragende, europäische Geschmacksmuster mit dreijähriger Schutzdauer gem. Art. 1 Abs. 2a, 11 GGV[696] oder auf andere, alternative Schutzformen wie Leistungsschutzrechte.[697]

b. Stellungnahme

404 Gegen diese Rückkehr zur alten Auslegung der Stufentheorie spricht zum einen, dass die notwendige dogmatische Anknüpfung für einen Verweis auf Schutzalternativen – die Argumentation mit einer *lex specialis* – mit der Änderung der Tatbestandsvoraussetzungen des gewerblichen Designschutzes weggefallen ist.[698] Das nicht eingetragene europäische Geschmacksmuster steht nicht in einem Alternativverhältnis, sondern ist auf kumulativen Schutz mit dem Urheberrecht angelegt.[699] Ein Verweis auf ein Leistungsschutzrecht wäre kein gleichwertiger Schutz zum Urheberrecht.[700] Eine teleologische Reduktion rechtfertigt zwar das Kriterium einer für Urheberrechtsschutz ausreichenden „Gestaltungshöhe" (insbesondere angelegt im Element des materiellen Werkbegriffs „Schöpfung"), aber

---

696 So: *Schack*, Urheber- und Urhebervertragsrecht, Rn. 232; *Ohly*, GRUR 2007, 731 (733), ablehnend: BGH, Urteil vom 13.11.2013 – I ZR 143/12, *Geburtstagszug* Rn. 38 ff., BGHZ 199, 52 (68).

697 *Schack*, Urheber- und Urhebervertragsrecht, Rn. 1230.

698 Vgl. oben, Rn. 199 ff.

699 Vgl. oben, Rn. 202 f.

700 Vgl. dazu ausführlich *von Gamm*, Die Problematik der Gestaltungshöhe im deutschen Urheberrecht, 147 ff.

keine pauschale Erhöhung der Anforderungen an diese im Vergleich zur rein bildenden Kunst.[701] Die Rückkehr zu den Anforderungen der Stufentheorie ist damit abzulehnen.

2. *Vorschläge für eine neue, hohe Schutzschwelle für angewandte Kunst*

Die folgenden Vorschläge wurden für eine neue, strenge Abgrenzungsformel zwischen rein bildender und angewandter Kunst gemacht. **405**

a. *Abgrenzung nach persönlichen und gewerblichen Interessen*

aa. Darstellung

Gefordert wird, eine negative Abgrenzung nach dem Sinn und Zweck des Urheberrechtsschutzes vorzunehmen.[702] Zwischen Urheberrecht- und Designrecht bestehe zwar kein gradueller, aber ein qualitativer Unterschied in dem Sinne, dass Urheberrecht auf Persönlichkeitsschutz hinsichtlich des Schutzes einer entäußerten inneren Vorstellung angelegt sei, Designrecht hingegen nur auf gewerbliche Verwertbarkeit abziele.[703] Es sei dabei von dem Grundgedanken auszugehen, dass das Urheberrecht nur außergewöhnliche Werke schütze, und im Einzelfall danach abzugrenzen, ob es *„unter Berücksichtigung des vorbekannten Formenschatzes nahe*[lag], *die Schöpfung in der vorliegenden Weise zu gestalten.*“[704] **406**

bb. Stellungnahme

Der Grundgedanke dieser Auffassung ist zu begrüßen, denn der Eintritt der Rechtsfolgen des Urheberrechts wie weitreichender Persönlichkeitsschutz oder Urhebervertragsrecht sind nur zu rechtfertigen, wenn auch hinreichende persönliche Beziehungen des Urhebers zu dem Werk und geistige Leistungen bestehen. **407**

Dieser Gedanke kommt aber bereits in dem Merkmal der „Gestaltungshöhe“ zum Ausdruck, das rein handwerkliche Leistungen vom Urheberrechtsschutz ausschließt.[705] Zudem wurde die Berücksichtigung naheliegender Schöpfungen **408**

---

701 Vgl. oben, Rn. 214 ff.

702 *Von Gamm*, Die Problematik der Gestaltungshöhe im deutschen Urheberrecht, 226 ff.

703 Vgl. *von Gamm*, Die Problematik der Gestaltungshöhe im deutschen Urheberrecht, 92 f. m.w.N.

704 Vgl. *von Gamm*, Die Problematik der Gestaltungshöhe im deutschen Urheberrecht, 229; sich anschließend *Sauer*, Neue Wege im Designschutz, 88.

705 Vgl. oben, Rn. 2.

vom BGH durch die Betonung des erforderlichen Gestaltungsspielraums aufgegriffen.[706]

409 Eine Beschränkung des Urheberrechtsschutzes nur auf „außergewöhnliche" Werke der angewandten Kunst ist aber nicht von der teleologischen Reduktion umfasst, ein Schutz der sogenannten „kleinen Münze" gebietet sich nach historischer, systematischer und teleologischer Auslegung des urheberrechtlichen Werkbegriffs.[707]

b. Unterscheidung zwischen zwei- und dreidimensionalem Design

aa. Darstellung

410 Vorgeschlagen wurde, sich an der bisherigen Kasuistik zu orientieren, wonach Gebrauchsgrafiken im Unterschied zu Produktdesign nur selten urheberrechtlicher Schutz zugesprochen werde und folglich eine gesetzliche Unterscheidung einzuführen, wonach dreidimensionales Design stärkeren urheberrechtlichen Schutz erfahren solle als zweidimensionales.[708]

bb. Stellungnahme

411 Ein solche Kategorisierung von Design zeichnet sich in der Praxis nicht ab, die Aufgabe der Stufentheorie führt hingegen zu verstärktem Schutz zweidimensionalen Designs.[709] Es wurde zudem auch unter Geltung der Stufentheorie von den Gerichten erkannt, dass einige zweidimensionale Designs Nähe zur rein bildenden Kunst aufweisen und diesen deshalb gerade Urheberrechtschutz zuzuerkennen ist.[710] Ein pauschaler Ausschluss zweidimensionaler Designs vom Schutz durch die urheberrechtliche Werkkategorie würde damit neue Abgrenzungsprobleme zur rein bildenden Kunst zur Folge haben.[711] Da der Gebrauchszweck als solcher nach der klaren gesetzgeberischen Regelung der angewandten Kunst als Unterkategorie der bildenden Kunst gem. § 2 Abs. 1 Nr. 4 UrhG die Schutzwürdigkeit nicht ausschließt, wäre ein solcher Schutzausschluss auch nicht zu rechtfertigen.

---

706 Vgl. oben, Rn. 3.
707 Vgl. oben, Rn. 207 ff.
708 Vgl. *Zentek*, Designschutz, 74 f.
709 Vgl. oben, Rn. 244.
710 Vgl. oben. Rn. 98.
711 Ähnlich auch *Sauer*, Neue Wege im Designschutz, 85.

c. Verkürzung der Schutzfrist für angewandte Kunst

Um einen Überprotektionismus durch das Urheberrecht zu vermeiden, wird eine Verkürzung der Schutzfristen auf 25 Jahre nach dem Vorbild von Art. 7 Abs. 4 RBÜ gefordert.[712] **412**

Dies ist eine Forderung *de lege ferenda*, dem die Schutzdauerrichtlinie entgegensteht. Zudem sollte die Schutzdauer wegen der dargelegten ungerechtfertigten Ungleichbehandlung angewandter Kunst gegenüber anderen Werkarten für alle urheberrechtlich geschützten Werke einheitlich geregelt sein. **413**

II. Vorschläge für einen abgesenkten Schutz für alle Werkarten

1. Übernahme des europäischen Werkbegriffs

Einige Autoren erkennen die Harmonisierung des urheberrechtlichen Werkbegriffs durch den EuGH an und plädieren damit für den Austausch des deutschen durch den europäischen Werkbegriff.[713] **414**

Es wird vorliegend vertreten, dass noch kein verbindlicher „europäischer Werkbegriff" für angewandte Kunst besteht. Im folgenden Abschnitt C wird jedoch untersucht, wie sich die Anforderungen der EuGH-Rechtsprechung zum europäischen Werkbegriff im Verhältnis zum deutschen, französischen und britischen Recht verhalten. **415**

2. Einheitlicher, niedrigschwelliger deutscher Werkbegriff

Die folgenden Literaturmeinungen plädieren für eine weitere Absenkung der Anforderungen an den deutschen urheberrechtlichen Werkbegriff insgesamt. **416**

a. Ökonomische Analyse anhand des Herstellungsaufwands

Bisges vertritt in seiner Untersuchung „Die Kleine Münze im Urheberrecht" die Auffassung, der derzeitige Werkbegriff mit seinen unbestimmten Rechtsbegriffen führe zu einer subjektiven Einzelfallentscheidung vor Gericht, ob Urheberrechtsschutz in Betracht komme. **417**

---

712 Vgl. *Mezger*, Die Schutzschwelle für Werke der angewandten Kunst, 157, 200 m.w.N.

713 *Loewenheim*, in: Schricker/Loewenheim § 2 UrhG Rn. 34 und 160; *A. Nordemann*, in: Fromm/Nordemann, Urheberrecht, 10. Aufl., § 2 UrhG Rn. 150; *Koschtial*, GRUR 2004, 555 (559 f.); *Handig*, GRUR Int. 2012, 9 (11), *Hoeren*, MMR 2014, 333 (338), *Kriesel*: Einheitlicher europäischer Werkbegriff, 199–203; *Lerach*, jurisPR-WettbR 3/2014, Anm. 1, 5; *Metzger* GRUR 2012, 118 (121); *Obergfell*, GRUR 2014, 621 (625 f.).

418 Um diese Entscheidung zu objektivieren, plädiert er für eine Abgrenzung anhand ökonomischer Kriterien. Anhand einer Analyse von 121 Urteilen arbeitete er heraus, dass die Richter bisher etwa nach den Kriterien Beliebtheit, Erfolg, Herstellungsaufwand, Bekanntheit des Urhebers und wirtschaftlicher Wert des Werkes entschieden hätten.[714] Er vertritt die Auffassung, dass allein der Herstellungsaufwand berücksichtigt werden sollte, ähnlich wie dies für Leistungsschutzrechte gem. §§ 70, 87a UrhG vertreten werde.[715]

419 Diese rein ökonomische Analyse widerspricht sowohl dem normierten deutschen Werkbegriff („Werk der Kunst/persönliche geistige Schöpfung") als auch der Auslegung des EuGH des Begriffs „eigene geistige Schöpfung", da beide zumindest einen kreativen Aspekt und einen Ausdruck der Persönlichkeit des Urhebers voraussetzen,[716] anstatt ausschließlich auf wirtschaftliche Aspekte abzustellen. Ein Abstellen auf den Herstellungsaufwand entspricht eher dem traditionellen *skill and labour*-Test des Copyright-Systems für den materiellen Werkbegriff.[717] Wie vom EuGH im Football Dataco-Urteil entschieden, lässt dieser gerade die Aspekte des Persönlichkeitsschutzes und der Kreativität unberücksichtigt. Urheberrechtsschutz dient nicht nur dem kostenlosen Investitionsschutz, sondern auch dem Persönlichkeitsschutz der Urheber. Eine solche, nur am Herstellungsaufwand orientierte, Auslegung ist deshalb abzulehnen.

b. Abschaffung der „Schöpfungs- bzw. Gestaltungshöhe"

420 *Schricker* fordert, das Kriterium der „Schöpfungshöhe" abzuschaffen und es durch das Kriterium der „Individualität" zu ersetzen. Damit werde die Schutzschwelle abgesenkt, so dass nur ganz alltägliche Werke herausfielen.[718]

421 *Ahlberg* fordert mit Hinweis auf den europäischen Werkbegriff, allein entscheidende Schutzkriterien müssten sein,

> *„ob eine Schöpfung nach einem entsprechenden Vergleich von vorbekannten Schöpfungen oder anderen Vorbildern abweicht und diese Abweichungen nicht allein auf einem mechanisch-technischen oder routinemäßigen bzw. handwerksmäßigen Handeln beruhen."*[719]

---

714 *Bisges*, Die Kleine Münze im Urheberrecht, 167 ff., 226 f., 232 f., 234 f., 271.; *Mezger*, Die Schutzschwelle für Werke der angewandten Kunst, 120.

715 *Bisges*, Die Kleine Münze im Urheberrecht, 179; *Mezger*, Die Schutzschwelle für Werke der angewandten Kunst, 121.

716 Vgl. oben, Rn. 55, 171.

717 Ähnlich auch *Mezger*, Die Schutzschwelle für Werke der angewandten Kunst, 95.

718 *Schricker*, IIC 1995, 41.

719 *Ahlberg*, in: Ahlberg/Götting, BeckOK, UrhG, § 2 Rn. 73.

Vorliegend wird eine andere Neudefinition der „Gestaltungshöhe" vertreten. Das Kriterium der Gestaltungshöhe setzt zwei Elemente voraus: eine künstlerische Leistung und eine graduelle Abgrenzung von urheberrechtsschutzfähigen Werken zu sklavischen Nachahmungen und Ergebnissen von Routinetätigkeiten.[720] Sowohl *Schricker* als auch *Ahlberg* scheinen den künstlerischen Aspekt aufgeben zu wollen. Gerade dies wird vorliegend nicht vertreten. **422**

Das Kriterium „künstlerisch" ist sowohl Element des formellen als auch des materiellen deutschen Werkbegriffs.[721] Ohne dieses Element könnten nach hier vertretener Auffassung Werke urheberrechtlich geschützt werden, die zwar „kreativ" sind, weil sie einen Gestaltungsspielraum ausfüllen, aber keine ausreichende Anknüpfung an den Persönlichkeitsschutz des Urheberrechts enthalten. Speziell auf den Designschutz übertragen, wären bei Aufgabe des „künstlerischen" Elements zum Beispiel typische Aspekte einer Designerleistung – etwa die kosteneffiziente, ergonomische oder stabile Gestaltung – urheberrechtsschutzfähig. Das Urheberrecht ist aber nach vorliegend vertretener Auffassung nicht das geeignete Schutzsystem dafür, sondern auf Persönlichkeitsschutz ausgelegt und aufgrund seiner weitreichenden Rechtsfolgen nicht sinnvolles Schutzsystem jeder geistigen Designerleistung, sondern nur der künstlerischen. Als positive Voraussetzung des Werkbegriffs wird deshalb weiter ein künstlerisches Werk in dem Sinne eines *„auf einem Denkprozess und gestaltender Tätigkeit beruhendes, Werk eines Menschen, das vorzugsweise dazu bestimmt ist, einen persönlichen Gedanken- oder Gefühlinhalts dieses Menschen durch Ansprache des Form- und Sehsinns zu übermitteln"* gefordert.[722] Es muss also eine „persönliche geistige Botschaft" positiv bestimmt werden. **423**

Die negative Abgrenzung erfolgt über den „Grad der Gestaltungshöhe". Hier ist jedoch festzustellen, dass dieses Element durch die Präzisierung des Kriteriums des „Gestaltungsspielraums" weitgehend inhaltsleer geworden ist. Ist eine Gestaltung im Sinne von *Ahlbergs* Definition ausschließlich „mechanisch-technisch oder routinemäßigen bzw. handwerksmäßig", so bestünde aufgrund ausschließlich technischer Bedingtheit und einer Orientierung an routinemäßig genutzten Vorbildern bereits kein Gestaltungsspielraum. **424**

Es verbleibt für das Element der graduellen Abstufung also nur der Anwendungsfall, dass zwar eine geistige Botschaft übermittelt wird, aber diese als zu gering bzw. unpersönlich angesehen wird, wie etwa das sprichwörtliche „Punkt **425**

720 Vgl. oben Rn. 270 ff.
721 Vgl. oben Rn. 296.
722 Vgl. oben Rn. 276.

Punkt Komma Strich". In diesem Fall ist strikt das Wertungsverbot des BVerfG bzgl. bildender Kunst[723] und der Schutz der „kleinen Münze"[724] zu beachten. Es verbietet sich demnach ein schematisches Urteil, wonach ein statistischer Durchschnitt bereits nie eine ausreichende geistige Botschaft enthält. Würde dieses Element so verstanden, müsste es abgeschafft werden. In Frage kommt jedoch eine Einzelfallabgrenzung zwischen Kunst und Nichtkunst anhand von Indizien. Dies senkt die urheberrechtliche Schutzschwelle – entgegen *Schricker* – nicht weiter ab, sondern gleicht sie zutreffend an das Schutzniveau der rein bildenden Kunst an.

III. Vorschläge zur Anpassung der geltenden Abgrenzung

1. Abgrenzung nach dem Gestaltungsspielraum

426 Im Nachgang des Geburtstagszug-Urteils schlug *Szalai* eine einschränkende Auslegung des zu beachtenden Gestaltungsspielraums vor. Kein Gestaltungsspielraum bestehe bei allen vorgegebenen Gestaltungselementen. Darunter fielen sowohl technische Vorgaben als auch Einschränkungen des Gestaltungsspielraums durch den Widmungs- oder Nutzungszweck. Es sei dabei nicht nur auf die notwendigen, sondern auch auf die naheliegenden Gestaltungen abzustellen.[725] Dem sind die obenstehenden Bedenken entgegen zu halten.[726]

2. Aufgabe des künstlerischen Aspekts

427 *Schulze* versteht das Geburtstagszug-Urteil als grundsätzliche Absenkung der urheberrechtlichen Schutzschwelle für angewandte Kunst. Er befürchtet jedoch, die Forderung des BGH nach einer „künstlerischen Leistung" (Rn. 41 des Geburtstagszug-Urteils), könne als „Hintertür" verwendet werden, um ähnlich hohe Schutzanforderungen zu stellen wie zuvor. Zur Vermeidung einer solchen Auslegung schlägt er vor, anstelle einer „künstlerischen Leistung" bei angewandter Kunst nur eine „gestalterische Leistung" vorauszusetzen.[727]

---

723 Vgl. Rn. 23 oben.

724 Vgl. Rn. 209 oben.

725 *Szalai*, ZUM 2014, 231 (234); ders., NJW 2013, 309 ff, bezüglich des Widmungszwecks einen allgemeinen Rechtsgedanken ableitend aus § 4 Nr. 9 UWG, § 2 Abs. 2 Nr. 1, 2 MarkenG, § 2 Abs. 3 DesignG.

726 Vgl. oben, Rn. 237 ff., 243 f.

727 *Schulze*, NJW 2014, 469 (475).

Wie die Rechtsprechungsauswertung zeigt, ist Schulzes grundsätzlicher Kritik zuzustimmen, dass die Verwendung des Begriffs „künstlerisch" ohne klare Definition zu einer uneinheitlichen, oft willkürlichen Auslegung des urheberrechtlichen Werkbegriffs führt.[728] Die Definition „gestalterisch" enthält aber keine Abgrenzung vom nicht schutzfähigen reinen Ornament oder von einer nicht schutzfähigen, visuell ansprechenden, aber ausschließlich technisch bedingten Gestaltung. Stattdessen wird vorliegend die objektiver bestimmte Definition des Elements „künstlerisch" als *„auf einem Denkprozess und gestaltender Tätigkeit beruhendes, Werk eines Menschen, das vorzugsweise dazu bestimmt ist, einen persönlichen Gedanken- oder Gefühlinhalts dieses Menschen durch Ansprache des Form- und Sehsinns zu übermitteln"* vertreten.[729] **428**

3. *Abgrenzung nach dem Schutzumfang*

Zur Begrenzung des urheberrechtlichen Schutzbereichs wendet der BGH im Geburtstagszug-Urteil hinsichtlich der Rechtsfolgen eine „Je-Desto-Formel" an: Je größer die Gestaltungshöhe sei, desto größer sei auch der potenzielle Schutzbereich des Urheberrechtsschutzes.[730] In der Literatur wird angemahnt, es müsse festgelegt werden, worauf sich dieser Schutzbereich bezieht – auf das konkret eigenartige Element oder auf das Gesamtwerk.[731] Dies erscheint sinnvoll. Abzustellen sein wird wohl auf das Gesamtwerk aufgrund der herrschenden Gesamtbetrachtung des Urheberrechts. **429**

IV. Eigener Vorschlag

Vorliegend wird vertreten, dass der BGH generell Zustimmung verdient, einen einheitlichen Maßstab an die bildende und die angewandte Kunst zu stellen und nur die dargelegten einzelnen Präzisierungen und Anpassungen des urheberrechtlichen Werkbegriffs und eine flankierende, erweiterte Auslegung der Schranken erforderlich sind. Im Schlussteil werden diese nochmals unter Verweis auf die entsprechenden Darlegungen zusammengefasst. **430**

---

728 Vgl. Rn. 280 ff. oben.

729 Vgl. Rn. 276, 423 oben.

730 BGH, Urteil vom 13.11.2013 – I ZR 143/12, *Geburtstagszug,* Rn. 41, BGHZ 199, 52 (68).

731 *Szalai,* ZUM 2014, 231 (234).

C. Mögliche weitere Harmonisierung auf EU-Ebene

I. Vorteile einer weiteren Harmonisierung

431 Vorteile einer weiteren Harmonisierung des Werkbegriffs auf EU-Ebene wären eine Verminderung der Rechtsunsicherheit und der Ungleichbehandlung von Werken innerhalb der EU, die dadurch entstehen, dass innerhalb der EU verschiedene Schutzschwellen an verschiedene Werkarten und in verschiedenen Rechtsordnungen angelegt werden. Die Kommission hat verlauten lassen:

> *"Ein EU-Urheberrecht würde die Rechtssicherheit und Transparenz für Rechtsinhaber und Nutzer gleichermaßen erhöhen und die Transaktions- und Lizenzkosten wesentlich senken."*[732] [frei übersetzt aus dem Englischen]

432 Zudem würde eine vollharmonisierte urheberrechtliche Schutzschwelle die EU in Verhandlungen zu internationalen Verträgen über das Urheberrecht stärken.[733]

II. EU-Kompetenz

433 Der EuGH hat keine ausreichende Rechtsfortbildungsbefugnis zur weiteren Harmonisierung des europäischen Werkbegriffs.[734] Die Voraussetzung dafür, dass die EU die urheberrechtliche Schutzschwelle vollharmonisieren kann, ist, dass ihr die Kompetenz dazu in den EU-Verträgen (vor allem AEUV und EUV) verliehen ist.

434 In den meisten der erlassenen EU-Richtlinien zum Urheberrecht wird ausdrücklich oder konkludent Bezug auf die Kompetenz aus Art. 114 AEUV genommen. Dabei handelt es sich um eine geteilte Kompetenz im Sinne des Artikel 4 II a EUV in Bezug auf die Schaffung und das Funktionieren des Binnenmarktes. Zudem gewährt Art. 118 AEUV eine ausdrückliche geteilte Kompetenz auf dem Gebiet des intellektuellen Eigentums. Allerdings ist diese neue Kompetenz nach Rechtsprechung des EuGH nur der Kompetenz aus Art. 114 AEUV beigeordnet und kann deshalb nur in Anspruch genommen werden, wenn das Funktionieren des Binnenmarktes gestört ist.[735] Wie aus der EuGH-Rechtsprechung hervorgeht,

---

732 Commission Paper "Creative Content in a European Digital Single Market: Challenges for the Future – A Reflection Document of DG INFSO and DG MARKT" section 5.2.

733 *Hilty*, IIC, 2004, 760 (775).

734 Vgl. oben Rn. 189 ff.

735 Vgl. *Ramalho*, IIC 2014, 178 (185), mit Hinweis auf: EuGH, Urteil vom 16.04.2013 – verb. Rechtssachen C-274/11 und C-295/11, *Königreich Spanien und Italienische Republik / Rat der Europäischen Union*, Rn. 21; GRUR Int. 2013, 542 (544).

setzt eine solche Störung eine kausale Beziehung zwischen den unterschiedlichen nationalen Gesetzen und der Behinderung des Binnenmarktes voraus und *„die bloße Feststellung von Unterschieden zwischen den nationalen Vorschriften"* rechtfertigt noch keine Anwendung der Kompetenz aus Artikel 114 AEUV.[736] Stattdessen muss bewiesen werden, dass eine Behinderung des grenzübergreifenden Handels wahrscheinlich ist, z.B. durch eine Folgenabschätzung nach einer Öffentlichkeitsbefragung.[737] Zudem muss es *„objektiv und tatsächlich"* ersichtlich sein, dass die getroffene Maßnahme *„den Zweck hat, die Voraussetzungen für die Errichtung und das Funktionieren des Binnenmarkts zu verbessern"*.[738] Zusätzlich muss die Europäische Union gem. Artikel 5 III, IV EUV die Grundsätze der Verhältnismäßigkeit (mildeste geeignete Mittel) und der Subsidiarität beachten (die Organe der Europäischen Union soll nur und insoweit handeln, wie die Ziele der vorgeschlagenen Handlung nicht ausreichend von den Mitgliedsstaaten umgesetzt werden könnten).

Zusammenfassend ist festzustellen, dass mit Artikel 118 AEUV eine klare geteilte Kompetenzgrundlage geschaffen wurde, die eine Vollharmonisierung des EU-Rechts erlauben würde. Dabei müssen jedoch ein nachgewiesener Effekt auf den Binnenmarkt sowie die Kriterien der Verhältnismäßigkeit und Subsidiarität strikt beachtet werden. Es muss berücksichtigt werden, dass das Urheberrecht eine grundsätzliche Rolle beim Eigentumsschutz (eine Domäne des nationalen Rechts) sowie für den Schutz der kulturellen Identität spielt und dass deshalb die Interessen der verschiedenen Beteiligten sorgfältig abgewogen werden müssen. **435**

III. Die besten Mittel zur Harmonisierung

Ein zweigleisiges System, wie etwa das für das europäische Marken- oder Designrecht, bestehend aus einer Verordnung und einer Richtlinie, ist für die Harmonisierung des Urheberrechts nicht empfehlenswert, da das Urheberrecht gem. Artikel 5 II der Berner Übereinkunft automatisch mit Schöpfung des Werkes **436**

736 Vgl. *Ramalho*, IIC 2014, 178 (182), mit Hinweis auf: EuGH, Urteil vom 12.07.2005 – verbundene Rechtssachen C-154/04 und C-155/04, *Nahrungsergänzungsmittelrichtlinie,* Rn. 28, BeckRS 2005, 70512 und EuGH, Urteil vom 05.10.2000 – C-376/98, *Tabakwerbung I* Rn. 84, GRUR Int. 2001, 41 (46 f.).

737 *Ramalho*, IIC 2014, 178 (182) mit Hinweis auf: EuGH, Urteil vom 08.06.2010 – C-58/08, *EU-Roamingverordnung*, Rn. 45 ff., MMR 2010, 561 (562).

738 *Ramalho*, IIC 2014, 178 (182) mit Hinweis auf: EuGH, Urteil vom 02.05.2006 – C-217/04, *Vereinigtes Königreich Großbritannien und Nordirland/Europäisches Parlament u.a.*, Rn. 42, EuZW 2006, 369 (371).

entsteht. Deshalb würden parallele Schutzsysteme in Konflikt miteinander geraten. Ein "europäisches Urheberrecht" in Form einer Verordnung wäre daher ein geeignetes Mittel um eine Vollharmonisierung der urheberrechtlichen Schutzschwelle innerhalb der EU zu erreichen. Dabei wäre jedoch auf großzügige Übergangsregelungen zu achten. Wegen der langen Schutzdauer des Urheberrechts und der Pflicht, die bestehenden nationalen Eigentumsrechte zu erhalten, werden nationale Urheberrechte wohl noch für etwas länger als hundert Jahre nach Einführung einer solchen Verordnung in Kraft bleiben.[739]

IV. Möglicher Umfang der Harmonisierung

1. *„Europäischer Werkbegriff" als Ausgangspunkt*

437 Im Jahr 2010 hat die Wittem Gruppe[740] einen Vorschlag für ein europäisches Urheberrecht veröffentlicht. Dessen Art. 1.1 (1) schrieb die Definition der "eigenen geistigen Schöpfung des Autors" als einheitliche Schutzschwelle fest.[741] Dies würde auch auf der EuGH-Rechtsprechung zum „europäischen Werkbegriff" aufbauen.

2. *Stellungnahme*

438 Natürlich hätte es Vorteile, an den *acquis communautaire* hinsichtlich dieser Definition anzuknüpfen, da der EuGH bereits Vorarbeit zur Interpretation der „eigenen geistigen Leistung" geleistet hat und dieser Werkbegriff bereits für Computerprogramme, Datenbanken und Fotografien gilt.

439 Wie allerdings die kurze Bestandsaufnahme zum deutschen, französischen und britischen Recht zeigt, passt diese Formulierung zu keinem der traditionellen mitgliedsstaatlichen Urheberrechtssysteme, wenn sie so interpretiert wird wie im Painer-Urteil (das eine quantitative oder qualitative Messung der Originalität – wie im deutschen Recht – verbietet) und in dem Football-Dataco-Urteil (das den „skill, labour and judgement"- Test des britischen Rechts abschaffen will).

440 Außerdem ist die Terminologie „eigene geistige Schöpfung" aufgrund der enthaltenen unbestimmten Rechtsbegriffe so mehrdeutig, dass sowohl die deutsche, die französische als auch die britische Schutzschwelle hineingelesen wird.

---

739 Vgl. *Cook/Derclaye*, I.P.Q. 2011, 259 (262).

740 Eine Gruppe von Urheberrechtsexperten.

741 Auf Englisch abrufbar unter: https://www.jipitec.eu/issues/jipitec-1-2-2010/2622/wittem-group-european-copyright-code.pdf.

‚alb wäre es sinnvoll, die urheberrechtliche Schutzschwelle anhand klarerer ‚riterien zu bestimmen und nach Gemeinsamkeiten der verschiedenen Rechtsordnungen zu suchen, um einen Grundkonsens herzustellen.

So besteht jetzt bereits Einigkeit innerhalb der EU, dass rein funktionale Elemente eines Werkes nicht als "original" im Sinne des Urheberrechts betrachtet werden können (so wurde auch im BSA- und Football-Dataco-Urteil entschieden).[742] Es sollte aber – wie im deutschen Recht – klargestellt werden, dass auch technische Gestaltungsalternativen nicht urheberrechtsschutzfähig sind, also alle technischen Aspekte, nicht nur die ausschließlich technisch bedingten Elemente, vom Urheberrechtsschutz auszuschließen sind. Dies bedeutet jedoch nicht, dass eine künstlerische Wirkung eines (auch) technisch bedingten Elements zu missachten wäre.[743] **441**

Außerdem geht die Entwicklung in die Richtung, dass ein kreatives Element erforderlich ist. Es hat sich auch durchgesetzt, eine „persönliche geistige Botschaft" zu fordern.[744] Dies ist zwar ein Element des *civil law*, wie etwa des deutschen und französischen Rechts. Das *civil law* wird voraussichtlich aber, angesichts des angekündigten Austritts von Großbritannien aus der EU,[745] an Bedeutung gewinnen. Zur Vermeidung eines Überprotektionismus – etwa für rein maschinenbauliche Designerleistungen wie eine ergonomische und materialsparende Ausgestaltung – sollte betont werden, dass sich der kreative Aspekt nicht in der Ausschöpfung eines Gestaltungsspielraumes erschöpft, sondern eine geistige Botschaft in Form eines persönlichen Gedanken- oder Gefühlinhalts eines Menschen, die durch Ansprache des Form- und Sehsinns übermittelt wird, voraussetzt.[746] **442**

Bei einer Harmonisierung des Werkbegriffs würde eine Abgrenzung zwischen Urheberrechtsschutz- und Designschutz sich voraussichtlich an dieser Abgrenzungsformel der „geistigen Botschaft" sowie an der negativen Abgrenzungsformel des „Gestaltungsspielraumes"[747] orientieren, anstatt nach deutscher **443**

---

742 Vgl. Rn. 164, 177 oben, für das deutsche Recht Rn. 62, 226 ff., für das britische Recht Rn. 374 und für das französische Recht Rn. 393.

743 Vgl. oben Rn. 231.

744 Vgl. oben Rn. 171 zum Painer-Urteil und Rn. 177 zum Football Dataco-Urteil.

745 Vgl. für viele *Hasselblatt*, in: Hasselblatt, MAH Gewerblicher Rechtsschutz, § 37 Unionsmarkenrecht Rn. 14 mit Hinweis auf das Referendum vom 23.06.2016, in dem 51, 9 Prozent der Briten für den Austritt Großbritanniens aus der EU stimmten.

746 Vgl. zum Definitionsvorschlag für diesen Aspekt Rn. 276 oben.

747 Vgl. für die Anerkennung des Kriteriums des „Gestaltungsspielraumes" im europäischem und deutschen Recht Rn. 225, für das britische Recht Rn. 382 und für das französische Recht Rn. 393.

Tradition an einer Abgrenzungsformel wie der „Gestaltungshöhe".[748] Es verbleibt aber für das Kriterium der Gestaltungshöhe ohnehin nur ein geringer legitimer Anwendungsbereich, so dass dadurch keine Überprotektion nach deutschem Urheberrecht droht.[749]

444 Zudem zeichnet sich ein einheitlicher materieller Werkbegriff für alle Werkarten ab (wie im *Painer*-Urteil des EuGH in einem *obiter dictum* angeführt).[750] Durch Anerkennung eines formellen Werkbegriffs wäre es aber möglich, weiter Differenzierungen zwischen den Werkarten vorzunehmen.

445 Als paralleles Schutzsystem kommt weiter das starke Designrecht in Betracht. Ein solcher Parallelschutz war insbesondere auch schon im britischen und französischen Recht bekannt und hat sich gerade für die Textil- und Modeindustrie als starkes, eigenständiges Instrument durchgesetzt.[751]

V. Zwischenergebnis

446 Es gibt den politischen Willen, die urheberrechtliche Schutzschwelle innerhalb der EU vollständig zu vereinheitlichen. *Neelie Kroes* hat während ihrer Amtszeit als Vize-Präsidentin der EU-Kommission gesagt:

> *„Heute ist unser fragmentiertes Urheberrechtssystem schlecht an unser Verständnis von Kunst angepasst, das keine Grenzen kennt… Wir müssen über die nationalen und unternehmerischen Eigeninteressen hinwegsehen und eine neue Herangehensweise an das Urheberrecht entwickeln."*[752]

447 Wie untersucht, gäbe es die potentielle Kompetenz der EU, dies zu tun, und einen praktischen Nutzen. Jedoch sollte dabei Wert auf die Abwägung der Interessen, die Subsidiarität und die Bedeutung für den Binnenmarkt gelegt und der Werkbegriff neu bestimmt werden.

D. Ergebnis des 5. Kapitels

448 Die im deutschen Recht gefundene Neuabgrenzung erscheint unter Berücksichtigung einzelner Anpassungen (wie im dritten und vierten Kapitel dargelegt) sinnvoll.

---

748 Vgl. für die Ablehnung des Kriteriums der „Gestaltungshöhe" nach EU-Recht Rn. 145 und durch den EuGH Rn. 187 oben.

749 Vgl. oben Rn. 424 f.

750 Vgl. oben Rn. 172.

751 Vgl. für das britische Recht Rn. 383 und für das französische Rn. 395.

752 *Rosati*, I.P.Q. 2013, 47 (54).

Wie jedoch die Analyse in Kapitel 2 zeigt, ist die Initiative des EuGH, die urheberrechtliche Schutzschwelle zu harmonisieren, aber aus praktischer Sicht verständlich und es zeichnet sich die deutliche Tendenz ab, als EU-weiten, einheitlichen Werkbegriff den Begriff der „eigenen geistigen Schöpfung" einzuführen. Deshalb ist der Erlass eines "Europäischen Urheberrechts" in Form einer Verordnung – wie es von der EU intendiert zu sein scheint, ein legitimes Ziel. Allerdings müssen dabei die Prinzipien der Verhältnismäßigkeit und Subsidiarität strikt beachtet werden. Eine Harmonisierung sollte nicht "um jeden Preis" erfolgen, gerade mit Blick auf die Wichtigkeit des Urheberechts für die Eigentumsgarantie und die kulturelle Identität der Mitgliedsstaaten. 449

Aus der Analyse im fünften Kapitel ist jedoch abzuleiten, dass in den Mitgliedsstaaten bereits jetzt eine gewisse Bereitschaft besteht, ihre urheberrechtlichen Schutzschwellen aneinander anzugleichen. Dies zeigt der Umstand, dass sowohl britische als auch deutsche und französische Richter, die im Urheberrecht grundsätzlich ganz unterschiedlichen Doktrinen folgen, die Gesetze ihrer Rechtsordnung in Einklang mit der Terminologie „eigene geistige Schöpfung" bringen konnten. Nichtsdestoweniger wehren sich alle untersuchten Rechtsordnungen dagegen, ihre Grundsätze ausdrücklich aufzugeben – sei es die abschließende Liste von Werkkategorien im britischen Recht oder den Bezug auf künstlerische Gestaltungshöhe im deutschen Recht. Es muss außerdem auch auf EU-Ebene evaluiert werden, ob – wie noch 2004 im erwähnten Arbeitspapier abgelehnt – überhaupt Bedarf für eine Harmonisierung des Werkbegriffs besteht. 450

Schlussteil: Forschungsergebnisse in Thesen

Die folgende Übersicht enthält keine Zusammenfassung der gesamten Arbeit, sondern nur die in streitigen Punkten vertretenen Hauptthesen der Verfasserin. 451

A. Bestimmung des Schutzgegenstandes

I. Der Gebrauchszweck, der ein Werk der angewandten im Verhältnis zu einem Werk der rein bildenden Kunst auszeichnet, ist danach zu bestimmen, ob die Gestaltung zur Durchführung von Handlungen benutzt wird, die über das reine Betrachten hinausgehen. Soziale Folgewirkungen des Betrachtens, wie z.B. die repräsentative Wirkung oder das Wachrufen religiöser Gefühle, sind demnach nicht als „praktische Gebrauchszwecke" zu werten. Auch bei der bloßen Dekoration ist eine Verwendung zur Durchführung einer Handlung nicht erkennbar. Damit kann ein Gebrauchszweck von folgenden Zwecksetzungen unterschieden werden: der Bestimmung zum bloßen Betrachten (d.h. dem Selbstzweck), zur Repräsentation oder zur bloßen Dekoration. Ziergegenstände sind folglich meist nicht am Maßstab der angewandten, sondern am Maßstab der rein bildenden Kunst zu messen. In Zweifelsfällen ist nach Indizien für die objektive Verwendungsbestimmung abzugrenzen, etwa danach, ob die Gestaltung wie ein Werk der bildenden Kunst gehandelt oder präsentiert wird. Es verbietet sich aber eine schematische Einordnung nach Fallgruppen, da ein und dasselbe Werk je nach Kontext als bildende oder als angewandte Kunst eingeordnet werden kann (Rn. 37). 452

II. Es ist geboten, den Gebrauchszweck als objektiv üblichen Verwendungszweck eng auszulegen und nur auf die unmittelbaren funktionalen Folgen für den Gegenstand abzustellen. Mittelbare Wirkungen wie die Verkäuflichkeit sollten außer Betracht bleiben (Rn. 33, 242, 245). 453

454

III. Nach den Maßstäben des § 286 ZPO verbieten sich Pauschalurteile bei der Prüfung der urheberrechtlichen Schutzschwelle. Es sollte durch Bestimmung des Gebrauchszwecks einer Gestaltung unter die Werkkategorie „angewandte Kunst" subsumiert werden und eine Beschreibung der Merkmale, anhand derer das Vorliegen einer „besondere Gestaltungshöhe" überprüft wird, erfolgen. Nach den Maßstäben des § 286 Abs. 1 S. 1 ZPO ist auch eine genaue Darlegung der besonderen Sachkunde erforderlich, wenn sich die urheberrechtlichen Fachsenate dem *„für Kunst empfänglichen und mit Kunstanschauungen einigermaßen vertraute Kreis"* zurechnen (Rn. 233, 297).

B. Befürwortung der Aufgabe der Stufentheorie

455 I. Die im deutschen Recht von 1911 bis 2013 geltende „Stufentheorie", nach der gewerblicher Designschutz und Urheberrechtsschutz für „angewandte Kunst" durch den „Grad der Gestaltungshöhe" abgegrenzt wurden und zum Erreichen der urheberrechtlichen Schutzschwelle ein „deutliches Überragen der Durchschnittsgestaltung" erforderlich war, hat der BGH im Grundsatzurteil „Geburtstagszug" zu Recht aus dogmatischen Gründen aufgegeben (Kapitel 2, insbesondere Rn. 218).

456 II. Ein Verweis auf das Designrecht als *lex specialis* im Verhältnis zum Urheberrecht ist nach Änderung der Tatbestandsmerkmale des Designgesetzes durch die auf EU-Recht beruhende Geschmacksmusterreform im Jahr 2004 nicht mehr möglich (Rn. 199 f.).

457 III. Eine teleologische Reduktion des § 2 Abs. 1 Nr. 4 UrhG zur Ableitung einer erhöhten Schutzschwelle für angewandte Kunst ist nicht geboten (Rn. 214 ff.).

458 IV. Die Rückkehr zur Stufentheorie wäre rechtspolitisch nicht wünschenswert. Sie führte zu einer ungerechtfertigten Schlechterstellung der angewandten im Vergleich zur rein bildenden Kunst (Rn. 215 f.).

459 V. Weder das EU-Recht (Rn. 144 ff.) noch völkerrechtliche Verträge (Rn. 115 ff.) erforderten hingegen eine Aufgabe der Stufentheorie.

C. Europäischer Werkbegriff

460 I. Dem EuGH fehlt eine Rechtsfortbildungskompetenz für den urheberrechtlichen Werkbegriff (Rn. 189 ff.).

461 II. Der „europäische Werkbegriff" ist noch lückenhaft und erstreckt sich nicht auf angewandte Kunst (Rn. 196 f.).

462 III. Nach der Auslegung des unbestimmten Rechtsbegriffs „eigene geistige Schöpfung" durch den EuGH setzt dieser positiv voraus, dass der Urheber seine Persönlichkeit dadurch zum Ausdruck bringt, dass er in Ausnutzung seiner künstlerischen Freiheit seine schöpferischen Fähigkeiten in eigenständiger Weise zum Ausdruck bringt, indem er frei kreative Entscheidungen trifft, etwa durch Auswahl und Anordnung. In negativer Abgrenzung des EuGH ist ein Werk nicht urheberrechtsschutzfähig, wenn es ausschließlich technisch bedingt, von Regeln und Zwängen bestimmt oder von der Funktion vorgegeben ist, so

dass für künstlerische Freiheit kein Raum bleibt. Ein abschließender Katalog von Werkarten ist unzulässig (Rn. 188).

D. Auslegung der neuen Schutzkriterien

I. Gestaltungsspielraum

1. Eine schematische Unterscheidung der Merkmale eines Designgegenstandes hinsichtlich der funktional-technischen oder künstlerisch-ästhetischen Zwecksetzung führt zu einer faktischen Trennungstheorie. Urheberrechtsschutzfähigkeit ist stattdessen im Wege einer Gesamtbetrachtung zu beurteilen (Rn. 231, 240 f., 264). **463**

2. Technische und funktionale Gestaltungsmerkmale sind nicht gleich-zusetzen. In Fällen, in denen nur in der Kombination eigentlich funktionaler Merkmale das Künstlerische liegt oder die funktionalen mit den künstlerischen Gestaltungsmerkmalen verschmelzen, muss eine Ausnahme vom Schutzausschluss nicht zwingend funktionaler Merkmale gemacht werden. Es ist eine Einzelfallbetrachtung geboten (Rn. 243) **464**

3. Diese Überlegung gilt für Widmungen (also subjektive Bestimmungen zu einem Gebrauchszweck) erst recht (Rn. 245). **465**

4. Das Vorhandensein von Gestaltungsvorbildern hindert den Urheberrechtsschutz nicht, wenn die Anforderungen der freien Benutzung gem. § 24 Abs. 1 UrhG vorliegen (Rn. 249). Dies gilt entsprechend für Vorbilder aus der Natur (Rn. 250). **466**

5. Es darf kein pauschales Werturteil über (angewandte) Kunst in dem Sinne gefällt werden, dass abstrakte Gestaltungen eher schutzfähig sind als naturalistische. Es muss eine Einzelfallbetrachtung erfolgen (Rn. 256). **467**

6. Vorgaben durch den Auftraggeber sind kein tauglicher Ausschlussgrund. Sie können nur zu einer Miturheberschaft führen (Rn. 257). **468**

7. Auch naheliegende Gestaltungen können urheberrechtsschutzfähig sein, wenn sie zu einer künstlerischen Formgebung führen, in der sich ein Gedanken- und Gefühlsinhalt mitteilt, nur die naheliegende Idee an sich ist nicht schutzfähig (Rn. 258 f.). **469**

II. Gestaltungshöhe

470 1. Der Grad der Gestaltungshöhe beinhaltet neben dem Abstecken des Gestaltungsspielraums eine zweite negative Abgrenzung. Als Kunstwerke scheiden alltägliche und sklavisch nachgeahmte Gestaltungen ohne ein Mindestmaß von Individualität und Aussagekraft für den Betrachter aus (Rn. 274).

471 2. Die urheberrechtliche Definition von bildender Kunst enthält wiederum den Begriff Kunst und die unbestimmten Rechtsbegriffe „eigenpersönliche Schöpfung“ und „ästhetisch“. Ersetzt man diese Definition durch die Definitionen dieser Begriffe, ergibt sich folgende Definition: *„auf einem Denkprozess und gestaltender Tätigkeit beruhendes Werk eines Menschen, das vorzugsweise dazu bestimmt ist, einen persönlichen Gedanken- oder Gefühlinhalt dieses Menschen durch Ansprache des Form- und Sehsinns zu übermitteln.“* Die Verwendung von üblichen Gestaltungsmitteln eines bildenden Künstlers ist als Indiz zu werten. Das wesentliche „künstlerische Element“ des deutschen Urheberrechts ist folglich die Übermittlung einer persönlichen „geistigen Botschaft“ (Rn. 276).

472 3. Die wesentliche schutzausschließende Wirkung des Kriteriums „künstlerisch“ ist, dass die bloße ästhetische (auf die Sinne wirkende) Gestaltung nicht genügt. Das betrifft z.B. das sogenannte „schmückende Beiwerk“ oder „Ornament“, aber auch eine Gestaltung, die auf den Sehsinn wirkt, obwohl sie lediglich eine technische Lösung verkörpert (Rn. 277).

III. Schutzbereichsbegrenzung

473 Durch die Formel, je geringer die Gestaltungshöhe sei, desto geringer sei auch das urheberrechtliche Schutzniveau, wird der Schutzbereich für angewandte Kunst nicht prinzipiell begrenzt. Die Formel gibt vielmehr nur eine Fallgruppe in Abgrenzung zur „freien Benutzung“ vor. Hat eine Gestaltung nur wenige individuelle künstlerische Merkmale, so wird sie schon bei kleinen Abänderungen dieser Merkmale „verblassen“, während individuellere Merkmale auch bei leichten Variationen durch einen Nachahmer noch „durchscheinen“ (Rn. 296). Eine pauschale Schutzverringerung für angewandte Kunst wäre eine unzulässige Schutzbegrenzung (Rn. 300).

E. Praktischer Umgang mit dem *status quo*

474 I. Die bisherige Entwicklung der Rechtsprechung geht in Richtung der Absenkung der Schutzschwelle, insbesondere für zweidimensionale Gestaltungen und Industriedesign, wobei Tendenzen der ursprünglichen Fallgruppen erhalten bleiben. Um die Schutzfähigkeit einer Gestaltung einzuschätzen, kann auf diese

Schutztendenzen sowie die bisherigen und neuen Abgrenzungskriterien der Rechtsprechung zurückgegriffen werden (vgl. Rn. 98, 303 f.).

II. Da es aber nach wie vor keine festen Fallgruppen für den urheberrechtlichen Schutz angewandter Kunst gibt, empfiehlt es sich für Gestalter und Nutzer, sich generell auf einen möglichen alternativen Urheberrechtsschutz für die Gestaltung einzustellen (Rn. 303 f., 357). Dies betrifft vor allem Design-Lizenzverträge (Rn. 308 ff., 313 ff.), unbedachte Alltagsnutzungen von Design (vgl. Rn. 321 ff.), Anmeldungen registrierter Designs (vgl. Rn. 351 ff.) und mögliche Rechtsdurchsetzung durch das Urheberrecht (vgl. Rn. 313 ff. für Vergütungsanpassungsregeln nach dem Urhebervertragsrecht, für Verletzungsklagen Rn. 351 ff.). 475

III. Ein unwesentliches Beiwerk gem. § 57 UrhG sollte großzügiger ausgelegt werden, nämlich in dem Sinne, dass es vorliegt, wenn das mitverwertete Werk im Verhältnis zum Hauptgegenstand aus Sicht eines objektiven durchschnittlichen Betrachters nebensächlich und beliebig ist. Beliebig ist ein mitverwertetes Werk, das weggelassen oder ausgetauscht werden kann, ohne dass dies die Gesamtwirkung des Hauptverwertungsgegenstands in charakteristischer Weise beeinflusst. Nebensächlich ist ein Werk, wenn es in keiner charakteristischen inhaltlichen Beziehung zum Hauptgegenstand der Verwertung steht. Eine derart nebensächliche Bedeutung kann dem mitverwerteten Werk regelmäßig nicht mehr zugewiesen werden, sobald es erkennbar stil- oder stimmungsbildend ist oder eine bestimmte Wirkung oder Aussage unterstreichend inhaltlich in das Hauptwerk oder den eigentlichen Gegenstand der Verwertung einbezogen wird, einen dramaturgischen Zweck erfüllt oder sonst – etwa für eine Film- oder Theaterszene – charakteristisch ist (vgl. Rn. 339). 476

IV. Es ist eine erweiterte Auslegung der Panoramafreiheit gem. § 59 UrhG auf Innenräume geboten (Rn. 344). 477

F. Reformvorschläge

I. Eine Abgrenzung von Urheber- und Designrecht nach dem Maßstab der bildenden Kunst ist bei Umsetzung der vorstehenden Anpassungsvorschläge zu begrüßen (Rn. 430). 478

II. Langfristig könnte bei nachgewiesener Störung des Binnenmarktes ein „europäischer Werkbegriff" durch Verordnung eingeführt werden, aber nicht in Form der „eigenen geistigen Leistung", sondern ein neu verhandelter Werkbegriff, der auch ein formelles Element enthält und maßgeblich über die Kriterien „geistige Botschaft" und „Gestaltungsspielraum" abgrenzt und das Kriterium der „Gestaltungshöhe" nicht enthält (Rn. 431 ff.). 479

Literaturverzeichnis

Ahlberg, Hartwig / Götting, Horst-Peter (Hrsg.), Beck'scher Online-Kommentar Urheberrecht, 19. Edition, München Stand: 01.03.2018, zitiert als: Ahlberg/Götting, BeckOK, UrhG.

Aust, Helmut Philipp, Eine völkerrechtsfreundliche Union? Grund und Grenze der Öffnung des Europarechts zum Völkerrecht, Europarecht (EuR) 2017, 106 ff., zitiert als: Aust, EuR 2017, 106.

Barudi, Malek, Designschutz aufgewertet, Zur Abkehr des Bundesgerichtshofs von der besonderen Gestaltungshöhe für angewandte Kunst im Urheberrecht, Kunst und Recht (KUR) 2014, 11 ff., zitiert als: Barudi, KUR 2014, 11.

Bellia, Marco, Comment on "Metalco" – "Top-Tier Design", Copyright Protection, and the Assessment of the "Artistic Value" Requirement Under Italian Law, Decision of the Supreme Court of Cassation, I Civil Division (Suprema Corte di Cassazione, Sezione I Civile); 13 November 2015 – Case No. 23292/2015, International Review of Intellectual Property and Competition Law (IIC) 2016, 875 ff., zitiert als: Bellia, IIC 2016, 875.

Benabou, Marcel, Les nouveaux critères de protection des dessins et modèles: une protection « sur mesure »?, Droit et patrimoine 2002, 43, zitiert als: Benabou, Droit et Patrimoine 2002, 43.

Benkard, Georg (Begr.), Patentgesetz, Gebrauchsmustergesetz, Patentkostengesetz, Beck'sche Kurz-Kommentare, Bd. 4, 11. Auflage, München 2015, zitiert als: Benkard, Patentgesetz, Gebrauchsmustergesetz, Patentkostengesetz.

Bently, Lionel / Sherman, Brad, Intellectual Property Law, 4. Aufl., Oxford, United Kingdom 2014, zitiert als: Bently/Sherman, Intellectual Property Law.

Bernault, Carine / Clavier, Jean-Pierre, Dictionnaire de droit de la propriété intellectuelle, Dictionnaires de droit, 2e édition, Paris 2015, zitiert als: Bernault/Clavier, Dictionnaire de droit de la propriété intellectuelle.

Bisges, Marcel, Die Kleine Münze im Urheberrecht, Analyse des ökonomischen Aspekts des Werkbegriffs, Schriftenreihe des Archivs für Urheber- und Medienrecht (UFITA), Bd. 273, 1. Aufl., Baden-Baden 2014, zitiert als: Bisges, Die Kleine Münze im Urheberrecht.

Büscher, Wolfgang / Dittmer, Stefan/Schiwy, Peter (Hrsg.), Gewerblicher Rechtsschutz, Urheberrecht, Medienrecht, 2. Aufl., Köln 2010, zitiert als: Büscher / Dittmer / Schiwy, Gewerblicher Rechtsschutz, Urheberrecht, Medienrecht.

Calliess, Christian, Grundlagen, Grenzen und Perspektiven europäischen Richterrechts, Neue Juristische Wochenschrift (NJW) 2005, 929 ff., zitiert als: Calliess, NJW 2005, 929.

Calliess, Christian / Ruffert, Matthias (Hrsg.), EUV/AEUV, Das Verfassungsrecht der Europäischen Union mit Europäischer Grundrechtecharta, Kommentar, 5 Aufl., München 2016, zitiert als: Calliess/Ruffert, EUV/AEUV.

Cook, Trevor / Derclaye, Estelle, An EU Copyright Code: what and how, if ever?, Intellectual Property Quarterly (I.P.Q.) 2011, 259 ff., zitiert als: Cook/Derclaye, I.P.Q. 2011, 259.

Cornels, Jann Hendrik, Die Schranken des Designrechts, Dissertation, Schriften zum deutschen und internationalen Persönlichkeits- und Immaterialgüterrecht, Bd. 39, Göttingen 2015, zitiert als: Cornels, Die Schranken des Designrechts.

Cornish, William R., Die Zukunft des Designschutzes in Europa aus der Sicht des britischen Rechts, Gewerblicher Rechtsschutz und Urheberrecht, Internationaler Teil (GRUR Int.) 1998, 368 ff., zitiert als: Cornish, GRUR Int. 1998, 368.

Cornish, William / Llewelyn, David/Aplin, Tanya, Intellectual Property, Patents, Copyright, Trade Marks and Allied Rights, 8th Edition, London 2013, zitiert als: Cornish/Llewelyn/Aplin, Intellectual Property.

Danwerth, Christopher, Analogie und teleologische Reduktion – zum Verhältnis zweier scheinbar ungleicher Schwestern, Zeitschrift für die gesamte Privatrechtswissenschaft (ZfPW) 2017, 230 ff., zitiert als: Danwerth, ZfPW 2017, 230.

Derclaye, Estelle / Leistner, Matthias, Intellectual Property Overlaps, A European perspective, Oxford, Portland, OR 2011, zitiert als: Derclaye/Leistner, Intellectual Property Overlaps.

Dreier, Thomas / Schulze, Gernot (Hrsg.), Urheberrechtsgesetz, Urheberrechtswahrnehmungsgesetz, Kunsturheberrechtsgesetz; Kommentar, 4. Aufl., München 2013, zitiert als: Dreier/Schulze, UrhG, 4. Aufl.

Dreier, Thomas / Schulze, Gernot (Hrsg.), Urheberrechtsgesetz, Verwertungsgesellschaftsgesetz, Kunsturheberrechtsgesetz, Kommentar, 5. Aufl., München 2015, zitiert als: Dreier/Schulze, UrhG.

Dreyer, Gunda / Kotthoff, Jost/Meckel, Astrid (Hrsg.), Urheberrecht: Urheberrechtsgesetz, Urheberrechtswahrnehmungsgesetz, Kunsturheberrechtsgesetz, Heidelberger Kommentar, 3. Aufl., München 2013, zitiert als: Dreyer/Kotthoff/Meckel, Urheberrecht.

Eichmann, Helmut, Das europäische Geschmacksmusterrecht auf Abwegen, Gewerblicher Rechtsschutz und Urheberrecht, Internationaler Teil (GRUR Int.) 1996, 859 ff., zitiert als: Eichmann, GRUR Int. 1996, 859.

Eichmann, Helmut, Technizität von Erfindungen – Technische Bedingtheit von Marken und Mustern, Gewerblicher Rechtsschutz und Urheberrecht (GRUR) 2000, 751 ff., zitiert als: Eichmann, GRUR 2000, 751.

Eichmann, Helmut / Falckenstein, Roland Vogel von (Hrsg.), Geschmacksmustergesetz, 4. Aufl., München 2010, zitiert als: Eichmann/von Falckenstein, GeschmacksMG.

Eichmann, Helmut / Vogel von Falckenstein, Roland /Kühne, Marcus (Hrsg.), Designgesetz, Gesetz über den rechtlichen Schutz von Design, Beck'sche Kurz-Kommentare, Bd. 45, 5. Aufl., München 2015, zitiert als: Eichmann/von Falckenstein/Kühne, DesignG.

Elmenhorst, Lucas, Anmerkung zu OLG Karlsruhe, Urteil vom 3. Juni 2013 – 6 U 72/12 – Wohnhaus, Zeitschrift für Urheber- und Medienrecht (ZUM) 2013, 898 ff., zitiert als: Elmenhorst, ZUM 2013, 898.

Epping, Volker/Hillgruber, Christian (Hrsg.), Beck'scher Onlinekommentar, Grundgesetz, 36. Edition, Stand 15.02.2018, zitiert als: Epping/Hillgruber, BeckOK, GG.

Erbs, Georg (Begr.) / Kohlhaas, Max (ehem. Hrsg.)/Häberle, Peter (Hrsg.), Beck'sche Kurzkommentare, Strafrechtliche Nebengesetze, 217. Ergänzungslieferung, München Rechtsstand: Oktober 2017, zitiert als: Erbs/Kohlhaas, Strafrechtliche Nebengesetze.

Erdmann, Willi / Bornkamm, Joachim, Schutz von Computerprogrammen, – Rechtslage nach der EG-Richtlinie -, Gewerblicher Rechtsschutz und Urheberrecht (GRUR) 1991, 877 ff., zitiert als: Erdmann/Bornkamm, GRUR 1991, 877.

Fallert, Nicole, Definitionskompetenz – Wer entscheidet, was als Kunst gilt?, Gewerblicher Rechtsschutz und Urheberrecht (GRUR) 2014, 713 ff., zitiert als: Fallert, GRUR 2014, 713.

Fromm, Friedrich Karl / Nordmann, Wilhelm (Begr.)/Nordemann, Axel/Nordemann, Jan Bernd (Hrsg.), Urheberrecht, Kommentar zum Urheberrechtsgesetz, Verlagsgesetz, Urheberrechtswahrnehmungsgesetz, 10. Aufl., Stuttgart 2008, zitiert als: Fromm/Nordemann, Urheberrecht, 10. Aufl.

Fromm, Friedrich Karl / Nordmann, Wilhelm (Begr.)/Nordemann, Axel/Nordemann, Jan Bernd (Hrsg.), Urheberrecht, Kommentar zum Urheberrechtsgesetz, Verlagsgesetz, Urheberrechtswahrnehmungsgesetz, 11. Aufl., Stuttgart 2014, zitiert als: Fromm/Nordemann, Urheberrecht.

Gamm, Eva-Irina von, Die Problematik der Gestaltungshöhe im deutschen Urheberrecht, Unter besonderer Berücksichtigung europarechtlicher Vorgaben und der Überschneidung mit dem deutschen Geschmacksmuster-, Wettbewerbs- und Kennzeichnungsrecht, Dissertation, Baden-Baden 2004, zitiert als: Von Gamm, Die Problematik der Gestaltungshöhe im deutschen Urheberrecht.

GOUNALAKIS, GEORGIOS, Urheberrechtsschutz für die Bibel?, Gewerblicher Rechtsschutz und Urheberrecht (GRUR) 2004, 996 ff., zitiert als: Gounalakis, GRUR 2004, 996.

GOUNALAKIS, GEORGIOS / HEINZE, MEINHARD / DÖRR, DIETER, Urhebervertragsrecht, Verfassungs- und europarechtliche Bewertung des Entwurfs der Bundesregierung vom 30. Mai 2001, Berlin 2001, zitiert als: Gounalakis/Heinze/Dörr, Urhebervertragsrecht.

GROHMANN, ARNO, Ausschluss des urheberrechtlichen Designschutzes in Italien ist EU-rechtswidrig, Gewerblicher Rechtsschutz und Urheberrecht, Praxis im Immaterialgüter- und Wettbewerbsrecht (GRUR-Prax) 2011, 82 ff., zitiert als: Grohmann, GRUR Prax, 82.

GYERTYÁNFY, PÉTER, Expansion des Urheberrechts- und kein Ende?, Gewerblicher Rechtsschutz und Urheberrecht, Internationaler Teil (GRUR Int.) 2002, 557 ff., zitiert als: Gyertyánfy, GRUR Int. 2002, 557.

HAHN, RICHARD / GLÜCKSTEIN, THOMAS, Im neuen Licht – das Urheberrecht des Designers, Eine Auswahl von Rechtsfragen nach dem BGH-Urteil »Geburtstagszug«, Zeitschrift für Urheber- und Medienrecht (ZUM) 2014, 380 ff., zitiert als: Hahn/Glückstein, ZUM 2014, 380.

HANDIG, CHRISTIAN, Was erfordert „die Einheit und die Kohärenz des Unionsrechts"?, Das urheberrechtliche Nachspiel der EuGH-Entscheidung Football Association Premier League, Gewerblicher Rechtsschutz und Urheberrecht, Internationaler Teil (GRUR Int.) 2012, 9 ff., zitiert als: Handig, GRUR Int. 2012, 9.

HARTMANN, SYLVIA, Geburtstagszug in voller Fahrt?, Bisherige Auswirkungen der Entscheidung in der Praxis, Wettbewerb in Recht und Praxis (WRP) 2016, 1327 ff., zitiert als: Hartmann, WRP 2016, 1327.

HASSELBLATT, GORDIAN N. (HRSG.), Münchener Anwaltshandbuch Gewerblicher Rechtsschutz, 5. Aufl., München 2017, zitiert als: Hasselblatt, MAH, GewRs.

HAUFFE, THOMAS, Die Geschichte des Designs im Überblick, Von der Industrialisierung bis heute, 1. Aufl., Köln 2016, zitiert als: Hauffe, Die Geschichte des Designs im Überblick.

HEINOL, MARCEL, Der immaterialgüterrechtliche Schutz von Gebrauchsgegenständen, Bochum 2012, zitiert als: Heinol, Der immaterialgüterrechtliche Schutz von Gebrauchsgegenständen.

HENSSLER, EBERHARD, Rechtsschutz der industriellen Formgebung in Deutschland, Gewerblicher Rechtsschutz und Urheberrecht, Internationaler Teil (GRUR Int.) 1959, 13 ff., zitiert als: Henssler, GRUR Int. 1959, 13.

HILTY, RETO M., Copyright in the internal market, Harmonisation vs. Community Copyright Law, International Review of Intellectual Property and Competition Law (IIC) 2004, 760 ff., zitiert als: Hilty, IIC 2004, 760.

Hoeren, Thomas, Urheberrecht 2000 – Thesen für eine Reform des Urheberrechts, MultiMedia und Recht, Zeitschrift für Informations-, Telekommunikations- und Medienrecht (MMR) 2000, 3 ff., zitiert als: Hoeren, MMR 2000, 3.

Hoeren, Thomas, BGH: Anforderungen an Urheberrechtsschutz für Werke der angewandten Kunst – Geburtstagszug, MultiMedia und Recht, Zeitschrift für Informations-, Telekommunikations- und Medienrecht (MMR) 2014, 333 ff., zitiert als: Hoeren, MMR 2014, 333.

Hoffmann, Markus / Kleespies, Mathias (Hrsg.), Formular-Kommentar Designrecht, Köln 2015, zitiert als: Hoffmann/Kleespies, Formular-Kommentar Designrecht.

Jordan, Stefan (Hrsg.), Lexikon Kunstwissenschaft, Hundert Grundbegriffe, Ditzingen 2012, zitiert als: Jordan, Lexikon Kunstwissenschaft.

Kilian, Wolfgang / Heussen, Benno (Begr.) Taeger, Jürgen/Pohle, Jan (Hrsg.), Computerrechts-Handbuch, Informationstechnologie in der Rechts- und Wirtschaftspraxis, 33. Ergänzungslieferung, München Stand: Februar 2017, zitiert als: Kilian/Heussen, Computerrechtshandbuch.

Klawitter, Christian, Urheberschutz für Designleistungen: Kehrtwende oder Randkorrektur?, Gewerblicher Rechtsschutz und Urheberrecht, Praxis im Immaterialgüter- und Wettbewerbsrecht (GRUR-Prax) 2014, 30 ff., zitiert als: Klawitter, GRUR-Prax 2014, 30.

Knöbl, Harald Peter, Die "kleine Münze" im System des Immaterialgüter- und Wettbewerbsrechts, Eine rechtsvergleichende Analyse des deutschen, schweizerischen, französischen und US-amerikanischen Rechts, Hamburg 2002, zitiert als: Knöbl, Die "kleine Münze" im System des Immaterialgüter- und Wettbewerbsrechts.

König, Eva-Marie, Der Werkbegriff in Europa, Eine rechtsvergleichende Untersuchung des britischen, französischen und deutschen Urheberrechts, Dissertation, Geistiges Eigentum und Wettbewerbsrecht, Bd. 103, Tübingen 2015, zitiert als: König, Der Werkbegriff in Europa.

Koschtial, Ulrike, Das Gemeinschaftsgeschmacksmuster: Die Kriterien der Eigenart, Sichtbarkeit und Funktionalität, Gewerblicher Rechtsschutz und Urheberrecht, Internationaler Teil (GRUR Int.) 2003, 973 ff., zitiert als: Koschtial, GRUR Int. 2003, 973.

Koschtial, Ulrike, Die Einordnung des Designschutzes in das Geschmacksmuster-, Urheber-, Marken- und Patentrecht, Ein Vergleich der Rechtslage in den USA mit den neuesten Entwicklungen auf europäischer Ebene unter besonderer Berücksichtigung der Schutzgewährung in den EU-Mitgliedsstaaten Deutschland, Italien und Frankreich, Dissertation, Berlin 2003, zitiert als: Koschtial, Die Einordnung des Designschutzes.

Koschtial, Ulrike, Zur Notwendigkeit der Absenkung der Gestaltungshöhe für Werke der angewandten Kunst im deutschen Urheberrecht, Gewerblicher Rechtsschutz und Urheberrecht (GRUR) 2004, 555 ff., zitiert als: Koschtial, GRUR 2004, 555.

Kriesel, Kathrin-Lena, Einheitlicher europäischer Werkbegriff und Herabsenkung der Anforderungen an die Gestaltungshöhe bei Werken der angewandten Kunst, Frankfurt am Main 2014, zitiert als: Kriesel, Einheitlicher europäischer Werkbegriff.

Kur, Annette, Die Auswirkungen des neuen Geschmacksmusterrechts auf die Praxis, Gewerblicher Rechtsschutz und Urheberrecht (GRUR) 2002, 661 ff., zitiert als: Kur, GRUR 2002, 661.

Kurz, Melanie, Handwerk oder Design, Zur Ästhetik des Handgemachten, Paderborn 2015, zitiert als: Kurz, Handwerk oder Design.

Larenz, Karl / Canaris, Claus-Wilhelm, Methodenlehre der Rechtswissenschaft, 3. Aufl., Berlin, Heidelberg, New York 1995, zitiert als: Larenz/Canaris, Methodenlehre der Rechtswissenschaft.

Leistner, Matthias, Bei Spielen nichts Neues?, Zugleich Besprechung von BGH, Urt. v. 1. 6. 2011 – I ZR 140/09- Lernspiele, Gewerblicher Rechtsschutz und Urheberrecht (GRUR) 2011, 761 ff., zitiert als: Leistner, GRUR 2011, 761.

Lerach, Mark, Abkehr vom Erfordernis eines deutlichen Überragens der Durchschnittsgestaltung für Werke der Gebrauchskunst ("Geburtstagszug"), Anmerkung zu BGH 1. Zivilsenat, Urteil vom 13.11.2013 – I ZR 143/12, juris PraxisReport Wettbewerbs- und Immaterialgüterrecht (jurisPR-WettbR) 3/2014, Anm. 1, zitiert als: Lerach, jurisPR-WettbR 3/2014, Anm.1.

Liebenau, Diana, Star Athletica v. Varsity Brands – German Comparative Perspectives and European Harmonization of Copyright for Applied Art – Part II, Gewerblicher Rechtsschutz und Urheberrecht, Internationaler Teil (GRUR Int.) 2017, 921 ff., zitiert als: Liebenau, GRUR Int. 2017, 921.

Loewenheim, Ulrich, Der Schutz der kleinen Münze im Urheberrecht, Gewerblicher Rechtsschutz und Urheberrecht (GRUR) 1987, 761 ff., zitiert als: Loewenheim, GRUR 1987, 761.

Loewenheim, Ulrich, Handbuch des Urheberrechts, 2. Aufl., München 2010, zitiert als: Loewenheim, Handbuch des Urheberrechts.

Ludwig, Jan Rasmus, Anmerkung zum Urteil des BGH vom 13.11.2013 (I ZR 143/12; K&R 2014, 106) – Zum Urheberrechtsschutz für Werke angewandter Kunst, Kommunikation und Recht (K&R) 2014, 111 ff., zitiert als: Ludwig, K&R 2014, 111.

Maassen, Wolfgang, Kunst oder Gewerbe?, Die Abgrenzung der künstlerischen von der gewerblichen Tätigkeit im Steuerrecht, Handwerksrecht,

Künstlersozialversicherungsrecht und in anderen Rechtsbereichen, 3. Aufl., Heidelberg 2001, zitiert als: Maaßen, Kunst oder Gewerbe?

Maunz, Theodor / Dürig, Günter (begr.) Herzog, Roman/Herdegen, Matthias/Scholz, Rupert/Klein, Hans H. (Hrsg.), Grundgesetz, 81. Ergänzungslieferung, München Rechtsstand: September 2017, zitiert als: Maunz/Dürig, GG.

Metzger, Axel, Der Einfluss des EuGH auf die gegenwärtige Entwicklung des Urheberrechts, Gewerblicher Rechtsschutz und Urheberrecht (GRUR) 2012, 118 ff., zitiert als: Metzger, GRUR 2012, 118.

Mezger, Lukas, Die Schutzschwelle für Werke der angewandten Kunst nach deutschem und europäischem Recht, Dissertation, Schriften zum deutschen und internationalen Persönlichkeits- und Immaterialgüterrecht, Bd. 42, Göttingen 2017, zitiert als: Mezger, Die Schutzschwelle für Werke der angewandten Kunst.

Möhring, Philipp (Begr.) Ahlberg, Hartwig/Nicolini, Käte (Hrsg.), Urheberrechtsgesetz, Kommentar, 2. Aufl., München 2000, zitiert als: Nicolini/Ahlberg, UrhG.

Mross, Sonja, Technische Funktionalität im Recht des geistigen Eigentums sowie im Wettbewerbsrecht, Entwicklung eines einheitlichen Schutzausschlusses für technisch funktionelle Merkmale, Geistiges Eigentum und Wettbewerb (GEW), Bd. 39, Köln 2015, zitiert als: Mroß, Technische Funktionalität.

Nordemann, Axel / Heise, Friedrich Nicolaus, Urheberrechtlicher Schutz für Designleistungen in Deutschland und auf europäischer Ebene, Zeitschrift für Urheber- und Medienrecht (ZUM) 2001, 128, zitiert als: Nordemann/Heise, ZUM 2001, 128.

Obergfell, Eva Inés, Abschied von der „Silberdistel“: Zum urheberrechtlichen Schutz von Werken der angewandten Kunst, Gewerblicher Rechtsschutz und Urheberrecht (GRUR) 2014, 621 ff., zitiert als: Obergfell, GRUR 2014, 621.

Ohly, Ansgar, Designschutz im Spannungsfeld von Geschmacksmuster-, Kennzeichen- und Lauterkeitsrecht, Gewerblicher Rechtsschutz und Urheberrecht (GRUR) 2007, 731 ff., zitiert als: Ohly, GRUR 2007, 731.

Olbrich, Harald / Strauss, Gerhard, Lexikon der Kunst, Architektur, bildende Kunst, angewandte Kunst, Industrie-Formgestaltung, Kunsttheorie, Digitale Bibliothek, Bd. 43, Berlin 2001, zitiert als: Olbrich/Strauss, Lexikon der Kunst, Digitale Bibliothek.

Pentheroudakis, Chryssoula, Die Umsetzung der Richtlinie 98/71/EG über den rechtlichen Schutz von Mustern und Modellen in den EU-Mitgliedstaaten,

Gewerblicher Rechtsschutz und Urheberrecht, Internationaler Teil (GRUR Int.) 2002, 668 ff., zitiert als: Pentheroudakis, GRUR Int. 2002, 668.

POUILLET, EUGÈNE, Traité théorique et pratique de dessins et modèles, 5. Aufl., Paris 1911, zitiert als: Pouillet, Traité théorique et pratique de dessins et modèles.

RAHMATIAN, ANDREAS, Originality in UK Copyright Law: The Old "Skill and Labour" Doctrine Under Pressure, International Review of Intellectual Property and Competition Law (IIC) 2013, 4 ff., zitiert als: Rahmatian, IIC 2013, 4.

RAMALHO, ANA, Conceptualising the European Union's Competence in Copyright – What Can the EU Do?, International Review of Intellectual Property and Competition Law (IIC) 2014, 178 ff., zitiert als: Ramalho, IIC 2014, 178.

RAUER, NILS / ETTIG, DIANA, Urheberrechtsschutz für Werke angewandter Kunst – BGH gibt ständige Rechtsprechung auf, Zugleich eine Anmerkung zu BGH, Urteil vom 13. 11. 2013 – I ZR 143/12 – Geburtstagszug, Wettbewerb in Recht und Praxis (WRP) 2014, 135 ff., zitiert als: Rauer/Ettig, WRP 2014, 135.

REHBINDER, MANFRED, Urheberrecht, Ein Studienbuch, Juristische Kurz-Lehrbücher, 16. Aufl., München 2010, zitiert als: Rehbinder, Urheberrecht.

RIESENHUBER, KARL, Der Einfluss der RBÜ auf die Auslegung des deutschen Urheberrechtsgesetzes, Zeitschrift für Urheber- und Medienrecht (ZUM) 2003, 333 ff., zitiert als: Riesenhuber, ZUM 2003, 333.

RIESENHUBER, KARL, Europäische Methodenlehre, Handbuch für Ausbildung und Praxis, 3. Aufl., Berlin 2015, zitiert als: Riesenhuber, Europäische Methodenlehre.

RITSCHER, MICHAEL, Auf dem Wege zu einem europäischen Musterrecht, Rechtsschutz und Urheberrecht, Internationaler Teil (GRUR Int.) 1990, 559 ff., zitiert als: Ritscher, GRUR Int. 1990, 559.

RITSCHER, MICHAEL / SCHRAMM, PETER, Praxisänderung in Deutschland zum urheberrechtlichen Schutz von Werken der angewandten Kunst, sic! – Zeitschrift für Immaterialgüter-, Informations und Wettbewerbsrecht 2014, 303 ff., zitiert als: Ritscher/Schramm, sic! 2014, 303.

RODER, VERENA, Die Methodik des EuGH im Urheberrecht, Die autonome Auslegung des Gerichtshofs der Europäischen Union im Spannungsverhältnis zum nationalen Recht, Dissertation, Geistiges Eigentum und Wettbewerbsrecht, Bd. 114, Tübingen 2016, zitiert als: Roder, Die Methodik des EuGH im Urheberrecht.

ROSATI, ELEONORA, Towards an EU-wide copyright? (Judicial) pride and (legislative) prejudice, Intellectual Property Quarterly (I.P.Q.) 2013, 47 ff., zitiert als: Rosati, I.P.Q. 2013, 47.

Ruijsenaars, Heijo E., Die Zukunft des Designschutzes in Europa aus der Sicht des französischen und des Benelux-Rechts, Rechtsschutz und Urheberrecht, Internationaler Teil (GRUR Int.) 1998, 378 ff., zitiert als: Ruijsenaars, GRUR Int. 1998, 378.

Säcker, Franz Jürgen/Rixecker, Roland/Oetker, Hartmut/Limperg, Bettina (Hrsg.), Münchener Kommentar zum Bürgerlichen Gesetzbuch, 7. Aufl., München 2018, zitiert als: MüKo, BGB.

Sauer, Katja Marfa, Neue Wege im Designschutz, Plädoyer für die Öffnung des Urheberrechts für Designleistungen, Dissertation, Edewecht 2007, zitiert als: Sauer, Neue Wege im Designschutz.

Schack, Haimo, Urheber- und Urhebervertragsrecht, 6. Aufl., Tübingen 2013, zitiert als: Schack, Urheber- und Urhebervertragsrecht, 6. Aufl.

Schack, Haimo, Anmerkung zur Entscheidung des BGH – Urteil vom 13.11.2013 (I ZR 143/12; JZ 2014, 201) – Zur Frage des Urheberschutzes von Werken der angewandten Kunst, Juristenzeitung (JZ) 2014, 207 f., zitiert als: Schack, JZ 2014, 207.

Schack, Haimo, Urheber- und Urhebervertragsrecht, 8. Aufl., Tübingen 2017, zitiert als: Schack, Urheber- und Urhebervertragsrecht.

Schick, Martin, Der verfassungsrechtliche Begriff des Kunstwerks, Juristenzeitung (JZ) 1970, 645 ff., zitiert als: Schick, JZ 1970, 645.

Schneider, Beat / Schmid, Jimmy, Design – eine Einführung, Entwurf im sozialen, kulturellen und wirtschaftlichen Kontext, 2. Aufl., Basel 2014, zitiert als: Schneider/Schmid, Design – Eine Einführung.

Schramm, Carl, Die Schöpferische Leistung, Berlin 1957, zitiert als: Schramm, Die Schöpferische Leistung.

Schricker, Gerhard, Farewell to the "Level of Creativity", International Review of Intellectual Property and Competition Law (IIC) 1995, 41 ff., zitiert als: Schricker, IIC 1995, 41.

Schricker, Gerhard, Werbekonzeptionen und Fernsehformate, Eine Herausforderung für den urheberrechtlichen Werkbegriff?, Gewerblicher Rechtsschutz und Urheberrecht, Internationaler Teil (GRUR Int.) 2004, 923 ff., zitiert als: Schricker, GRUR Int. 2004, 923.

Schricker, Gerhard / Loewenheim, Ulrich (Hrsg.), Urheberrecht, Kommentar, 5. Aufl., München 2017, zitiert als: Schricker/Loewenheim, Urheberrecht.

Schulze, Gernot, BGH: Gestaltungshöhe von Werken der angewandten Kunst – Geburtstagszug, Neue Juristische Wochenschrift (NJW) 2014, 469 ff., zitiert als: Schulze, NJW 2014, 469.

SCHWINTOWSKI, HANS-PETER, Juristische Methodenlehre, Frankfurt am Main 2005, zitiert als: Schwintowski, Juristische Methodenlehre.

SPINDLER, GERALD / SCHUSTER, FABIAN (HRSG.), Recht der elektronischen Medien, 3. Aufl., München 2015, zitiert als: Spindler/Schuster, Recht der elektronischen Medien.

STANG, FELIX LAURIN, Enge Auslegung für Qualifizierung eines Werkes als „unwesentliches Beiwerk" – Möbelkatalog, Gewerblicher Rechtsschutz und Urheberrecht (GRUR) 2015, 667 ff., zitiert als: Stang, GRUR 2015, 667.

STRAUSS, JÜRGEN, Urheberrechtsschutz bei Werken der angewandten Kunst, Gewerblicher Rechtsschutz und Urheberrecht, Praxis im Immaterialgüter- und Wettbewerbsrecht (GRUR-Prax) 2014, 17 ff., zitiert als: Strauß, GRUR-Prax 2014, 17.

SZALAI, STEPHAN, Anmerkung zu BGH, Urteil vom 13. November 2013 – I ZR 143/12 – Geburtstagszug, Zeitschrift für Urheber- und Medienrecht (ZUM) 2014, 231 ff., zitiert als: Szalai, ZUM 2014, 231.

TAUCHMANN, CHRISTINE / SCHOLZE-STUBENRECHT (PROJEKTLEITUNG)RIECKE, JÖRG (REDAKTIONELLE BEARBEITUNG), Duden, Das Herkunftswörterbuch, Etymologie der deutschen Sprache, Bd. 7, 5. Aufl., Berlin 2014, zitiert als: Duden, Das Herkunftswörterbuch.

THOMS, FRANK, Der urheberrechtliche Schutz der kleinen Münze, Historische Entwicklung, Rechtsvergleichung, Rechtspolitische Wertung, Rechtswissenschaftliche Forschung und Entwicklung, Bd. 11, München 1980, zitiert als: Thoms, Der urheberrechtliche Schutz der kleinen Münze.

ULMER, Der Schutz der industriellen Formgebung, Gewerblicher Rechtsschutz und Urheberrecht, Internationaler Teil (GRUR Int.) 1959, 1 f., zitiert als: Ulmer, GRUR Int. 1959, 1.

ULMER-EILFORT, CONSTANZE / OBERGFELL, EVA INÉS (HRSG.), Verlagsgesetz, Kommentar, München 2013, zitiert als: Ulmer-Eilfort, VerlagsR.

VOUSDEN, STEPHEN, Infopaq and the Europeanisation of copyright law, WIPO Journal 2010, 197 ff., zitiert als: Vousden, WIPO Journal 2010, 197.

WALKER, JOHN A., Designgeschichte, Perspektiven einer wissenschaftlichen Disziplin, München 1992, zitiert als: Walker, Designgeschichte.

WANDTKE, ARTUR-AXEL, Grenzenlose Freiheit der Kunst und Grenzen des Urheberrechts, Oder über Kunst lässt sich trefflich streiten?, Zeitschrift für Urheber- und Medienrecht (ZUM) 2005, 769 ff., zitiert als: Wandtke, ZUM 2005, 769.

WANDTKE, ARTUR-AXEL / BULLINGER, WINFRIED (HRSG.), Praxiskommentar zum Urheberrecht, 3. Aufl., München 2009, zitiert als: Wandtke/Bullinger, Urheberrecht, 3. Aufl.

Wandtke, Artur-Axel / Bullinger, Winfried (Hrsg.), Praxiskommentar zum Urheberrecht, 4. Aufl., München 2014, zitiert als: Wandtke/Bullinger, UrhG, 4. Aufl.

Werpers, Elisabeth, Schutz von Modeschöpfungen aus dem Bekleidungsbereich, Dissertation, Münster 1994, zitiert als: Werpers, Schutz von Modeschöpfungen aus dem Bekleidungsbereich.

Wiedemann, Herbert, Richterliche Rechtsfortbildung, Neue Juristische Wochenschrift (NJW) 2014, 2407 ff., zitiert als: Wiedemann, NJW 2014, 2407.

Zech, Susanne, Der Schutz von Werken der angewandten Kunst im Urheberrecht Frankreichs und Deutschlands, Rechtsvergleichende Untersuchung unter Berücksichtigung des europäischen Rechts, Dissertation, München 1999, zitiert als: Zech, Der Schutz von Werken der angewandten Kunst.

Zentek, Sabine, Designspezifische Absenkungen der urheberrechtlichen Gestaltungshöhe – Keine Angst vorm BGH, Wettbewerb in Recht und Praxis (WRP) 2010, 73 ff., zitiert als: Zentek, WRP 2010, 73.

Zentek, Sabine, Anmerkung zu BGH, Urteil vom 12. Mai 2011 – I ZR 53/10 – Seilzirkus, Zeitschrift für Urheber- und Medienrecht (ZUM) 2012, 42 ff., zitiert als: Zentek, ZUM 2012, 42.

Zentek, Sabine, Auswirkungen technischer Schutzrechte und Merkmale im Nachahmungsschutz des Wettbewerbs-, Formmarken-, Design- und Urheberrechts, Wettbewerb in Recht und Praxis (WRP) 2014, 1289 ff., zitiert als: Zentek, WRP 2014, 1289.

Zinsmeister, Annett, Kunst und/oder Design?, Ein Grenzgang = Art and/or design?: crossing borders, Berlin 2013, zitiert als: Zinsmeister, Kunst und/oder Design.

Quellensammlung zu Designabbildungen

Designtyp	**Urheberrechtsschutz gewährt**	**Urheberrechtsschutz verwehrt**
Industriedesign	*Eierkocher* [von Wilhelm Wagenfeld], GRUR-RR 2011, 54	*Seilzirkus* [Klettergerüst], GRUR 2012, 58
Möbel	*Stahlrohrstuhl*, GRUR 1961, 635 *Le Corbusier-Sessel*, GRUR 1988, 302	*Rollhocker*, GRUR 1981, 517; *Metallbett*, GRUR 2004, 941
Leuchten	*Vasenleuchter, GRUR 1972, 38*	*M-Leuchte*, BeckRS 2016, 128176
Schmuck	*Spannring*, GRUR-RR 2001, 294	*Silberdistel* [Ohrclip], ZUM 1994, 515
Spielzeug	*Geburtstagskarawane*, ZUM 2017, 56	*Geburtstagszug*, GRUR 2014, 175
Logos; Etiketten	*Minimalistische Bierflaschen* [Etikett], GRUR-Prax 2016, 536	*ARD-1* [Logo], GRUR 1986, 889
Zeichnungen	*Airbrush-Urnen*, ZUM-RD 2015, 383; *Aida Kussmund*, GRUR 2017, 798	*Bildmotive*, ZUM-RD 2014, 632 (Fall freier Benutzung); *Preishammer* [Werbegrafik], GRUR 1987, 235

Urteilsverzeichnis: „Geburtstagszug“ und Nachfolgeurteile

Fall Geburtstagszug

- BGH, Urteil vom 13.11.2013 – I ZR 143/12, *Geburtstagszug*, BGHZ 199, 52
- OLG Schleswig, Urteil vom 11.09.2014 – 6 U 74/10, *Geburtstagszug II*, BeckRS 2014, 17807
- BGH, Urteil vom 16.6.2016 – I ZR 222/14, *Geburtstagskarawane*, zit. n. juris

Nachfolgeurteile

- LG Köln, Urteil vom 30.04.2014 – 14 O 400/13, *Wandtattoos*, zit. n. juris
- OLG Nürnberg, Urteil vom 20.05.2014, 3 U 1874/13 – *Fußball-Stecktabelle*, GRUR 2014, 1199
- LG Hamburg, Urteil vom 29.08.2014 – 310 O 13/12, *Kaffeezubereiter*, BeckRS 2014, 119878
- OLG Frankfurt a. M., Urteil vom 27.05.2014 – 11 U 117/12, *Bildmotive*, ZUM-RD 2014, 632
- OLG München, Beschluss vom 16.07.2014 – 29 U 4823/13, *Grafitti-Logo*, ZUM-RD 2015, 190
- LG Hamburg, Urteil vom 29.08.2014 – 310 O 13/12, BeckRS 2014, 119878
- FG Köln, Urteil vom 30.10.2014, 15 K 3326/11, BeckRS 2015, 94192 [zur steuerrechtlichen Behandlung angewandter Kunst]
- BGH, Urteil vom 17.11.2014 – I ZR 177/13, *Möbelkatalog*, GRUR 2015, 667 ff. [zur Reichweiter der Schranke des unwesentlichen Beiwerks]
- LG München I, Urteil vom 26.11.2014 – 37 O 28164/13, *K1X Logo in Form eines Graffitis*, ZUM 2015, 423
- OLG Frankfurt a.M., Urteil vom 20.01.2015 – 11 U 101/12, *Wasserpfeifen*, GRUR-RR 2015, 242
- OLG Köln, Urteil vom 20.02.2015 – 6 U 131/14, *Airbrush-Urnen*, zit. n. juris (nicht rechtskräftig, die Nichtzulassungsbeschwerde wird beim BGH unter Az. I ZR 56/15 geführt)
- LG Köln, Urteil vom 27.03.2015 – 14 O 60/15, *Porzellanserie*, BeckRS 2016, 12866

- OLG Frankfurt a.M., Urteil vom 30.06.2015 – 11 U 56/15, *Tapetenmuster*, ZUM-RD 2015, 589
- OLG Köln, Urteil vom 23.10.2015 – 6 U 34/15, *AIDA Kussmund*, GRUR 2016, 495
- BGH, Urteil vom 05.11.2015 – I ZR 76/11, *Wagenfeld-Leuchte II*, GRUR 2016, 487
- BGH, Urteil vom 05.11.2015, I ZR 91/11 – *Marcel-Breuer-Möbel II*, GRUR 2016, 490
- LG Hamburg, Urteil vom 01.06.2016 – 308 O 281/15, *Salz- und Pfefferstreuer*, zit. n. juris
- LG Hamburg, Urteil vom 07.07.2016 – 310 O 212/1, *Minimalistische Bierflaschen*, BeckRS 2016, 13769; (nicht rechtskräftig, anhängig beim OLG Hamburg unter Az. 5 U 149/16)
- OLG Hamburg, Urteil vom 8.9.2016 – 5 U 173/12, *M.-Leuchten*, BeckRS 2016, 128176
- BGH, Urteil vom 27.04.2017 – I ZR 247/15, *Aida Kussmund*, GRUR 2017, 798

www.ingramcontent.com/pod-product-compliance
Ingram Content Group UK Ltd.
Pitfield, Milton Keynes, MK11 3LW, UK
UKHW021853290926
8980IPUK00005B/814

9 783631 797815